Diálogos de Platón

Diálogos de Platón

Editorial Época, S.A. de C.V.
Emperadores núm. 185
Col. Portales
C. P. 03300, México, D.F.

1ª. edición, 2017.

© Editorial Época, S.A. de C.V.
Emperadores núm. 185, Col. Portales
C.P. 03300, México, D.F.
www.editorialepoca.com.mx
Tels: 56-04-90-46
56-04-90-72

Diseño de portada: Miriam E. Alatriste F.
Formación tipográfica: Allondra Larissa Orea H.

ISBN: 978-607-8473-48-9

Impreso en México — *Printed in Mexico*

Prólogo

Al comenzar una lectura formal con la obra surge de inmediato una primera pregunta: ¿por qué se llama *Diálogos de Platón* cuando todos ellos tienen como exponente principal a Sócrates? La respuesta es tan sencilla como que el autor era el discípulo de este gran hombre y por eso tuvo la delicadeza de compendiar cada uno de sus diálogos. Por tal razón, es mejor referirse al libro como un *Tratado socrático*.

El viaje literario comienza precisamente con la comparecencia de Sócrates ante las autoridades atenienses; en ella se expone como inocente pero sin negar que haya instruido a los jóvenes con su sabiduría. Pero él mismo no se consideraba sabio, sino un perfecto desconocedor de todo, y argumentaba que éste era el principio de su inteligencia. Así, iba de una persona a otra discursando en lo que los otros creían saber, haciéndolos fracasar en el intento. Como terminaban molestos por no poder seguir el ritmo de las palabras del elocuente ateniense, lo calificaban de malo, un ser perverso capaz de infundir en los más pequeños de la ciudad otra clase de religión.

A lo largo de la obra, Sócrates va demostrando que sí cree en los dioses, que es un ser respetuoso de la religión, pero que ésta la sacrifica cuando necesita darle mayor peso a la virtud del hombre. Pero, ¿qué tiene que ver Platón en todo esto? Si partimos del punto de vista de que Platón recibió siempre una educación muy esmerada, podría considerarse que no habría motivo para que se le relacionara con Sócrates, quien, además, no cobraba ni un céntimo por los discursos que daba. Además, para cuando Platón alcanzaría la madurez, Sócrates ya había pasado a mejor vida, como él la consideraba.

Tuvieron un encuentro, Platón tenía 20 años, mientras que Sócrates contaba entonces con 63 años. A partir de ese momento, Platón no tendría más maestro que Sócrates hasta que sus ojos se cerraron al mundo. Y proviniendo de una familia acomodada de Atenas, era obvio que había sido instruido en el más vasto de los conocimientos. Algo debió haber encontrado en el hombre como para decidir que su ejemplo sería su camino: "Sócrates era considerado el hombre más justo de su tiempo".

En un inicio Platón aspiraba a la política, y de hecho sus familiares estaban inmiscuidos en esos asuntos, pero a él no terminaba de gustarle la corrupción que se estaba gestando en la ciudad, incluso a costillas de Sócrates.[1] Y para cuando el arte de gobernar tienta de nueva cuenta al autor, ocurre que bajo el nuevo gobierno tiene lugar el proceso y condena de Sócrates, su entonces amigo. Pero él no está en su condena, no presencia su muerte, y esto queda muy bien establecido en uno de los Tratados, aunque el que no estuviera no significa la ausencia total, ya que años más tarde sería el compilador de la filosofía socrática.

[1] Se le intentó culpar del prendimiento de León de Salamina, un exiliado del partido Demócrata, para condenarlo a muerte.

Como se daban las cosas en esa época no resultaba fácil ser seguidor de algún acusado, y menos de uno que estaba condenado a muerte. La deshonra, el qué dirán, la persecución social, todas estas circunstancias obligaron a Platón, luego de la muerte de Sócrates, ocurrida en el año de 399, a refugiarse en Megara, donde permaneció aproximadamente tres años.

Luego partió para África, donde según sus historiadores, siguió buscando esa verdad que pudo encontrar en el amigo que se fue. Estando allí frecuentó a Aristipo de Cirene y al matemático Teodoro. A partir de este momento se conocen varias versiones de sus viajes. Para unos regresó directamente a Atenas, para otros fue a Italia meridional a fin de conocer las sedes pitagóricas y a Arquitas de Tarento.

Hacia el año 388 abandonó Italia (o Atenas) para dirigirse a Sicilia. En Siracusa reinaba un griego, Dionisio I *el Anciano*, que tenía en jaque a los cartagineses y se había convertido en amo de Sicilia. Platón intimó con Dión, cuñado de Dionisio, gran admirador de los socráticos. El caso es que después de ser llamado por el rey, el propio Dionisio lo expulsó (no se conocen exactamente los motivos). Embarcó en una nave espartana que hizo escala en la isla de Aegina, a la sazón en guerra con Atenas, y Platón fue hecho esclavo y luego rescatado por Anníceris, a quien había conocido en Cirene. En el 387 regresó a Atenas y fundó la Academia, primera escuela de filosofía organizada, que fue, en efecto, el origen de las universidades de nuestro tiempo.

En estas cuatro paredes, que más bien en su mayoría eran hermosos jardines, Platón instruyó en diversas disciplinas a quienes serían los filósofos gobernantes de la ciudad. Para ese entonces guardaba como mucho aprecio los diálogos de quien fuera su maestro, pero no los mostraba ni exhibía en la clase. Uno de los principales campos de investigación lo constituyó la dialéctica, concebida como el arte de pensar ligado al lenguaje. El otro campo de investigación lo constituyó la construción matemática-astronómica del cosmos. La Academia se convirtió en la sede de la matemática griega, donde brillaron hombres como Teeteto y Eudoxo de Cnido. Era también particularmente activa en temas de jurisprudencia y legislación.

A la muerte de Platón (347 a. C.) la Academia pasó a manos de su sobrino Espeusipo y la tendencia matematizante sobresalió sobre las demás.

Los Diálogos

El estudio de las obras antiguas, de la mayoría de los pensadores, resulta un problema porque hay una ausencia de fuentes, lo que obliga a limitarse a revisar un puñado de fragmentos y testimonios procedentes, en su mayoría, de autores posteriores. Con las obras de Platón ocurre lo contrario, pues existe tanto material que es casi imposible saber con exactitud qué fue escrito por su puño y letra y qué es un documento apócrifo.

Por ello, el problema de la autenticidad y atribución de sus obras es un aspecto esencial del problema platónico. En caso concreto de los *Diálogos de Platón* el único inconveniente es que los críticos no han podido ponerse de acuerdo para establecer una cronología rigurosa.

Los criterios utilizados frecuentemente para establecerla son los siguientes: *a)* referencias de las obras a sucesos históricos conocidos, *b)* referencias de unas a otras, *c)* relación de dependencia respecto de otras obras de la época cuya fecha es conocida, *d)* el contenido doctrinal, *e)* el método estilométrico que toma el estilo y el vocabulario de las Leyes como patrones, y se va examinando la afinidad de los otros diálogos con ellos. La aplicación de todos estos criterios nos permite agrupar los diálogos en diferentes épocas, sin pronunciación expresa del orden cronológico dentro de cada época. A ellos es necesario añadir las Cartas.

De tal manera que si se quiere tener un estudio completo de los *Diálogos de Platón* es necesario hacer una revisión aparte de las cartas. Lo que tienen en común estos diálogos, que son divididos en dos grandes clases: los didácticos, que tienen por objeto la enseñanza de la verdad, y los zetéticos, que tienen por asunto el arte de descubrirla, es que todos ellos contienen la filosofía más antigua que trataba de darle una explicación a las cuestiones primarias del ser humano. Más allá de esto, pueden encontrarse pasajes interesantes de la vida de Sócrates, el hombre considerado más justo de la Antigüedad, sin perder de vista que el filósofo que ha escrito este diálogo no es un simple discípulo de Sócrates, ensayándose en la definición y en la inducción; es un lógico acabado, iniciado en los misterios más profundos de la dialéctica.

No es necesario hacer un examen detallado de las tetralogías, como se dice que están constituidos los diálogos, porque se ha comprobado que este orden no es riguroso, sin valor filosófico ni literario y sin la menor autoridad histórica. Es más, si la obra se comienza a leer a partir del último diálogo aquí contenido hasta el primero, o sin orden, tendría exactamente el mismo significado para el lector.

Quede, pues, asentado que este orden es arbitrario y defectuoso y que sería comprensible desear encontrar otro mejor. Pero ¿cómo hacerlo? El problema es de los más espinosos, de los más instruidos, de los más versados en la filosofía de Platón. No obstante, ¿es completamente necesario? Nosotros no lo creemos así.

Apología de Sócrates

No sé, jóvenes atenienses, qué impresión hayan hecho en ustedes las palabras de mis acusadores, que aun yo mismo, bajo el influjo de ellas, me olvidé por unos momentos de quien soy. ¡Tan persuasivamente han hablado! Aunque, por decirlo así, en todas ellas no hay una sola palabra que sea verdad.

Pero entre todas sus mentiras —que son muchas—, una me impresionó en exceso: aquello de que es necesario se prevengan para no dejarse embaucar por el terrible orador que soy. Porque no haberse avergonzado de quedar inmediatamente refutados y en descubierto por el hecho de que van ustedes a ver a plena luz lo poco de orador hábil que tengo, esto, digo, me ha parecido el colmo de su sinvergüenza, a no ser que aquellos llamen orador terrible al que dice la verdad. Si tal fuera el caso, yo mismo me confesaría orador, de manera bien diversa a la suya.

Como digo, no hay tan sólo algo de verdad en las palabras de mis acusadores; es más, no hay absolutamente nada.

Ustedes, por el contrario, jóvenes atenienses, van a escuchar de mi boca la verdad íntegra; y no, ¡por Júpiter!, discursos bellamente aderezados, de los cuales —de fluidas palabras, de nombres ajustados— escucharán más bien cosas sencillamente dichas con las palabras que primero me van llegando, pues estoy seguro de no decir sino lo justo. Así que ninguno de ustedes se prometa otra cosa. Que en verdad no estaría bien, jóvenes, presentarme a mi edad, ante ustedes, cual muchacho, con acicalados discursos.

Así que, jóvenes atenienses, les pido, con seguridad de obtenerlo, que si me oyen defenderme con las mismas palabras que acostumbro emplear tanto en la plaza pública junto a los puestos de los vendedores, donde muchos de ustedes ya me han escuchado, como en cualquier otra parte, no se sorprendan ni armen escándalo por este motivo, pues la realidad es ésta: ahora, por primera vez, a los setenta años cumplidos, subo al juzgado. Me hallo, pues, sin la técnica del lenguaje judicial, cual extranjero. Y a la manera, como si en realidad de verdad fuera extranjero, condescendiera en que hablara en aquella lengua y según aquel modo con que fui criado, parecidamente pido ahora, como justo y debido —tal lo creo—, que permitan mi manera de hablar, sea mejor o peor que otras, considerando y aplicando su mente a esto y sólo a esto: si lo que digo es justo o no.

Tal es la virtud propia del juez; que la del orador consiste en decir la verdad.

Ante todo, jóvenes atenienses, es justo que me defienda de las primeras acusaciones falsas y de los primeros acusadores; después, de las últimas y de los últimos. Porque muchos han sido mis acusadores ante ustedes y desde mucho tiempo atrás, y siempre en falso. A estos temo mucho más que a los que rodean a Anito,[2] y eso que son también temibles. Pero los primeros lo son mucho más, jóvenes, pues los tomaron cuando eran casi todos ustedes pequeños y los persuadieron, acusándome de mil cosas, todas falsas: "que hay un tal Sócrates, varón sabio, astrólogo sospechoso, rebuscador zahorí de cuanto oculta Tierra, la buen enderezador de malas razones".

Jóvenes atenienses, los que tal fama han pregonado son mis acusadores más temibles; porque quienes los oyen se dan a pensar que los dedicados a semejantes investigaciones no creen ni en dioses. Además, este tipo de acusadores es numeroso, y viene acusándome de mucho tiempo atrás, hablando de ello precisamente en aquella edad en que uno es más ingenuo: en la niñez, en la mocedad de algunos de ustedes, acusando al desprevenido, sin defensa posible, sin defensor alguno.

Y lo más desconcertante de todo es que ni siquiera se puede averiguar quiénes son los acusadores para llamarlos por sus nombres, fuera del de un cierto comediógrafo. Y éstos son los más inabordables: cuantos por envidia y sirviéndose de la calumnia los han persuadido, cuantos una vez convencidos han convencido a otros, porque no hay modo de hacer subir a este juzgado a ninguno de ellos ni de refutarlos, sino que es preciso defenderse sin técnica alguna, cual el que lucha con sombras, y discutir sin que nadie responda.

Valoren, pues, en su digno valor el que, como digo, tenga que vérmelas con dos tipos de acusadores: unos, los que ahora se han puesto a acusarme; otros, los de antiguo, como los llamo; y convencerlos de que es pre-

2 Fue uno de los últimos acusadores de Sócrates, pero después murió lapidado en Ponto.

ciso, ante todo defenderme de los antiguos, ya que ustedes mismos los han escuchado acusarme antes y mucho más que a los últimos.

Sea de esto lo que fuere, me voy a defender, jóvenes atenienses, e intentar desalojar de ustedes esa calumnia, la que guardan de tanto tiempo atrás, ¡e intentarlo en tiempo tan corto!

Y querría conseguirlo, si ha de ser para bien suyo y mío, y aun tener éxito en mi defensa. Bien sé que es difícil, no se me oculta en modo alguno cuánto lo sea. Con todo, ¡a la mano del dios!, hay que obedecer a la ley y defenderse.

Tomemos la cosa desde su inicio: ¿cuál es la acusación de que se ha originado la calumnia, fundándose en la cual Méleto ha redactado la acusación escrita? Veamos, entonces: ¿qué es lo que dicen calumniosamente los calumniadores? Enterémonos de su acusación, cual si fueran acusadores presentes que la han jurado contra mí. "Sócrates es culpable; se entromete en repetidas inquisiciones acerca de las cosas subterráneas y supra celestiales, orienta las malas razones y resultan excelentes y enseña a otros a hacer lo mismo."

Tal es el capítulo de acusación; que han visto ustedes mismos tales cosas en la comedia de Aristófanes: se pasea por el escenario a un cierto Sócrates que dice andar por los aires y suelta mil tonterías de las que no sé ni poco ni mucho. Y no es que desprecie tal ciencia, si alguno es en ella realmente sabio, ni que pretenda escaparme de un nuevo proceso que por tal desprecio me levantara Méleto, sino que en verdad, jóvenes atenienses, no me entrometo en semejantes cosas.

Por testigos pongo a la mayoría de ustedes; y juzgo que, por su honor, les informaré y hablaré mutuamente con quienes alguna vez me han oído dialogar, que entre los cuales se cuentan muchos. Decirme, pues, si en alguna ocasión me oyó alguno de hablar poco o mucho sobre estos asuntos; y por esto conocen que lo mismo sucede respecto de otras cosas que de mí dicen los demás.

Así que de estos puntos no hay nada; y si han escuchado de alguien que he tomado en mis manos educar hombre a cambio de dinero, tampoco es verdad. Que por cierto, me parece bella empresa la de educar hombres, si es que hay alguien capaz de hacerlo como se dice de Gorgias, el de Leontini; de Pródico, el de Ceos; y de Hipias, el de Elis; que cada uno de ellos es capaz, jóvenes, de ir de ciudad en ciudad convenciendo a los muchachos de que dejen el trato de sus conciudadanos por el suyo, haciéndose pagar bien y con gracias encima, cuando pudieran los jóvenes tratar con uno cualquiera de sus conciudadanos, con el que quisieran.

Y aquí mismo está otro varón sabio, de Paros. Me enteré de su residencia al ir, por casualidad, a visitar al varón que ha gastado con los sofistas más dinero que todos los otros juntos: Callías, hijo de Hipónico. Pregúntenle, pues tiene dos hijos: "Callías, si tus dos hijos hubieran sido potros o terneros hubieras buscado para los dos un entendido, y habrías pagado bien al que tomó a su cuenta hacerlos bellos y buenos en la correspondiente virtud; y éste sería un picador o un labrador. Mas son hombres, ¿a quién tienes pensado encargar su cuidado? ¿Quién es el entendido en virtudes humanas y políticas? Porque estoy seguro de que has pensado en este punto, ya que tienes hijos. ¿Hay alguien entendido, le dije, o no?"

"Por supuesto que sí", me contestó.

"¿Quién es, de dónde, y por cuánto enseña?", le pregunté de nuevo; y me contestó: "¡Oh, Sócrates!, es Eveno, el de Paros, y enseña por cinco minas".

Y tuve por dichoso a Eveno, si en realidad poseía tal virtud y enseñaba por tan mesurado precio; que yo mismo me alabaría y enorgullecería de saber semejantes cosas, mas no las sé, jóvenes atenienses.

Tal vez alguno de ustedes esté pensando en sus adentros: "Pero, Sócrates, ¿cuál es, pues, tu quehacer?, ¿de dónde te han llegado tales calumnias?, que, por cierto, si no hubieran hecho nada fuera del modo común, ni diverso de lo que hacen los más, no se te hubieran originado ni tal fama ni tales rumores. Dinos, pues, en qué consiste tu quehacer, para que no tengamos que decidir sobre tu caso conjeturas". El que así hable creo que lo hará con razón.

Intentaré, pues, explicarles precisamente qué es lo que me ha dado tal renombre y ocasión a semejante calumnia.

Escuchen, pues, y por más que parezca tal vez a alguno de ustedes que tomo la cosa a broma, sepan de cierto que les voy a decir toda la verdad.

Jóvenes atenienses: el renombre que tengo no me ha venido de ninguna otra cosa sino de una cierta sabiduría. ¿Cuál es?: tal vez esa sabiduría es precisamente sabiduría humana. Porque, en realidad, podría ser que según tal sabiduría humana fuera efectivamente sabio, mientras que aquéllos, de quienes poco les hablaba, serían sabios según otra especie de sabiduría superior a la propia del hombre, de la cual nada tengo que decir, pues no lo sé y quien les diga que la poseo miente y lo dice por calumniarme.

Y ahora, jóvenes atenienses, no se inquieten aunque parezca que digo de mí cosas, que no diré con palabras propias lo que voy a decir, sino con las de un testigo de todo respeto para ustedes. Les presento como testigo de mi sabiduría, si es que en realidad es sabiduría, al dios, el de Delfos.

Conocen, sin duda y de alguna manera, a Querofonte. Fue mi camarada de juventud, y camarada también de la mayoría de ustedes; compartió con ustedes el reciente destierro, y con ustedes volvió. Y saben por cierto cómo era Querofonte; ¡cuán esforzado en todo lo que emprendía!

Habiendo, pues, ido una vez a Delfos se atrevió a pedir un oráculo sobre lo siguiente; y les repito, jóvenes, el ruego de que no se inquieten; preguntó, pues, Querofonte, si había alguno más sabio que yo. La Pithia negó en absoluto que hubiera alguien más sabio. Y sobre este punto, ya que Querofonte ha muerto, su hermano aquí presente podrá darles testimonio.

Consideren, empero, por qué les digo estas cosas; pues quiero explicarles de dónde ha nacido la calumnia.

Habiendo, pues, oído tal oráculo pensé en mi ánimo: "¿Qué dice el dios, y qué pretende dar a entender con lo dicho?; que no me sé sabio, ni poco ni mucho. ¿Qué, pues, querrá decir al afirmar que soy el más sabio?, porque de ninguna manera miente, que por ley básica no puede mentir".

Y durante mucho tiempo anduve desorientado sobre "Qué es lo que dice". Después, de muy mala gana, emprendí la comprobación de la siguiente manera: me dirigí a uno de los que pasaban por sabios a fin de poner a prueba allí, mejor que en alguna parte, el oráculo y demostrar al oráculo con sus mismas palabras que "éste sí que es más sabio que yo, aunque tú dijiste que yo lo era". Examinando, pues, a este personaje —no es necesario que les diga su nombre; era uno de los políticos en quien me fijé para tal fin—, recibí, jóvenes atenienses, la siguiente impresión: me pareció, dialogando con él, que el varón parecía sabio a otros y aun a muchos hombres, y sobre todo se lo parecía a sí mismo; mas no lo era en verdad.

Intenté entonces demostrarle que él se creía sabio, pero no lo era. Lo que conseguí fue volverme odioso para él y muchos de los presentes. Al separarme, pues, de él, iba pensando: "por cierto que soy más sabio que este hombre, porque, en verdad, me inclino peligrosamente a pensar que ninguno de los dos sabemos nada ni de bello ni de bueno, mas él cree saber sin saber, mientras que yo, como no sé nada, nada me creo saber. Parece, entonces, que soy más sabio que él en esto: en no creer saber lo que no sé".

Me dirigí después a otros considerados más sabios que el primero; y saqué la misma impresión y el mismo odio de parte de éstos y de otros muchos.

Continué, a pesar de todo, en mi investigación, notando, no sin pesar y temor, que me hacía odioso. Me pareció, con todo, necesario tener en más (estima) el oráculo del dios.

Para saber, pues, qué decía el oráculo debía continuar dirigiéndome a todos los que pasaban por saber algo. Y, por el Perro, jóvenes atenienses —es preciso que les diga la verdad—, mi impresión fue más o menos la siguiente: los que de mayor renombre de sabios gozaban me parecieron, al examinarlos, según el dios, estar casi faltos de lo más importante, mientras que otros varones tenidos en menos me parecieron mejor dotados de inteligencia y cordura.

Es preciso que les refiera mis andanzas bien laboriosas, emprendidas para que el oráculo del dios me pareciera incuestionable.

Después de los políticos me dirigí a los poetas: a los de tragedia, a los de alabanza, y al resto, seguro de tomar *in fraganti* mi ignorancia respecto a ellos.

Tomé de aquellos sus poemas que me parecieron mejor elaborados, y les pregunté qué querían decir, con la intención de aprender, al mismo tiempo, algo de ellos.

Me da vergüenza, jóvenes, decirles la verdad; con todo, la diré. Y para decirla lo haré con un dicho: casi cualquiera de los presentes hubiera hablado mejor que ellos mismos sobre lo que habían compuesto. Tuve que reconocer muy pronto que los poetas no hacen por sabiduría lo que hacen, sino que se les viene como nacido y por endiosamiento, como los inspirados y adivinos, que también dicen cosas bellas, pero no saben de qué hablan, y vi claramente que cosa parecida les sucede a los poetas. Junto con esto caí en cuenta de que, por ser poetas, se creían los más sabios de los hombres, aun en las demás cosas en que no lo eran.

Me aparté, convencido de que sobre ellos poseía la misma superioridad que sobre los políticos. Para terminar, me dirigí a los artesanos.

Tenía muy seguro que nada sabía, para decirlo con la frase de siempre; pero no estaba menos cierto de encontrar, entre éstos, entendidos en muchas y bellas cosas. Y no me engañé: sabían lo que yo no sé, y en este aspecto eran más sabios que yo.

Empero, jóvenes atenienses, me pareció que los buenos artesanos caían en el mismo defecto que los poetas: por practicar bien su arte se creía cada uno ser doctísimo aun en lo más subido, y este defecto opacaba su sabiduría técnica, tanto que llegué a preguntarme en pro del oráculo qué prefería: si ser como soy, ni sabio en su particular sabiduría ni ignorante con su ignorancia, o juntar ambas —tal sabiduría con tal ignorancia—, tal como ellos las juntan.

Y me respondí a mí mismo y en pro del oráculo: que era preferible ser como soy.

De esta investigación, jóvenes atenienses, se originaron muchas enemistades y ¡qué pesadas e insoportables!; y de ellas, aun muchas calumnias y el renombre mismo de sabio, porque los presentes creen que lo soy en las mismas cosas en que muestro que otro no lo es.

Lo que casi de seguro da en lo cierto es, jóvenes atenienses, que en realidad sólo el dios es sabio, y que el oráculo pretende decir únicamente: "la sabiduría humana vale bien poco o nada". Y no me parece querer decir que "Sócrates es sabio", sino servirse tan sólo de mi nombre como de ejemplo, cual si dijera: "aquél de ustedes, ¡oh, hombres!, será superlativamente sabio que, cual Sócrates, reconozca que, frente a la Sabiduría, la suya no vale nada".

Esto es lo que he intentado e intento mostrar en todas mis andanzas, y por esto pongo a examen según el dios a cualquiera, ciudadano o extranjero, que me parezca sabio. Y si, después de tal prueba, no me lo parece, le muestro con ayuda del dios, que no lo es.

Por ocuparme en esto no me ha quedado tiempo para hacer ni por mi casa ni por la ciudad cosa que valga la pena de nombrarse, sino que me hallo en vasta pobreza por servir al dios.

Pero además: los jóvenes que me acompañan —los hijos de ricos que son, sobre todo, los que tienen más vagar— se regocijan de veras oyendo cómo pruebo a las personas, y aun ellos mismos me imitan muchas veces, y se ponen también a probar a otros. Y tengo entendido, además, que hallan gran abundancia de personas que se piensan saber algo, mas que saben poco o nada. De aquí, pues, el que los probados por ellos se irriten contra mí en vez de irritarse contra ellos mismos, y digan que hay "un tal Sócrates, abominable, corruptor de la juventud". Y cuando se les pregunta qué es lo que hace o enseña para pervertirlos no tienen ni saben qué decir; mas para no quedar cortados traen a colación las ya manoseadas acusaciones contra todos los filósofos: lo de "astrologías", lo de "bajo Tierra", lo de "no creer en dioses", lo de "enderezadores de malas razones".

Pienso que no querrían tener que decir la verdad: que han quedado al descubierto, por presumir saber sin saber nada. Y como, me parece, son vanidosos, atrevidos y muchos, y hablan concorde y persuasivamente sobre mí, les han llenado los oídos ya desde mucho tiempo atrás y me han calumniado encarnizadamente. De estos motivos procede el ataque de Méleto, Anito y de Licón: de Méleto, presionado por los poetas; de Anito, por los artesanos y políticos; de Licón, por los oradores. De manera que, como decía al principio, mucho me sorprendería si fuera capaz de expulsar de ustedes en tan poco tiempo tan crecida calumnia.

Tal es, jóvenes atenienses, la verdad; y se las he dicho sin ocultarles nada, ni poco ni mucho, y sin disimulo. Pero por decirles así la verdad estoy casi seguro de que me estoy volviendo odioso para ustedes; prueba fehaciente de que digo la verdad, de que ésta es precisamente la calumnia y de cuáles son sus causas. Y no hallarán otras por mucho que lo investiguen.

Respecto a las acusaciones de mis primeros acusadores, tengan por suficiente mi defensa anterior.

Ahora voy a intentar defender de Méleto; el bueno, el amigo de la ciudad, como él mismo se llama, y de los últimos acusadores; y, como si fueran diferentes acusadores de los primeros, traigamos el texto de su acusación jurada contra mí.

Es, más o menos, del tenor siguiente:

"Sócrates, dice el acta de acusación, es culpable de pervertir a los jóvenes; de no reconocer los dioses reconocidos por la ciudad, sino otros demonios nuevos".

Tal es la acusación. Vamos a verla capítulo por capítulo.

Dice que soy culpable por pervertir a la juventud. Pero yo digo, jóvenes atenienses, que el culpable aquí es Méleto, por tomar en broma, a sabiendas, tales cosas para traer a las personas a debate judicial, fingiendo preocuparse por asuntos de los que jamás le importó en lo más mínimo.

Y como esto es así, voy a intentar demostrárselos.

Dime, pues, aquí, Méleto, ¿hay cosa que te importe más que hacer virtuosos a los jóvenes?

"No la hay, ¡por quien soy!"

Di, pues, ahora a los presentes, ¿quién los hace mejores?; porque es claro que lo sabes, ya que tanto te preocupas de ello; y precisamente por haber dado con el corruptor de la juventud, como tú dices, me has traído aquí y me acusas. Di, pues, quién es el que los mejora, y hazlo saber a los presentes.

¿Ves, Méleto, cómo te callas y no tienes qué decir? ¿No te parece vergonzoso y suficiente testimonio de que, como digo, no te importa nada el asunto? Pero dinos, por fin, bueno de Méleto, ¿quién mejora a los jóvenes?

"Las Leyes."

No es eso lo que te pregunto, óptimo de Méleto, sino qué hombre, que primero, naturalmente, conozca las Leyes.

"Éstos, Sócrates, los jueces."

¿Cómo dices, Méleto?, ¿ellos son capaces de educar a los jóvenes y hacerlos mejores?

"Sí, y de excelente manera."

Y ¿son capaces todos ellos, o unos sí y otros no?

"Lo son todos."

¡Por Hera!, buenas nuevas nos traes: ¡superabundancia de educadores! ¿Y qué?, ¿también los auditores mejoran a los jóvenes, o no?

"También éstos."

¿Y los consejeros?

"También los consejeros."

Pero entonces, Méleto, ¿no serán también los ciudadanos pertenecientes a la asamblea, los asambleístas, los que pervierten a los jóvenes, o también todos ellos los hacen mejores?

"También todos ellos."

Así que, a lo que parece, todos los atenienses hacen a los jóvenes bellos y buenos; excepto yo, que soy quien los pervierte. ¿Acaso no es esto lo que dices?

"Esto es con todas mis fuerzas lo que digo."

¡Qué mala suerte la mía!, y ¡qué bien la has conocido! Pero respóndeme todavía: ¿aun tratándose de caballos, crees que suceda lo mismo: que todos los hombres los mejoren, y que sólo uno los corrompa? ¿O bien lo contrario: que son uno o muy pocos los capaces de mejorarlos, los picadores, mientras que los más, si los tratan y usan, los echan a perder? ¿No pasa así, Méleto, con los caballos y con cualquier otro animal? Así sucede, Méleto, tanto que tú y Anito lo quieran como que no lo quieran admitir.

Que, por cierto, grande sería la ventura de los jóvenes, si uno solo fuera el corruptor y todos los demás ayudadores. Pero ya has dado, Méleto, suficientes pruebas de que jamás te has preocupado de los jóvenes, y puesto en evidencia tu descuido y el que no se te da en nada el asunto por el que me has traído aquí.

Pero, ¡por Júpiter!, dinos además, Méleto, qué es mejor: ¿vivir entre buenos ciudadanos o entre perversos? Respóndeme, amigo, que no te pregunto nada difícil. ¿No hacen siempre los malos algún mal a los que se les acercan demasiado, y los buenos algún bien?

"Así es."

¿Hay alguien que quiera ser perjudicado por su prójimo, más que favorecido? Responde, bueno de Méleto, que la ley ordena responder. ¿Hay quien quiera ser perjudicado?

"No, por cierto."

Adelante, pues: ¿me has traído aquí por pervertir a los jóvenes y depravarlos voluntaria o involuntariamente?

"Voluntariamente, ¡por quien soy!"

¿Cómo así, Méleto, tan sabio eres ya a tu edad, más que yo a la mía, que llegaste a saber que los malos hacen mal a los que se les acercan demasiado y continuamente, y los buenos bien, y yo he llegado con mis años a tal ignorancia que hasta desconozco que, si pervierto a cualquiera de mis prójimos, corro el riesgo de que me haga mal, y que hasta hago tal y tanto mal voluntariamente? ¿Así lo sostienes? Pero no puedo creerlo así, Méleto, ni lo puedes creer tú mismo ni hombre alguno; sino que o no pervierto a nadie o, si lo hago, es involuntariamente; de manera que mientes en ambos casos. Si pervierto involuntariamente, la ley manda que por tales faltas involuntarias no se traiga aquí a nadie, sino que, tomándolo en privado, se le enseñe y ponga en razón. Porque es claro que si se me enseña dejaré de hacer lo que hago involuntariamente. Empero tú me has rehuido y no has querido ni encontrarme ni instruirme; me citas, más bien, aquí donde manda la ley se traiga a los necesitados de castigo, no a los de instrucción.

Pero resulta ya evidente, jóvenes atenienses, lo que decía: que a Méleto jamás le han importado poco ni mucho tales asuntos.

Con todo, dinos, Méleto ¿de qué manera dices que pervierto a los jóvenes? ¿O no es evidente, según la acusación que has redactado, que los pervierto enseñándoles a no creer en los dioses en quienes cree la ciudad, sino en otros demonios nuevos? ¿No dices que, enseñándoles esto, es como los pervierto?

"Esto es lo que digo en firme."

Pues por estos mismos dioses, Méleto, cuyo nombre hemos tomado en nuestros labios, di más claramente a mí y a los jóvenes presentes; porque yo no acabo de entenderlo. ¿Afirmas que enseño a creer que existen ciertos dioses —y en este caso creo que hay dioses y no soy del todo ateo, ni por este motivo soy culpable, aunque no crea en los mismos en que cree la ciudad sino en otros, siendo esto lo que me echas en cara, el que sean otros—, o bien afirmas que ni creo en dioses y que enseño a otros a no creer en ninguno de ellos y de ninguna manera?

"Esto es precisamente lo que digo: que no crees de ninguna manera en dioses."

¡Oh, admirable Méleto!, y ¿por qué dices esto?; ¿es que ni siquiera creo, como los demás hombres, que sean dioses el Sol y la Luna?

"¡Por Júpiter!, jueces, que dice ser el Sol piedra, y la Luna, tierra."

Piensa que estás acusando a Anaxágoras, amigo Méleto; y ¿tan en poco tienes a los presentes, y por tan analfabetos, que no sepan que los libros de Anaxágoras, el de Clazomene, están llenos de semejantes razones? Además, si los jóvenes aprendieran de mí tales cosas, que cualquiera tiene ocasiones frecuentes de aprender comprándolas, a lo más por una dracma, en la orquesta, piensa que se rieran de Sócrates si pretendiera hacerlas pasar como mías; aun prescindiendo de que semejantes afirmaciones son simplemente absurdas.

Así que, ¡por Júpiter!, ¿te parece que no creo en dios alguno?

"No crees, ¡por Júpiter!, en ninguno absolutamente."

Me parece, Méleto, que eres infiel a ti mismo; porque, jóvenes atenienses, Méleto me da la impresión de ser gran insolente y del todo desenfrenado, y de haber redactado la acusación por insolencia, por desenfado, a lo mozuelo. Parece como si se hubiera propuesto, para tentarnos, presentar este acertijo: "¿caerá en cuenta Sócrates el sabio de que estoy bromeando y contradiciéndome, o bien lo engañaré a él y a los demás oyentes?", porque me parece que ahora está diciendo Méleto lo contrario a lo que dijo en la acusación escrita, cual si dijera: "Sócrates es culpable de no creer en dioses, pero cree en dioses". A esto se llama bromear.

Consideren conmigo, jóvenes, por qué Méleto habla así. Y tú, Méleto, respóndenos; ustedes, por su parte, y como les expliqué al principio, recuerden no inquietarse si expongo las razones según mi acostumbrada manera.

¿Hay hombre alguno, Méleto, que crea puedan darse cosas humanas, y no darse hombres? Que responda, jóvenes, que no inquiete con otras cosas. ¿Hay quien crea que pueda no haber caballos, y sí, con todo, cosas ecuestres?, ¿que crea no haber flautistas, y crea, no obstante, haber cosas del correspondiente arte? No lo hay, óptimo entre los jóvenes; y si no quieres responder, yo te lo diré a ti y a los demás presentes.

Pero contesta al menos a lo siguiente: ¿hay quien crea darse a lo demoniaco, y no crea en demonios?

"No lo hay."

¡Cuánto te agradezco que, al fin, hayas respondido, aunque de mala gana y forzado por los presentes!

Según esto, dices que creo y enseño a creer en lo demoniaco nuevo o antiguo. Y creo en lo demoniaco según tus mismas palabras, las mismas que, juradas, constan en el acta de acusación. Y si creo en lo demoniaco, es necesario que crea, de alguna manera, en demonios. ¿No es así? "Así es", doy por sentado que tal es tu respuesta, ya que no respondes. Y ¿no creemos que los demonios son dioses o hijos de dioses? ¿Es así o no?

"Así es, efectivamente."

Si, pues, creo en demonios, como tú dices, y si los demonios son a su manera dioses, estamos en lo que afirmo: que hablas en acertijos y en broma, diciendo que no creo haya dioses y diciendo que creo los haya, puesto que creo en demonios. Ahora bien: si los demonios son hijos de dioses —algunos de ellos hijos ilegítimos, tenidos de ninfas o de cualquier otro de quien se digan hijos—, ¿qué hombre pensará darse hijos de dioses, y no darse dioses? Absurdo semejante a como si alguien pensara que se dan hijos de caballos y de asnos, los mulos, y no creyera que se dieran ni caballos ni asnos. Así que, Méleto, no hay salida: has escrito esta acta de acusación para tentarnos, y por no hallar acusación verdadera que hacerme; porque no hay artificio capaz de persuadir a algún hombre, por muy menguado que sea de entendimiento, que un mismo varón pueda creer en cosas divinas y en cosas demoniacas, y ese mismo varón no crea ni en demonios, ni en dioses ni en héroes.

Pues bien, jóvenes atenienses; que yo no infrinjo, a tenor de lo escrito en la acusación de Méleto, me parece no necesitar de más defensa que la ya hecha. Pero lo que dije antes: que me he enemistado con muchos, saber que es, por cierto, verdad.

Y esto será lo que me pierda, si es que me pierdo, y no Méleto ni Anito: la calumnia y envidia que a muchos otros varones buenos perdió ya y pienso que perderá. Así que no tiene nada de particularmente terrible el que no se detenga. Mas tal vez diga alguno: ¿no te da vergüenza, Sócrates, emprender una empresa que te está poniendo en peligro de morir?

A este le responderé, como respuesta debida: "no hablas bellamente, ¡oh, hombre!, si piensas que deba ponerse a razones con el peligro de vivir o de morir el varón que en algo, aunque sea mínimo, pueda ser de provecho; y no deba ponerse a considerar cuando hace algo, solamente esto: si lo que hace es justo o injusto, y si son obras de varón bueno o de varón malo".

Que, por cierto, según éstas, tus razones, hubieran sido insensatos tantos y tantos semidioses que en Troya murieron; y entre otros y otros el hijo de Tetis, que en tan alto grado despreció el peligro, antes que soportar deshonor, que, habiéndose propuesto en su ánimo matar a Héctor, y habiéndole dicho su madre, que era diosa y todo, más o menos esto, como pienso: "hijo, si por tomar venganza del asesinato de tu amigo Patroclo matas a Héctor, morirás tú mismo"; "que tu suerte, le dijo, está echada ya con la de Héctor"; habiendo oído esto, tuvo, sin embargo, en bien poco la muerte y el peligro; temió mucho más la maldad de vivir sin vengar a los amigos, y así respondió a su madre: "que muera tan pronto haya hecho justicia en el injusto, que no quedaré entonces en ridículo, a la vista de las naves, las de encorvada proa; cual oprimente peso de la arable tierra".

No pienses, pues, que se preocupó de la muerte y del peligro. Porque así es, en verdad, jóvenes atenienses; que allí donde uno se apostó —o pensando por sí que era lo mejor, o colocado por el jefe—, allí es preciso, como yo creo, permanecer contra todo peligro, sin tomar en cuenta ni la muerte ni otra cosa, fuera del deshonor.

Según esto, jóvenes atenienses, obraría terriblemente mal si al ordenarme los jefes que ustedes eligieron en Potidea, en Anfípolis y en Delion, me hubiera quedado en el puesto señalado, como uno de tantos, corriendo el peligro común de muerte; y en cambio, al ordenarme el dios, como yo supongo y tengo entendido, que debo vivir dado a filosofar y a ejercitarme a mí mismo y a los demás, entonces precisamente abandonara mi puesto, por miedo a la muerte o por otro motivo cualquiera.

Terriblemente malo sería, por cierto; y en este caso sí que se me trajera con justo motivo ante el tribunal, por no creer que se den dioses, ya que desobedezco al oráculo, temo a la muerte, y me tengo por sabio sin serlo. Que temer a la muerte, jóvenes, no es otra cosa sino tenerse por sabio, pues es pensar saber lo que uno no sabe. Que nadie sabe de cierto si es para el hombre la muerte el mayor de los bienes; y, con todo, la temen como si supieran de buen saber que es el mayor de los males.

Y ¿no será ésta la más reprochable de las ignorancias: creerse uno saber lo que no sabe?

En lo que a mí respecta, jóvenes, que sea esto lo que me distinga de la mayoría de los hombres; y en caso de decir que soy más sabio que alguno, sería quizás en esto: no sabiendo de vista ni por haber estado cerca de las cosas de Hades, tengo en conformidad para mí que no las sé.

Sé, por el contrario, que infringir y desobedecer al mejor, dios u hombre, es malo y deshonroso. Pues bien, ante los males que sé lo son en realidad, temeré y huiré; pero en manera alguna temeré y huiré de los males que tal vez dé la suerte que sean en realidad bienes. Así que, aunque ahora me absolvieran, no dando crédito a Anito —quien ha dicho era preciso o comenzar por no traerme aquí, o puesto que se me haya traído, no hay ya manera de evitar mi condena a muerte, asegurándoles que si me escapo, todos sus hijos se pervertirán en todo y para todo siguiendo las enseñanzas de Sócrates— si me dijeran a este respecto: "Sócrates, por esta vez no damos crédito a Anito, sino que te dejamos libre, con la condición precisa de que, en adelante, ya no te des a la faena ni de poner a nadie a prueba ni de filosofar; pero, si te sorprendemos una vez más en la misma faena, morirás sin escape"; si, pues como decía, me soltaran con estas condiciones les diría a la vez: "Jóvenes y hombres atenienses, son ustedes para mí inseparables, les amo; obedeceré, con todo, antes al dios que a ustedes, y mientras me quede un soplo de vida, mientras esté en mi poder, no cesaré de filosofar, exhortándolos y diciendo claramente a cualquiera de ustedes, a quien tenga ocasión de hablar, lo que en mí es ya costumbre decir: ¡oh, óptimo entre los varones!, puesto que eres ateniense, de esa Ciudad, la máxima y más afortunada en sabiduría y en fortaleza, ¿no te da vergüenza de preocuparte solamente en hacerte con el máximo de riquezas, de fama y de honores, mientras que, por el contrario, ni te preocupas ni te das a pensar cómo llevar a su perfección la cordura de inteligencia, la verdad y el alma?"

Y si cualquiera de ustedes pone en duda mi sospecha y asevera que se preocupa, no por eso lo soltaré sin más y me iré, sino que le interrogaré y lo pondré a prueba y a debate; y si no me pareciera que posee virtud, por más que él lo diga, le echaré en cara que tiene en muy poco lo que es digno, y en más, lo superlativamente insignificante.

Eso haré con cualquiera que me encuentre, viejo o más joven, extranjero o conciudadano; pero sobre todo con ustedes mis conciudadanos con los que comparto raza. Porque esto es lo que me manda el dios, deben saberlo. Y yo estoy convencido de que no puedo hacer en esta ciudad otro bien mayor que obedecer al dios; no hago otra cosa, yendo de acá para allá, convenciéndolos, lo mismo a los más jóvenes que a los más viejos, de no angustiarse ni por los cuerpos ni por las riquezas antes, ni tan ahincadamente por el alma para hacerla óptima, diciéndonos que no se engendra virtud de las riquezas, sino más bien de la virtud se engendran para los hombres, tanto en lo privado como en lo público, riquezas y todos los demás bienes.

Si diciendo semejantes cosas pervierto a los jóvenes, ellas serían tal vez las perjudiciales; empero si alguno me insinúa que diga otras y no éstas, habla en vano.

Por último les diría: "Jóvenes atenienses: le creen a Anito o a mí, y si me absuelven o no lo hacen, no haré otra cosa, así me exponga miles de veces a morir".

No armen escándalo, jóvenes atenienses, continúen, más bien, portándose conmigo en la forma que se los pedí al principio. No armen escándalo por lo que se diga, mejor escuchen; lo que les doy a pensar, les será de provecho al oírlo, y pues les voy a decir otras cosas que tal vez los incite a reclamar, pero de ninguna manera lo hagan así.

Sepan, y entiéndanlo bien, que si me matan siendo quien soy y como digo que lo soy, no es a mí a quien le hacen el daño mayor, sino a ustedes mismos. En nada me dañarían Méleto ni Anito, porque no pueden; no es posible, según la inmutable justicia, que el peor varón dañe al mejor. Podrá asesinarlo, desterrarlo, difamarlo; cosas que tal vez Anito y alguien más tenga por grandes males, pero yo no lo considero así, porque muchas cosas peores está haciendo Anito, proponiéndose injustamente matar a un varón.

Así que, jóvenes atenienses, estoy en estos momentos muy lejos de defenderme a mí mismo, aunque alguno tal vez lo crea; los estoy defendiendo a ustedes para que al condenarme no pequen de alguna manera contra el don que me ha concedido el dios. Porque si me matan, no les será fácil encontrar a alguien que —para decirlo sencillamente, aunque parezca cosa de risa— esté destinado por el dios para esta ciudad, cual insecto para caballo magnífico y de raza, un poco perezoso ya por su mole y necesitado de aguijón; como tal, creo, me ha destinado el dios para esta ciudad, y así no paro todo el día de asediarlos por todas partes, aguijoneándolos, persuadiéndolos y reprendiéndolos a cada uno, uno por uno. Jóvenes y caballeros, no vendrá con facilidad otro, créanme.

Tal vez ustedes, tomando a molestia, como los adormilados, el que los despierte, me maltratarían —que, de creer a Anito, hasta me matarán—, pero después pasarían dormidos el resto de su vida, a no ser que el dios, preocupándose por ustedes, les envíe otro.

Y que a mí me haya concedido en suerte, por don del dios a esta ciudad, tal misión, lo reconozcan por esto: no parece por cierto cosa de hombre el que haya descuidado todas mis cosas, y continuado en tal descuido de mi casa por tantos y tantos años, atareado por el contrario con lo de ustedes; yendo con cada uno en particular, como si fuera un padre o hermano mayor, para convencerlo del cuidado de la virtud.

Y si por cierto hubiera sacado algo de todo ello, o se me pagara por recordárselo, esto tuviera una cierta razón; mas hasta ustedes mismos ven ahora que, habiéndome acusado, mis acusadores, desvergonzadamente de otras cosas, no han sido capaces de desvergonzarse en este punto, presentando un testigo de que haya hecho alguna vez o haya exigido dinero.

Creo que puedo presentar un testigo, suficiente, de que digo verdad: la pobreza.

Tal vez parezca extraño que aconseje en privado tales cosas, yendo de uno a otro, dándome gran faena; y que, con todo, no me atreva, subiendo aquí, a nuestra asamblea, a aconsejar con ustedes públicamente a la ciudad. La causa de esto es, como me lo han oído decir muchas veces y de muchas maneras, que me sobreviene algo divino y demoniaco, como se dice, en son de comedia, en la acusación escrita contra mí por Méleto. Y esto me comenzó ya desde pequeño, en forma de una cierta voz que, cuando me sobreviene, me disuade de hacer lo que estoy ya a punto de hacer, pero jamás me persuade a que haga algo determinado.

Y ésta es la que siempre se ha opuesto a que haga política. Y me parece perfectamente que se me haya opuesto, porque saben bien, jóvenes atenienses, que, si hubiera puesto tiempo atrás mis manos en empresas políticas, ya hubiera perecido tiempo atrás, y no hubiera sido de provecho ni para ustedes ni para mí mismo.

No tomen a mal que les diga estas verdades; no hay hombre capaz de salvar la vida, si se enfrenta noblemente con ustedes o con cualquier otra muchedumbre, y si se pone a impedir las muchas injusticias e ilegalidades que se hacen en la ciudad. Se hace imprescindible, más bien, al que pretenda pelear en realidad de verdad por la justicia, si quiere sobrevivir por un poco de tiempo, darse a la vida privada, pero no a la pública.

Sobre estos puntos les voy a ofrecer grandes testimonios; no palabras, sino lo que ustedes aprecian: obras. Escuchen entonces lo que me aconteció, para que sepan y bien que en ninguna sola cosa cederé contra justicia, por temor a la muerte, aunque, por el mero hecho de no ceder, pereciera.

Les voy a decir cosas duras de llevar y de evaluar, pero que son verdaderas. Jóvenes atenienses, jamás he tenido en esta ciudad algún mando, fuera del de consejero. Y aconteció cuando nuestra tribu, la Antióquida, presidía en el Prytaneo, que ustedes pretendían juzgar en bloque a los diez capitanes que no recogieron los muertos en la batalla naval, contra ley, como todos ustedes habrán reconocido más tarde.

Yo solo, entre todos los del Prytaneo, me enfrenté entonces con ustedes, a fin de que nada se hiciera contra las leyes. Y voté en contra. Y por más que los oradores estaban dispuestos a denunciarme y eliminarme, por más que ustedes lo pedían a grandes voces, creí que debía con la ley y con la justicia correr todos los peligros antes que, por miedo a la prisión o a la muerte, irme con ustedes, que intentaban lo injusto.

Todo esto sucedió cuando la ciudad se gobernaba todavía por democracia; cuando vino la oligarquía, los Treinta me llamaron junto a cinco personas, al Tholo, y nos mandaron traer de Salamina a León de Salamina para matarlo; tales y otras cosas ordenaron los Treinta a otros, como si quisieran complicar en crímenes a cuantos más mejor. En esta ocasión puse una vez más de manifiesto, con obras y no palabras —si no fuera demasiado salvaje decirlo—, que no me preocupo en lo más mínimo por la muerte, toda mi preocupación fue no hacer nada ni injusto ni impío. Pues bien: aquel régimen, aun siendo tan prepotente, no me atemorizó hasta el extremo de hacer algo injusto; sino que, en cuanto salimos de Tholo, los cuatro partieron para Salamina y trajeron a León; por el contrario, yo partí a casa. Y quizás esto me hubiera costado la vida si no se hubiera acabado el régimen por lo breve.

Y de estas cosas muchos pueden ser testigo. Ahora bien: ¿piensan que hubiera podido sobrevivir tantos y tantos años, si me hubiera dado a los asuntos públicos, si, obrando de una manera digna, de varón recto, hubiera ayudado a lo justo, y si, como es debido, hiciera pasar la justicia por sobre todo? No, jóvenes atenienses, ni yo ni otro hombre.

De modo que si a lo largo de mi vida he hecho algo público, me he presentado a la luz del día tal cual he dicho, y exactamente soy el mismo en privado. A nadie ni en nada, de manera alguna, condesciendo en cosa contra la justicia, ni a los que no son mis discípulos ni a ninguno de los que dicen mis calumniadores son mis discípulos. Jamás he sido maestro de nadie; ahora que, si alguno desea oírme cuando hablo o hago mi quehacer, sea más joven que yo o más viejo, nunca me recelé en manera alguna. Ni dialogo por recibir dinero, ni dejo de dialogar por no recibirlo. Por el contrario, me presto para ser interrogado lo mismo para un pobre que para un rico. Y lo que digo de respuesta, lo puede escuchar el que quiera. Y si por todo ello uno se vuelve bueno y otro no, no es justo que se me atribuya a mí la causa, que jamás me he comprometido a enseñar nada a nadie, ni he sido maestro de nadie en nada.

Y si alguno afirma haber aprendido de mí o que me oyó algo en privado que no lo hubiera podido oír alguien más, deben saber que no dice la verdad.

Pero en verdad, ¿por qué les gusta a algunos pasar tanto tiempo conmigo? Ya lo han oído, jóvenes atenienses, que ya les he dicho toda la verdad: les gusta oír cómo pongo a prueba a los que creen ser sabios, pero que no lo son. Y es, por cierto, cosa de no pequeño contentamiento. Que tal faena, como yo afirmo, me fue señalada para ponerla en práctica por el dios en oráculos, en ensueños y por todas las maneras según las cuales se indica al hombre poner en práctica una decisión divina cualquiera en cualquier asunto.

Todo lo cual, jóvenes atenienses, es verdad. Además, fácil de probar. Porque si algunos jóvenes estoy pervirtiendo, y a otros ya los he pervertido, lo debido es que al darse cuenta uno de ellos, llegado el momento de su mayoría de edad, de que les aconsejé algo malo, subiera ahora a acusarme y pedir que se me castigue. Y si ellos no quisieran que lo recordaran ahora algunos de sus familiares, padres, hermanos o cualquiera de sus parientes, en cierto caso de que alguno de sus familiares hubiera recibido algún mal de mí.

Por lo demás, están aquí presentes muchos de ellos, pues los estoy viendo: primero, por cierto, a Critón, mi coetáneo y vecino, padre de Critóbulo aquí presente también; además Lysanias el de Esfeto, padre de Esquino, aquí presente; y Antifón, el de Cefisia, aquí en persona, padre de Epigenes. Y estos otros cuyos hermanos llevaron conmigo el mismo género de vida: Nicostrato, hijo de Teodótido, hermano de Teodoto —y este Teodoto por cierto murió hace mucho tiempo, de modo que tal vez en este punto no tenga aquél que pedir cuentas a éste—, y Páralos, éste precisamente, hijo de Demódoco, de quien era hermano Teages; y también este Adimanto, hijo de Aristón, de quien es hermano justamente este Platón; y Ayantodoro, de quien precisamente este Apolodoro es hermano. Y tengo para nombrarles a muchos otros, de entre los cuales fuera por cierto debido que Méleto en su discurso les presente a alguno como testigo. Pero si se le olvidó entonces, que los presente ahora, que vengo en ello, y que diga si tiene tal testigo.

Mas encontrarán todo lo contrario, jóvenes: que todos están dispuestos a favorecer al corruptor, al malhechor de sus familiares, como dicen Méleto y Anito; que los mismos pervertidos tal vez tuvieran su razón en ayudarme; empero los ilesos, varones ya de más edad, sus parientes, ¿qué otra razón pueden tener al ayudarme sino la rectitud y la justicia, sabiendo como saben que Méleto miente, que yo por el contrario digo la verdad?

Sea lo que fuere de esto, jóvenes, lo que tuviera aún que decir en mi defensa es casi lo dicho y otras cosas parecidas. Pero tal vez alguno de ustedes tome a mal —recordando que en combate judicial menor del que ahora estoy llevando, suplicó él mismo y rogó a los jueces con muchas lágrimas, haciendo subir aquí a sus hijos y a otros de sus familiares y aun a muchos de los amigos, para alcanzar larga indulgencia— que yo, por el contrario, no haga nada de eso, aun corriendo, a mi parecer, un peligro supremo.

Quizás alguien pensando en esto tome en contra de mí mayor rencor, y enfurecido por ello deposite con ira su voto. Si alguno, por cierto, estuviera así, no yo mismo por dignidad juzgaría así; sí, con todo, lo hiciera, creo que le diría modestamente palabras como estas: "también yo tengo, óptimo, algunos familiares; que para mí es aquello de Homero: *ni de piedra estoy hecho ni de bronce, sino de hombre*".

De modo que, jóvenes y hombres atenienses, tengo familiares y tres hijos, uno ya joven, dos todavía pequeños. Pero no estoy aquí para hacer subir a ninguno de ellos a fin de pedirles que me favorezcan con sus votos. ¿Y por qué no haré nada de eso? Por altanería no, ni por desprecio hacia ustedes —que eso de que sea o no por valentía ante la muerte es cosa aparte—, sino por mi honor, por el de ustedes y por el de toda la ciudad, porque no me parece bello hacer tal cosa, siendo encima de la edad que soy y teniendo el nombre que tengo, sea falso o verdadero. Porque ya es de opinión pública que Sócrates se distingue por algo de la mayoría de los demás. Sería vergonzoso que se portaran de semejante manera los que son distinguidos para ustedes en sabiduría, en valor o en cualquier otra virtud; que muchas veces, durante los juicios, he visto a algunos detenidos hacer cosas desconcertantes, creyendo que les va a suceder algo espantoso si mueren. ¡Ni que fueran a ser inmortales, en caso de que ustedes no los maten!

A mi parecer esos hombres hacen que la ciudad se llene de vergüenza a tal grado que un extranjero pueda suponer que los distinguidos en virtud entre los atenienses, los que ellos mismos ponen al frente de sus gobiernos y en las demás dignidades, en nada se diferencian de mujeres. De modo que, jóvenes atenienses, es preciso que ni nosotros, los que pasamos por algo, hagamos semejantes cosas, ni que ustedes permitan que las hagamos. Por el contrario, tendría que quedar bien asentado que darán muchos más votos al que dé tristes espectáculos y ponga en ridículo a la ciudad, que contra el que lleve las cosas con calma.

Pero aun fuera de la cuestión de honor, ¡oh, jóvenes y hombres!, no me parece justo suplicar al juez, ni por ruegos huir de la justicia, sino informarlo y persuadirlo. Que no se sienta el juez para regalar graciosamente la justicia, sino para juzgar lo justo; no juró regalarla graciosamente a los que le parecieran, sino que juró hacer justicia a tenor de las leyes. Así, pues, es preciso que ni nosotros nos acostumbremos ni ustedes se acostumbren a perjurar, que en ninguno de nosotros fuera piadoso.

No juzguen, jóvenes atenienses, por dignidad suya, que deba hacer ante ustedes lo que no tengo ni por bello ni por piadoso ni por justo, aun dejando completamente aparte que por impiedad me está persiguiendo judicialmente este mismo Méleto. Que si llegara a persuadirlos y contra su juramento los forzara por ruegos, les enseñaría de descarada manera a pensar que no hay dioses, y, defendiéndome inhábilmente, me acusaría a mí mismo de que no creo en dioses.

Pero las cosas no son ni de lejos así, puesto que creo, jóvenes atenienses, contrario a lo que dicen mis acusadores, que hay dioses, y encomiendo en sus manos, pero sobre todo en las del dios, juzgarme del modo que sea mejor para mí y para ustedes. Para no llevar a mal lo que me acaba de suceder, que han votado en contra mía, muchas son las cosas que me ayudan.

Y no me tomó por sorpresa este acontecimiento, más bien me sorprende la distribución efectiva de los votos, que nunca pensé, por cierto, fuera tan reducido el margen, creí que sería mucho. Si, según parece, sólo treinta votos se hubieran invertido, hubiera resultado absuelto. Por lo que se refiere a Méleto, creo que, en efecto, quedo absuelto, y no sólo eso sino que queda de manifiesto que, de haber subido con Anito y Licón a acusarme, hubiera tenido que pagar mil dracmas, por no haber obtenido la quinta parte de los votos.

Este varón me tiene, pues, por digno de morir.

Por mi parte, sea lo que fuere de esto, ¿de qué me tienen por merecedor ante ustedes, jóvenes y hombres atenienses? Es claro que de algo digno de mí, ¿de qué, pues?, ¿qué soy digno de padecer o de pagar por haber enseñado sin descanso toda mi vida, descuidando lo que tanto cuidan otros: enriquecimiento, economía, generalatos, caudillajes de muchedumbres, magistraturas, conspiraciones y sediciones de las que han pasado en esta ciudad, por tenerme en realidad de verdad por muy honrado para salvarme, metiéndome en semejantes cosas? Por eso no me metí en ellas, que de haberlo hecho habría estado a pique de no ser de provecho ni para ustedes ni para mí mismo.

Me entregué, por el contrario, a hacer el bien en privado, el máximo bien posible y, como digo, me entregué a esto precisamente tomando entre manos persuadir a cada uno de ustedes de no acuitarse por alguna cosa de las suyas antes de haberse cuidado de sí mismos sobre cómo llegar a ser bueno en superlativo y en superlativo cuerdo; de no tomar a su cuidado las cosas de la ciudad, antes de haberlo tomado por la ciudad misma, y de poner cuidado en las demás cosas según esta misma manera.

¿De qué seré digno recibir por ser así? Algo bueno, jóvenes atenienses, si se me ha de honrar según la dignidad. Según esto, ha de ser un bien que está dirigido a mí. ¿Qué puede estar dirigido a un pobre varón bienhechor que pide sólo vagar para amonestarlos? No hay, jóvenes atenienses, cosa que mejor estuviera que sustentar en el Prytaneo a un tal varón, y mucho más, por cierto, que a cualquiera de ustedes que en las Olimpiadas haya vencido a caballo o en biga o en cuadriga. Que éste no los hace creer bienaventurados, pero yo lo hago, y mientras que él no necesita de mantenimiento, yo sí que lo necesito.

Si es preciso que se me dé mi merecido, según lo ajustado a mi dignidad, me doy como merecido el que se me sustente en el Prytaneo.

Quizás hablándoles así parezca que les estoy hablando más o menos igual a como lo hice sobre las lamentaciones y súplicas: de manera altanera. Pero no hay tal, jóvenes atenienses, más bien estoy persuadido a intentar manifestar que a nadie he hecho mal, aunque a ustedes no los persuada, porque hemos cruzado palabras por poco tiempo.

Si en mi opinión, hubiera en ustedes, como lo hay entre otros hombres, ley de juzgar sobre muerte en varios días, no sólo en uno, tal vez los hubiera persuadido. Pero no es fácil deshacer en corto tiempo tan grandes calumnias. Yo estoy convencido de que no he hecho mal a nadie, pero ni de lejos voy a intentar persuadirlos. ¿Qué habré, pues, de temer?

Si no acepto pacientemente lo que según Méleto merezco, y que yo digo no saber si es bueno o malo, ¿voy a escoger en vez de ello algo que sepa que es malo, y dármelo como condena? ¿Tal vez la prisión?, ¿y por qué tener que vivir en prisión, sometido siempre a la guardia establecida por ley a los Once? ¿Tal vez multa económica, y estar preso hasta que termine de pagarla? Pero esto es lo mismo que acabo de decir, pues no tengo cosa con qué pagar. Pero ¿y si me condena a destierro?, tal vez ustedes me condenarían a él. Sería muy grande por cierto, jóvenes atenienses, mi amor a la vida si llegara a tanto mi falta de razón que no pudiera darme cuenta de que si ustedes, siendo y todo mis conciudadanos, no han sido capaces de soportar mis injurias, y mis palabras les han llegado a ser pesadas y odiosas, hasta buscar ahora el modo de deshacerse de ellas, las vayan a soportar más fácilmente los extraños. No lo creo, jóvenes y hombres atenienses.

¡Hermosa vida fuera, por cierto, la de un hombre desterrado a mi edad!: vivir cambiando de ciudad y expulsado de una a otra. Porque lo sé bien que, vaya a donde vaya, vendrían como aquí a escuchar mis palabras los jóvenes. Y si los despido, ellos mismos serán los que me expulsen, convenciendo para ello a los más viejos; y si no los despido, lo harán por el bien de ellos, sus padres y familiares.

Podría ser que alguno me dijera: "Sócrates, pero ¿por qué no has de ser capaz, una vez lejos de nosotros, de callar y llevar vida tranquila?"

De esto se me hace más difícil convencer a algunos de ustedes; porque si digo que en tal caso desobedezco al dios y que por esto mismo me sería imposible llevar una vida tranquila, no me creerían, como si hablara por ironía; y si por otra parte digo que el mayor bien que puede caerle en suerte al hombre es hacer palabra todos los días sobre virtud y sobre las demás cosas que de mí han oído cuando dialogo y me pongo a experiencia a mí mismo y a otros —que para el hombre una vida sin experiencia es una vida sin vivencias—, aunque lo diga, todavía me creerían menos. Pero así son las cosas de verdad, jóvenes, por más que sea difícil persuadirlos de ello.

Además, no estoy acostumbrado a considerarme digno de algún mal; ahora que si tuviera dinero, me daría como condena pagar cuanto pudiera pagar, puesto que no me dañaría en nada. Pero no tengo nada en estos momentos, a no ser que quisieran ponerme por pago lo que pudiera pagar, y tal vez pueda pagarles una mina de plata.

Por tanto, me condeno. Pero Platón aquí presente, jóvenes y hombres atenienses, y Critón, Critóbulo y

Apolodoro me mandan que me condene a treinta minas, que ellos salen fiadores; con ellos tendrán, y con ese dinero, fiadores dignos de todo crédito.

Por no aguardar tiempo, no mucho, jóvenes atenienses, los difamadores de esta ciudad les darán el nombre y encausarán cual asesinos de Sócrates, el varón sabio; porque los que quieran injuriarlos dirán que en verdad soy sabio, aunque no lo soy. Que si aguardaran un poco de tiempo, las cosas se hicieran por sí solas; miren, si no, mi edad, que está ya muy adelantada en la vida, muy cerca de la muerte.

Y no digo esto para todos ustedes, sino para los que han votado por mi muerte. Y para los mismos digo también lo siguiente: tal vez piensen que se me ha apresado por no haber dado con aquellas razones que a lo mejor les hubieran persuadido, supuesto que pensara tener que hacer y decir todo para huir la justicia. La cosa es muy otra: se me ha apresado ciertamente, no por falta de razones, sino por falta de audacia y de desfachatez, y por no querer decirles aquellas cosas que les fuera muy agradable escuchar, si me lamentara, llorara, haría y diría muchas cosas indignas de mí, como afirmo, que están acostumbrados a oír de otros.

Pero ni entonces creí hacer algo indigno por el peligro, ni ahora me arrepiento de haberme defendido de semejante manera; prefiero muchísimo más morir habiéndome defendido así que vivir por otros medios. Que ni en juicios ni en guerra, ni yo ni otro debe darse a ingeniar únicamente cómo escapar de la muerte, haciendo lo que sea, porque es claro que en las batallas podría uno huir muchas veces de la muerte arrojando las armas y volviéndose suplicante hacia los perseguidores, y otras muchas tretas hay en todos los peligros para escapar de la muerte, si uno se atreve a decir y hacer todo.

Pero no es difícil, jóvenes, huir de la muerte; más difícil es huir de la maldad que corre más veloz que la muerte. Yo ahora, por tardo y por viejo, seguramente, he sido apresado por lento, mientras que mis acusadores, por hábiles y por vivos, han sido tomados por lo más veloz: por la maldad. Ahora me retiro de ustedes, teniendo sentencia de muerte; éstos, por el contrario, en deuda para con la verdad y por injusticia. A mi condena me atengo, y ellos también. ¡Quién sabe si todo esto debía pasar así!, y aun pienso que pasa de la manera más conveniente.

Ahora, no obstante, me pide el alma hacer a ustedes un vaticinio después de lo dicho, a los que han votado contra mí. Que me hallo en el momento en que les da a los hombres más que nunca por presagiar, cuando están a punto de morir. Digo, pues, que me matan, que después de mi muerte, y muy pronto, les sobrevendrá un tormento mucho más terrible, ¡por Júpiter!, que aquél con que me matan. Hacen esto creyendo librarse de tener que dar cuenta de su vida, pero les va a suceder todo lo contrario, como digo. Van a ser muchos más los que les pidan cuentas; yo los refrenaba hasta el presente, aunque ustedes no lo notaban. Y serán más insoportables, porque son más jóvenes y los conducirán mucho más a mal. Porque si creen que matando hombres impiden que alguien reprenda su vida, no vivirán correctamente, ni distinguirán bien. Ésta no es la manera de librarse de quien les sugiere lleven una existencia más bella; es muchísimo más fácil ser óptimo sin mutilar a otros.

He hecho esta predicción para ustedes, los que votaron contra mí, y los dejo. Pero ustedes, los que han votado, dialogarán gustosamente sobre lo que acaba de acontecer, mientras los magistrados van a sus asuntos y yo no voy todavía a donde tengo que morir.

Quédense conmigo, jóvenes y hombres, este corto tiempo; que nada impide que, mientras sea posible, dialoguemos en mitos. Que a ustedes, amigos míos que son, quiero decirles una cosa que acaba de sucederme y les explicaré lo que significa.

Porque, hombres jueces —que, llamándoles así, los llamaré correctamente—, me ha pasado algo sorprendente: aquella voz divina que me es tan familiar, la del demonio, se me oponía siempre en todo el tiempo pasado con grandísima frecuencia y por cosas bien pequeñas, si es que estaba a punto de hacer algo incorrecto. Pero ahora, como sus ojos lo han visto, me han pasado cosas que no faltaría quien las apreciara por todos de malas. Con todo, ni al salir esta mañana de casa, ni cuando subí aquí, ni en nada de lo que estaba a punto de decir durante mi razonamiento, se me opuso tal señal del dios, aunque en otros me cortó frecuentemente la palabra a mitad. Ahora, por el contrario, en todo este proceso no se me ha opuesto ni a palabra ni a obra alguna. ¿Cuál, pues, supondré la causa?

Se los voy a decir: me inclino peligrosamente a pensar que es un bien lo que me ha acontecido, y que no habría manera de comprenderlo correctamente si pensamos que sea un mal el morir. Y para mí tengo un gran testimonio en este punto: de una manera u otra se me hubiera opuesto la acostumbrada señal, si hubiera estado a punto de hacer algo malo.

Pensemos firmemente en este punto: que grandes esperanzas hay de que la muerte sea un bien. Porque una de dos cosas es el morir: o bien, un no ser cosa alguna ni tener sensación de cosa alguna, o bien, como se dice, da la suerte de que el morir sea para el alma una mudanza y cambio de domicilio de este lugar a otro. Y si el morir fuera un no sentir nada —algo así como un sueño tal que durmiéndolo ni tan sólo se vieran ensueños—, ¡maravillosa ganancia fuera la muerte! Porque tengo para mí que si alguien tuviera que escoger para sí una noche tal que en ella hubiera dormido sin ver ensueños, y, contraponiendo las otras noches de su vida y sus otros días con esta noche, hubiera de decir, bien pensado, qué otro día y qué otras noches mejores y más deliciosas que esta noche ha vivido en su vida, tengo para mí que, no sólo un particular, sino aun el Gran Rey encontraría ser muy contadas tales noches en relación con el número de los días y de las demás noches.

Si es así la muerte, yo la llamo ganancia; y en realidad, según esto, todo el tiempo de nuestra vida no parece llenar más que tal noche. Pero si fuera la muerte un emigrar de aquí a otro lugar —y fuera verdad lo que se dice que allá se encuentran todos los muertos—, ¿qué mayor bien que éste, hombres jueces?

Si, pues, al llegar a Hades; desembarazado ya de todos estos que se dicen jueces, se encontrara uno con los que lo son en verdad —y que se dice de ellos son los que allí juzgan, Minos y Radamanto, Eaco, Triptolemo y aquellos otros entre los semidioses que fueron justos durante su vida—, ¿hubiera sido esta emigración sin importancia? Y ¿en cuánto no apreciara cualquiera de ustedes familiarizarse con Orfeo y Museo, con Hesíodo y Homero? Que yo, de cierto, muchas veces quiero morir, si es verdad todo esto; porque para mí, tal como soy, fuera maravilloso allí mi género de quehacer, pues me encontraría con Palamedes y con Ayax, el hijo de Telamón, y con aquellos otros caballeros antiguos que murieron por juicio injusto.

Pero, de cierto, lo grande fuera pasar la vida poniendo a prueba a los de allá y escudriñando, como a los de acá, quién de ellos es sabio y quién se lo piensa ser, mas no lo es. ¡En cuánto tendría uno de ustedes, hombres jueces, poner a prueba por sí mismo al que condujo a Troya aquel tan grande ejército, o a Ulises o a Sísifo o a tantos miles de varones y mujeres que se pudieran nombrar, dialogar con los cuales, familiarizarse y ponerlos a prueba fuera sin duda bienaventuranza en todo sin medida! Que por esto no matan los de allá.

Y en lo demás también son más bienaventurados los de allá que los de acá; y, si es verdad lo que se dice, serán ya para el resto del tiempo inmortales.

Pero ustedes también, hombres jueces, han de ser varones de bellas esperanzas, respecto de la muerte; y tener como una de las verdades ésta: que no hay nada malo para el varón bueno, ni en vida ni en muerte; y que no descuidan sus cosas los dioses.

Tampoco las mías han sucedido ahora por sí y ante sí; más bien está claro que es para mí lo mejor separarme de mis quehaceres y morir ya.

Por esta razón no se interpuso mi señal en ningún momento. A fe mía que no me irrito ni contra mis acusadores ni contra los que me han condenado, aunque no me hayan condenado ni acusado con esta intención, sino creyendo dañarme. Y en esto son dignos de reprobación.

Una cosa, por cierto, les pido: cuando mis hijos lleguen a la bella edad, si les pareciera, jóvenes y hombres, que se entristecen por las riquezas y por otra cosa cualquiera por encima de la virtud, denles como merecidas las mismas molestias con que yo los he molestado; y si se consideran algo, siendo nada, échenles en cara, como yo lo he hecho con ustedes, que no se cuidan de lo que debieran cuidarse, y que se creen ser algo, no siendo dignos de nada.

Si llegan a hacer esto, nos habrán hecho justicia a mis hijos y a mí. Pero ya es tiempo de que me marche; tengo que morir, y ustedes tienen que vivir. Mas quién de ustedes va a ser mejor, es cosa para todos desconocida menos para el dios.

Sobre el deber

CRITÓN

Sócrates — Critón

SÓCRATES. ¿Cómo es que vienes a estas horas, Critón?, ¿que no es demasiado temprano?

CRITÓN. Sí lo es.

SÓCRATES. ¿Cuánto?, más o menos.

CRITÓN. Primera aurora.

SÓCRATES. Me sorprende que el carcelero haya tenido esta condescendencia contigo.

CRITÓN. Ya me tiene afecto, Sócrates, de tanto verme por aquí, aparte de que me debe favores.

SÓCRATES. ¿Llegaste ahora mismo o hace rato?

CRITÓN. Hace ya bastante rato.

SÓCRATES. Entonces ¿por qué no me despertaste inmediatamente, sino que estuviste sentado junto a mí y en silencio?

CRITÓN. ¡Por Júpiter!; ni yo mismo quisiera, Sócrates, hallarme despierto en tanta tristeza. Mas desde hace rato estaba admirando cuán plácidamente duermes. Y de intento no te desperté para que se te pasara el tiempo lo más plácidamente posible. Que ya antes y en muchas otras ocasiones de tu vida te tuve por de natural feliz, pero muchísimo más en la calamidad presente. ¡Con qué facilidad y sumisión la llevas!

SÓCRATES. ¡Sólo faltaría, Critón, que a mis años llevara a mal el tener que morir!

CRITÓN. Pues, Sócrates, a otros a tu edad y en calamidades parecidas, en nada les ayudó la edad para sobrellevar desgracias como la presente.

SÓCRATES. Así será. Pero ¿por qué viniste tan de mañana?

CRITÓN. Para traerte una mala noticia, Sócrates, mala no para ti —así me lo figuro—, sino para mí y para tus allegados, mala y de mucha pesadumbre, tanto que yo difícilmente la soportaría.

SÓCRATES. ¿Qué noticia es ésa? ¿Que llegó ya la nave a cuya llegada tengo que morir?

CRITÓN. Todavía no llega; pero parece que lo hará hoy, según las noticias de algunos que han venido de Sunio y que la dejaron allá. Y claro está que, según estas noticias, llegará hoy y por necesidad, Sócrates, mañana será el fin de tu vida.

SÓCRATES. Y por buena ventura, Critón; que sea así si les place a los dioses. Pero la nave no llegará hoy.

CRITÓN. ¿Cómo lo sabes?

SÓCRATES. Te lo diré. Voy a morir al día siguiente de la llegada de la nave.

CRITÓN. Así lo dicen los que en estas cosas mandan.

SÓCRATES. Mas pienso que no llegará en este día que apunta, sino al siguiente. Y lo saco por testimonio de un sueño que tuve durante la noche; tal vez en buena hora no me despertaste.

CRITÓN. ¿Y cuál era ese ensueño?

SÓCRATES. Me pareció que hacia mí venía una mujer hermosa y bella, vestida de blanco, que me llamó y dijo: Sócrates, al tercer día llegarás a Ftía la fértil.

CRITÓN. En verdad desconcertante ensueño, Sócrates.

SÓCRATES. Pero bien claro a mi parecer, Critón.

CRITÓN. Demasiado, también lo creo. Pero, Sócrates demoniaco, créeme una vez más y ponte a salvo. Si mueres no será una sola desgracia para mí, sino que además de perder a un ser tan allegado, que jamás voy a encontrar otro igual, daré a pensar a muchos que no nos conocen bien, pudiéndolo hacer, que no te puse a salvo y que dejé pasar la ocasión por no gastar dinero. ¿Y qué más vergonzoso que dar esta impresión de tener en estima más al dinero que a los amigos? La mayoría no pensaría que tú mismo no quisiste, a pesar de nuestros esfuerzos, salir de aquí.

SÓCRATES. ¿Pero qué nos importa, Critón feliz, la opinión de los más, que los sensatos de veras, únicos de los que vale la pena preocuparse, pensarán que las cosas se han hecho precisamente como se hagan?

CRITÓN. ¿Pero ves, Sócrates, cómo es necesario preocuparse de la opinión de la mayoría? Que las cosas que están pasando ponen de manifiesto que la mayoría es capaz de llevar a cabo, no insignificantes maldades, sino casi las máximas, si uno anda con mala reputación.

SÓCRATES. Ojalá, Critón, que la mayoría fuera capaz de llevar a cabo los mayores males, con tal de que fuera igualmente capaz de realizar los mayores bienes, que entonces todo iría bellamente. Mas, por el contrario, de ninguna de las dos cosas son capaces, que no pueden hacer ni lo sensato ni lo insensato, sino tan sólo lo que les salga a la ventura.

CRITÓN. Tal vez las cosas sean así. Pero, respóndeme, Sócrates, precisamente a esto: ¿no será que te preocupa que, saliendo de aquí, los alcahuetes presenten informes contra mí y mis allegados de que fuimos nosotros los que ayudamos a partir, y por este motivo perdamos sin remedio toda nuestra hacienda y dinero, y además de esto tengamos que sufrir cosas peores? Si esto te preocupa, déjalo correr, pues lo considero justo por salvarte; corramos, pues, estos peligros. Créeme y no hagas otra cosa.

SÓCRATES. Estas cosas me preocupan, Critón, pero también otras.

CRITÓN. Pues tampoco temas por ellas, porque no es gran cantidad de plata la que quieren recibir algunos por salvarte y sacarte de aquí. Además, ¿no ves que estos alcahuetes son fáciles de contentar y para ellos no hace falta mucho dinero? Tienes a tu disposición todo mi dinero, que creo es suficiente para el caso; y si, preocupándote por, no crees que deba gastar todo lo mío, huéspedes extranjeros aquí hay dispuestos a gastarlo: uno de ellos, Simmias el de Tebas, hasta ha reunido ya dinero suficiente para el intento; dispuestos están también Cebes y muchísimos otros. De manera que, como digo, este temor no te retraiga de ponerte a salvo.

Ni se te haga duro lo que dijiste en el juzgado: que al salir de aquí no sabrías qué hacer contigo mismo; que adondequiera que llegues, en muchos y varios lugares, te estimarán. Y si quieres ir a Tesalia, allá tengo huéspedes que te tendrán en estima y te ofrecerán protección, de modo que ninguno de los de Tesalia te moleste.

Sócrates, no me parece justo que te traiciones a ti mismo, pudiendo salvarte. Parece como si te empeñaras en hacerte a ti mismo aquello que los demás, tus enemigos, quieren hacerte empeñados.

Y hay más: me parece que traicionas a tus propios hijos, puesto que, pudiendo criarlos y educarlos, te vas y los abandonas a su suerte y a que hagan lo que les depare, que ya sabemos probablemente cuál será su suerte: la usual para huérfanos en desamparo.

Porque o no hay que hacerse con hijos, o hay que pasar con ellos el trabajo de criarlos y educarlos. Me parece que, por el contrario, tú te tomas todo esto a la ligera. Es preciso, sin embargo, elegir precisamente lo que elegiría un varón bueno y valiente que haya estado hablando toda su vida del cuidado solícito por la virtud. Y me avergonzaría por mí, por ti y por todos tus allegados de dar la impresión de que este asunto tuyo haya ido adelante por falta de hombría nuestra, que ya la sola introducción del juicio ante el juzgado, tal cual se introdujo, pudiendo haberse no introducido, y la manera como se llevó y este su final, cual de drama burlesco, da a pensar de que por malquerencia y por falta de hombría se te ha ido a ti y se nos ha ido todo de las manos a los que no te hemos salvado, siendo en realidad posible, si cada uno de nosotros hubiera puesto un poco de su parte. Considera, pues, Sócrates, todo esto; no nos vaya a resultar todo, además de malo, motivo de vergüenza. Decídete, pues; o mejor, ya no es hora de decidirse, sino de haberse decidido. Y la decisión es una sola, porque todo ha de estar consumado la noche que viene; que si nos detenemos, ya no será posible hacerlo. Así que, Sócrates, obedéceme en todo y no hagas nada en contra.

SÓCRATES. ¡Oh, querido Critón!; este fervor de tu ánimo sería merecedor de todo, si sólo estuviera bien dirigido, porque si no, cuanto mayor daño causará. Es necesario que consideremos si es nuestro deber hacer esto o no, que yo no solamente en esta ocasión sino en todas, y no únicamente en un solo asunto mío sino en todos, sólo me dejo persuadir por aquella razón que, bien considerada, me parezca la mejor entre todas. Así soy.

Pues bien, no puedo rechazar ahora las razones que hace poco dije, y rechazarlas precisamente porque me ha sobrevenido esta calamidad. Me parece, más bien, que continúan igualmente válidas, y por esto las reverencio y honro como antes. Si, pues, no tenemos para esta ocasión otras mejores que decir, debes saber que no pactaré, ni aunque el poder del populacho nos quiera atemorizar como a críos, con más espantajos que los presentes: con prisiones, muertes encima y confiscaciones de bienes.

Pero ¿cómo haremos para reflexionar prudentemente sobre este punto? ¿Tal vez volviendo a considerar ante todo si en aquel razonamiento tuyo sobre las opiniones se dijo correctamente o no que hay que prestar atención a algunas opiniones y a otras no? Que si antes se dijo bellamente que debo morir, mas se descubriera ahora que lo que se dijo, se dijo por decirlo, ¿no sería todo ello en verdad niñadas y tonterías?

Deseo, pues, yo mismo, Critón, ponerme a considerar en común contigo si nuestras primeras razones parecen otras desde que estoy como estoy, o bien si son aún las mismas, y en este caso dejaremos correr las cosas y nos dejaremos llevar por ellas. Dicen, pues, según pienso los que creen decir algo —como yo también digo ahora—, que de entre las opiniones de los hombres hay que hacer gran aprecio de unas y no de otras. Y, por los dioses, ¿no te parece, Critón, bellamente dicho? Porque tú, a juzgar humanamente, no tienes que morirte mañana, de manera que la desgracia presente no va a desconcertarte. Reflexiona, pues; ¿no te parece suficientemente bien dicho que no hay que respetar todas las opiniones de los hombres, sino unas sí y otras no; ni todas las de todos, sino las de unos sí y no las de otros? ¿Qué dices? ¿No está así bellamente dicho?

CRITÓN. Sí, lo está.

SÓCRATES. Según esto, pues, habrá que respetar las buenas y no las malas.

CRITÓN. Sí.

SÓCRATES. ¿Y no serán las buenas precisamente las de los sensatos, y las malas las de los insensatos?

CRITÓN. ¿Cómo no?

SÓCRATES. Adelante, pues; ¿qué dirías de esto?: un varón dedicado al atletismo ¿hace caso de los elogios, críticas y opiniones de un cualquiera o de los de uno solo, a saber: de aquel que sea médico o maestro en gimnasia?

CRITÓN. De éste sólo.

SÓCRATES. Y según esto, deberá temer las críticas y apreciar las alabanzas de sólo éste y no las de los más.

CRITÓN. Es evidente.

SÓCRATES. Y por lo mismo habrá de actuar, ejercitarse, comer y beber según lo que parezca a tal director y entendido, y sólo a él más que a todos los otros.

CRITÓN. Así es.

SÓCRATES. Sea, pues; mas si, por el contrario, desobedece a éste sólo y ni respeta sus opiniones ni aprecia sus alabanzas, y respeta más bien las palabras de los muchos y de los que nada entienden ¿no le sobrevendrá ningún mal?

CRITÓN. ¿Cómo no?

SÓCRATES. ¿Y cuál será tal mal y a qué parte del desobediente se extenderá y afectará?

CRITÓN. Es claro que al cuerpo; porque lo arruinará.

SÓCRATES. Bellamente dices. Y de semejante manera también, Critón, en las demás cosas, para no recorrerlas todas. Mas respecto de lo justo e injusto, de lo feo y de lo bello, y de lo bueno y de lo malo —cosas sobre las que ahora nos hemos puesto a deliberar—, ¿habremos de seguir la opinión de la mayoría y tenerla en más que la de uno solo: del que en estas cosas sea entendido y a quien se debe reverenciar y temer más que a todos los otros juntos? Que, si en esto no lo seguimos, maltrataremos y echaremos a perder precisamente aquello que en el justo va mejorando en bondad y que desmedra en el injusto. ¿O no existe semejante cosa?

CRITÓN. Yo creo que sí, Sócrates.

SÓCRATES. Un paso más; si por admitir opiniones de ignorantes echamos a perder lo que mejora con lo salutífero y deteriora con lo malsano, ¿valdrá la pena que vivamos con tal ruina por dentro? ¿Y no es precisamente el cuerpo el que en este caso se arruina? ¿Es así o no lo es?

CRITÓN. Sí.

SÓCRATES. ¿Valdrá, pues, la pena vivir con un cuerpo malo y arruinado?

CRITÓN. De ninguna manera.

SÓCRATES. Pues bien: ¿valdrá la pena vivir una vez perdido aquello que deteriora con la injusticia y con la justicia mejora? ¿O tenemos tal vez por más vil que el cuerpo aquella parte nuestra, sea la que fuere, que interesa a la injusticia y a la justicia?

CRITÓN. De ninguna manera.

SÓCRATES. Será, pues, tal parte la más valiosa.

CRITÓN. Y muchísimo más.

SÓCRATES. Según esto, pues, óptimo de Critón, no habrá que parar gran cosa en lo que de nosotros digan los más, sino en lo que sobre lo justo y lo injusto diga uno solo: el entendido, y ésta es la verdad. De manera que no estás en lo verdadero cuando comienzas por decir que hemos de preocuparnos por las opiniones que sobre lo justo, bello, bueno y sus contrarios tenga la mayoría; aunque, sin duda alguna, no faltará quien añada que la mayoría puede acabar con nosotros.

CRITÓN. Y es claro que sí; y yo también lo diría, Sócrates.

SÓCRATES. Y dices verdad. Con todo, Critón admirable, me parece que las razones traídas están donde deben estar. Con todo, pon atención en si queda claro que hay que tener en mayor estima el vivir bien que el sólo vivir.

CRITÓN. Queda claro.

SÓCRATES. ¿Y queda también claro, sí o no, que vivir bien, bella y justamente, son una y la misma cosa?

CRITÓN. Queda claro.

SÓCRATES. Acordamos, pues, en que se ha de considerar primero si es justo o no que intente marcharme de aquí sin el consentimiento de los atenienses. Y si parece justo, lo intentaremos; y si no, dejaremos las cosas como están. Que en cuanto a las consideraciones que me hiciste acerca de confiscación de bienes, fama y educación de los hijos, tal vez no pasen de ser consideraciones de los que toman a la ligera eso de matar y de volver a la vida, si pudieran, a los muertos, así sin más ni más y sin razón alguna, cual lo hace la mayoría.

Empero, nosotros, prisioneros que somos de la razón, no hemos de mirar otra cosa sino lo que acabo de decir: si obraremos según justicia dando dinero y haciendo favores a los que de aquí me hayan de sacar, si obraremos también según justicia liberados y liberadores, o si por el contrario al hacer todas estas cosas no quebrantaremos de verdad la justicia. Y si nos llega a parecer que, haciendo todo esto, obramos contra justicia, no habrá que pensar ya en si habrá o no que morir, caso de quedarse aquí y de dejar las cosas como están y en paz, o en si habrá que padecer otro perjuicio cualquiera, sino pensar ante todo y sobre todo en la injusticia de tal acción.

CRITÓN. Bellamente dicho, a mi parecer, Sócrates. Considera qué vamos a hacer.

SÓCRATES. Vamos a considerarlo, Critón; y si mientras hablo tienes algo en contra que decir, dejaré que me convenzas. Pero si no, Critón feliz, detente ya de repetirme las mismas razones sobre que es necesario marcharme de aquí aun contra la voluntad de los atenienses.

Para mí sería gran cosa hacer lo que me dices, pero no sería sin mi voluntad. Mira, pues, bien si te satisface el principio de nuestras consideraciones y procura responder exactamente y como mejor te parezca a lo preguntado.

CRITÓN. Voy a intentarlo.

SÓCRATES. ¿Diremos que de ninguna manera hay que faltar voluntariamente a la justicia, o habrá maneras y maneras? ¿O bien, como convinimos en tiempos pasados, en manera alguna será ni bueno ni bello contravenir a la justicia? ¿O es que todas nuestras anteriores convicciones se han evaporado en estos pocos días y que precisamente ahora, Critón, después de tanto tiempo y con tanta edad encima y tras tantas y tan laboriosas discusiones, nos olvidamos de todo con amnesia de chiquillos? ¿O no serán las cosas más bien y exactamente como anteriormente nos las dijimos, convengan o no convengan en ello los demás, y hayamos de pasar por cosas más duras de llevar o más llevaderas que las presentes, de modo que en todos los casos quebrantar la justicia sea para el que a ella falte malo y vergonzoso? ¿Lo diremos así o no?

CRITÓN. Lo diremos.

SÓCRATES. Así que no debemos faltar a la justicia de ninguna manera.

CRITÓN. No, por cierto.

SÓCRATES. Ni hay que devolver injusticia por injusticia, como piensan algunos, puesto que de ninguna manera hay que faltar a la justicia.

CRITÓN. Parece que no.

SÓCRATES. Pero ¿qué dices a esto, Critón: hay que hacer el mal o no?

CRITÓN. No. Sócrates, no hay que hacerlo jamás.

SÓCRATES. ¿Y qué dices a esto otro: devolver mal por mal, es, como creen los otros, justo o no lo es?

CRITÓN. No lo es de ningún modo.

SÓCRATES. Y no lo es porque en nada se diferencia hacer mal y faltar a la justicia.

CRITÓN. Dices verdad.

SÓCRATES. Así que, según esto, no hay que devolver injusticia por injusticia, ni hacer mal a nadie, sea cual fuera el mal que uno reciba. Y mira, Critón, que, al convenir en esto, no admitas algo contra tus convicciones, pues sé muy bien que a muy pocos parecen y parecerán así tales cosas, y que no hay manera de poner de acuerdo a los que les parece así y a los que no les parece lo mismo; más aún, se desprecian por necesidad mutuamente, viendo unos las opiniones de los otros.

Considera, pues, una vez más y con mayor cuidado si convienes en esto y compartes conmigo esta opinión que va a servirnos de principio en nuestras deliberaciones, a saber: que en modo ni manera alguna es correcto ser injusto, ni aun serlo con quien lo fue, ni, por haber sufrido un mal, defenderse haciendo por contrapartida otro mal. ¿O es que rechazas y no compartes conmigo este principio? Que a mí desde siempre y aun ahora me parece ser así, pero si a ti te ha parecido y parece, por el motivo que sea, otra cosa, dilo e instrúyeme. Mas si concuerdas con lo dicho, escucha lo siguiente:

CRITÓN. Estoy de acuerdo con lo que se dijo y lo comparto; adelante.

SÓCRATES. Digo... más bien pregunto lo siguiente: si uno da su palabra a otro de hacer algo, suponiendo siempre que sea justo, ¿debe hacerlo o dejarlo plantado?

CRITÓN. Tiene que hacerlo.

SÓCRATES. Pues según esto, mira: si nos escapamos de aquí, desobedeciendo a la ciudad, ¿no ocasionaremos mal a algunos y precisamente a aquellos a quienes menos hay que hacerlo? ¿No es así? ¿Mantenemos la palabra dada, justa como es, o no?

CRITÓN. Sócrates, no tengo qué responder a lo que me preguntas, porque no lo entiendo.

SÓCRATES. Míralo desde este otro punto de vista: si ya estando a punto de escaparnos de aquí, haya que llamarlo con este o con otro nombre, llegaran las Leyes, se presentara la mancomunidad de la ciudad y preguntaran: dime, Sócrates ¿qué es lo que estás pensando hacer? ¿Qué piensas con esta acción destruir a las Leyes y a la parte de la ciudad que está de tu lado? ¿O crees que puede persistir sin arruinarse aquella ciudad en que las decisiones judiciales nada puedan y en que los particulares las anulen y depongan de su señorío? ¿Qué responderemos, Critón, a estas y semejantes cosas?

Aun sin ser orador tendría que decir muchas cosas acerca de tal atropello cometido precisamente contra la Ley que confiere señorío a las decisiones judiciales. ¿O les responderemos que es la ciudad quien nos hace injusticia y no sentenció correctamente a nuestro juicio? ¿Responderemos otra cosa o ésta precisamente?

CRITÓN. ¡Por Júpiter!, Sócrates, esto precisamente.

SÓCRATES. Pues ¿qué?, ¿y si dijeran las Leyes: Sócrates, que no convinimos nosotras y tú en acatar las decisiones judiciales por las que la ciudad da su juicio?

Y si nos sorprendiéramos al oírlas hablar así, tal vez nos dirían: no te admires de lo que decimos, Sócrates, sino respóndenos, ya que está muy en tus costumbres eso de preguntar y responder. Veamos, pues, ¿qué tienes contra nosotras para que te empeñes en destruirnos a nosotras y a la ciudad? ¿Que no somos, en primer lugar, las que te engendramos y según las que tu padre tomó por esposa a tu madre y te dieron el ser? Dinos, pues, a nosotras, las Leyes sobre el matrimonio, qué es lo que como no bello tienes que echarnos en cara.

"Nada tengo que echarles en cara", respondería.

Pero ¿y las que legislamos sobre el cuidado y educación de la prole y según las cuales tú mismo has sido educado?; que las que a este particular estamos dedicadas ¿no mandamos bellamente al ordenar a tu padre te educara en música y gimnasia?

"Bellamente lo ordenaron", respondería.

Bien, ahora después de engendrado, bien cuidado e instruido, ¿es precisamente cuando tienes que decirnos que no eres nuestro engendro y siervo, tú y tus progenitores? Y si así es, ¿piensas que la justicia está de tu parte y de la nuestra, de manera que tengas por justo hacernos a nosotras lo que nosotras hagamos contigo?, que ni aun respecto de tu padre y de tu señor, si lo tuvieras, estaría la justicia a la par contigo, de manera que a trato recibido trato devuelto, a palabra malsonante réplica en contra, golpe por golpe, y así en lo demás.

¿Y piensas que con respecto de la Patria y de las Leyes te estará permitido, en caso de que nosotras intentemos deshacernos de ti por creerlo justo, que tú a la vez atentes, en la medida de tus fuerzas, contra nosotras las Leyes y la Patria, y sobre esto digas que, haciéndolo, obras según tu justicia, el de veras gran preocupado por la virtud? ¿O de tan sabio olvidaste que la Patria es más sagrada y venerada que el padre, la madre y todos los demás progenitores juntos; que a la Patria corresponde y le dan la mejor parte dioses y aun los hombres de entendimiento; que se debe reverenciar y obedecer y tener para con la Patria airada mayores miramientos que con un padre, y que se debe o persuadirla o hacer lo que prescriba, sufrir lo que manda se sufra, y llevar en paciencia si ordena azotes y cadenas? Y si envía a la guerra, para ser heridos o para morir, hay que hacerlo, que así es justo, sin huir el cuerpo, sin retroceder, sin abandonar la fila; y en guerra, en tribunal, en todas partes hay que hacer lo que manden ciudad y Patria, o tratar de persuadirlas en lo que permita la justicia, mas no hacerles fuerza; que si no es piadoso hacérsela ni a la madre ni al padre, muchísimo menor lo será a la Patria.

¿Qué responderemos, Critón, a todo esto: que las Leyes dicen verdad o no?

CRITÓN. La dicen, a mi parecer.

SÓCRATES. Considera, pues, Sócrates —tal vez continuarían diciendo las Leyes—, que si nosotras decimos verdad, no es justo que intentes en contra nuestra llevar a cabo lo que ahora estás emprendiendo; que nosotras fuimos las que te engendramos, cuidamos e instruimos, volcando en ti y en todos los demás ciudadanos cuanto teníamos; y con todo proclamamos en plaza pública la facultad que hemos otorgado al ateniense que, reconocido por mayor de edad, note que no le agradan ni las cosas de la ciudad ni nosotras sus Leyes, de salirse si lo quiere, llevarse sus cosas e irse con ellas a donde le plazca.

Y ninguna de nosotras las Leyes le pone obstáculo ni trata públicamente de disuadírselo, si quiere irse a una de nuestras colonias, caso de que no le agrademos ni nosotras ni la ciudad; y lo mismo si quiere irse a país extranjero, que se vaya a donde quiera llevándose lo suyo.

Empero el que con nosotras se quede, decimos que una vez visto cómo administramos justicia y gobernamos en lo demás a la ciudad, por tal hecho queda convenido con nosotras que deberá hacer lo que mandemos; y decimos que el desobediente falta triplemente a la justicia: porque no obedece a las que lo engendramos, porque tampoco obedece a quienes lo cuidamos, porque, habiendo convenido en obedecernos, no nos obedece ni nos convence, caso de que hagamos algo no bello; y a pesar de que de antemano le propusimos lo que mandamos y no se lo imponemos violentamente, con todo, de la alternativa que le damos: o convencernos o hacer lo mandado, no hace ninguna de las dos cosas.

Pues bien: en estos capítulos de acusación, Sócrates, te decimos que incurrirás si pones en obra lo que estás pensando, e incurrirás en ellos, no como uno cualquiera de los atenienses, sino como alguien superior.

Si les contestara: ¿y por qué?, quizás me responderían en justicia tomándome la palabra, que en este acuerdo estoy comprometido con ellas aún más que cualquier otro ateniense; porque me dirán: "Sócrates, grandes testimonios tenemos de que nosotras y la ciudad hemos sido de tu agrado, que si por excepcional manera no te hubiéramos agradado, no habrías hecho de esta ciudad tu estancia preferida, con inclinación mayor tal vez que la de todos los atenienses, puesto que ni siquiera para ver un espectáculo saliste de la ciudad, ni fuiste a otra parte sino por servicio militar, ni hiciste jamás excursiones, como los demás hombres, ni te entraron ganas de ver con tus propios ojos otras ciudades y otras leyes, sino que nosotras te bastamos y te bastó nuestra ciudad. ¡Tanto que nos distinguiste y de tal manera aceptaste nuestra ciudadanía!, aun dejando de lado que en ella, como ciudad de tus complacencias, tuviste a tus hijos.

Más aún: en este mismo proceso judicial estuvo en tu mano ponerte cual castigo el destierro, si así lo hubieras querido, y haber hecho entonces con el consentimiento de la ciudad lo que ahora contra su consentimiento emprendes. Mas en aquella oportunidad te vanagloriaste de que no se te daba nada de tener que morir, sino que preferías, más bien, como dijiste, la muerte al destierro. Pero ahora ni te avergüenzas de lo que dijiste ni nos respetas a nosotras las Leyes, puesto que te has propuesto destruirnos, y obras como lo hiciera el más vil de los esclavos, intentando fugarse contra aquellos contratos y conciertos a tenor de los cuales conviniste en vivir como nuestro ciudadano.

Respóndenos, pues, ante todo a esto: si decimos verdad al afirmar que conviniste no con palabras sino con obras en regirte por nosotras en tu condición de ciudadano.

¿Qué otra cosa responderemos a esto, Critón, sino que es así?

CRITÓN. Por necesidad, Sócrates.

SÓCRATES. Así que, dirían, pisoteas tus compromisos y acuerdos con nosotras, y eso que no los contrajiste forzado ni engañado ni constreñido a decidirte en breve tiempo, sino en setenta años, durante los cuales te era lícito marcharte si no te agradábamos y si tus acuerdos con nosotras ya no te parecían justos.

Por el contrario: no escogiste ni Lacedemonia ni Creta, tan ensalzadas siempre por ti a causa de sus Leyes, ni otra ciudad griega o bárbara, y saliste de esta ciudad no menos que los cojos, ciegos y demás estropeados, quedando así de manifiesto que nosotras las Leyes y la ciudad te agradábamos por manera más excepcional que a los demás atenienses.

¿A quién agradaría una ciudad sin leyes? ¿Cómo es que no estás satisfecho? Si nos obedeces, Sócrates, te librarás hasta de hacer el ridículo escapándote de la ciudad.

Porque, mira: con tales desobediencias y semejantes errores ¿qué bienes vas a conseguir para ti y para tus allegados? Porque es casi, casi evidente que tus allegados correrán el riesgo o de ser desterrados y quedar así privados de su ciudad, o de tener que perder sus haciendas. Y tú mismo, Sócrates, una vez que hayas llegado a alguna de las ciudades más próximas —a Tebas o a Megara: ciudades de las buenas en leyes—, vendrás a ser enemigo de sus gobiernos, y todos cuantos se preocupen de sus propias ciudades te mirarán con malos ojos, cual destructor de las leyes, y corroborarás a los jueces en la opinión de que te han juzgado justa y correctamente, porque el destructor de las leyes da mucho que pensar, no lo sea también de la juventud y de los ignorantes.

¿O huirás tal vez de las ciudades buenas en leyes y de los hombres más cultos? Y en caso de hacerlo así, ¿tu vida valdrá la pena de ser vivida? Y si te tratas con ellos y pones de lado toda vergüenza al dialogar con los mismos, ¿cuáles serán tus razones, Sócrates? ¿No serán las mismas que aquí: que la virtud y la justicia, que lo legal y las leyes son lo que más dignifica al hombre? Y ¿no ves la mala figura que entonces presentaría la conducta de Sócrates? Hay que pensarlo.

Pero te vas de este lugar y llegas a Tesalia,[3] a casa de los huéspedes de Critón. Allí sí que hay falta total de orden y máxima licencia, y tal vez oirían con gusto la graciosa manera como te evadiste de prisión, el traje que te pusiste: cazadora u otra cosa por el estilo con que suelen disfrazarse los fugitivos y cambiarse así de figura. Mas ¿no habrá quien se pregunte por qué un varón viejo ya —a quien, según todas las apariencias, no queda gran cosa de vida— tiene la audacia de querer vivir y con tanto desenfreno que se salta las más altas leyes? Tal vez no lo haya, si no te metes con nadie; que si te metes, habrás de oír muchas cosas no dignas de ti, y llegarás a vivir sometido a todos y como esclavo. ¿Y qué otra

[3] La Tesalia era un país donde reinaban la licencia y la corrupción.

cosa vas a hacer en Tesalia sino andar de fiesta en fiesta, como si hubieras ido allá de invitado a banquetes? Y aquellos tus razonamientos sobre justicia y sobre las demás virtudes, ¿en qué van a quedar?

Pero tal vez quieras vivir por tus hijos, para criarlos y educarlos. Mas en este caso, ¿pretendes criarlos y educarlos llevándotelos a Tesalia?, ¿para que sepan a qué sabe eso de ser extranjeros? O, si no lo haces así, y se les educa mientras tú vives, ¿van a resultar mejor criados e instruidos que si tú no vivieras? Sí, porque tus parientes los tomarán a su cuidado; mas, ¿cuidarán de ellos en caso de que te vayas a Tesalia y no van a hacerlo si te vas al Hades? Hay que pensar que, si en algo pueden ayudar los que se dicen tus parientes, lo harán.

Pero, por sobre todo, Sócrates, obedécenos a las que te hemos criado y no tengas ni a los hijos ni a la vida ni a otra cosa por encima a la justicia; para que, llegando al Hades, te sirva todo esto de defensa ante los que allá mandan. Que ni siquiera puedes hacer para ti ni tus allegados ya nada aquí, ni cosa justa ni piadosa; y, una vez llegado al Hades, tampoco hallarás otra mejor. Que si ahora te vas de aquí, te vas no por injusticia de nosotras las Leyes, sino por injusticia de hombres. Mas si te fugaras, devolviendo feamente injusticia por injusticia, mal por mal, transgrediendo tus acuerdos y compromisos para con nosotras e infiriendo mal a los que menos se debe —a ti mismo, a los amigos, a la Patria, a nosotras—, mientras aquí vivas estaremos nosotras irritadas contra ti, y allá nuestras hermanas, las leyes del Hades, no te acogerán benévolamente, sabiendo que, en cuanto estuvo de tu parte, intentaste destruirnos. Que no te convenza, pues, Critón a hacer lo que él dice y no lo que nosotras decimos.

Esto es, debes saberlo, compañero querido Critón, lo que me parece estar oyendo; igual que creen oír a sus flautas los coribantes, así el eco mismo de las palabras dichas resuena en mí y hace imposible que escuche otras.

Pero entiende que por lo que me está parecido, será en vano cuanto en contra de ello digas. Si, con todo, crees todavía poder obtener algo, dilo.

CRITÓN. No tengo nada que decir, Sócrates.

SÓCRATES. Dejemos, pues, correr las cosas, Critón, hagámoslo de esta manera porque así lo dispone el dios.

Sobre la santidad

Eutifrón

Eutifrón. ¿Qué novedad te ha pasado, Sócrates, para que dejes tus pasatiempos en el Liceo y te vengas a pasarlos ahora aquí precisamente junto al pórtico del rey?[4] Seguro no te trae aquí, ante el rey, acción judicial como me trae a mí.

Sócrates. Eutifrón, los atenienses no lo llaman por cierto acción judicial sino acusación escrita.

Eutifrón. ¿Qué dices?, ¿que alguien, al parecer, presentó contra ti acusación escrita?, porque no me parece que tú la hayas presentado contra alguien más.

Sócrates. Pues no.

Eutifrón. ¿Alguien contra ti?

Sócrates. Así es, por cierto.

Eutifrón. ¿Quién es tal?

Sócrates. Ni yo mismo lo conozco, Eutifrón, me parece que es joven y desconocido; según creo lo lla-

[4] Era un lugar a la derecha del Cerámico, donde uno de los nueve Arcontes, que se llamaba el Rey, presidía durante su año, y conocía de los homicidios y de los ultrajes hechos a la religión.

man Méleto, del lugar de Pithos. Quizás te acuerdes de un Méleto, piteo, de pelo lacio, de barba menguada y nariz aguilucha.

EUTIFRÓN. Pues no lo recuerdo, Sócrates. ¿Pero qué ha escrito en esa acusación?

SÓCRATES. Algo, a mi parecer, que no es poca cosa y hasta el más tierno de los jóvenes puede entender tan grandes asuntos. Que, como dice, él mismo sabe cómo se están echando a perder los jóvenes y quiénes son los que los pervierten. Y aun me parece ir para sabio; porque habiendo probado mi ignorancia, acude a la ciudad, como madre, para acusarme de que pervierto a sus coetáneos. Y me parece que entre los políticos él es el único que tiene recto principio, pues lo correcto es preocuparse de los jóvenes para que lleguen a buenos, en la manera que el buen labrador se preocupa, con razón, de las plantas tiernas y luego de las demás. Así Méleto limpia parecidamente a la ciudad, deshaciéndose de nosotros, los que echamos a perder a los nuevos jóvenes, como él dice; inmediatamente después se preocupará, es claro, de los más viejos, con lo cual llegará a ser, para esta ciudad, causa de muchísimos y máximos bienes, que razonablemente eso debe esperarse de quien comienza con tales principios.

EUTIFRÓN. ¡Qué otra cosa quisiéramos, Sócrates!; mas me temo que va a suceder lo contrario; porque, poniendo sus manos en ti, me parece simplemente que comienza a hacer mal a la ciudad en su hogar mismo. Pero, dime, ¿con qué acciones dice que pervientes a los jóvenes?

SÓCRATES. Con cosas desconcertantes, cuando por primera vez se oyen, Eutifrón admirable; pues dice que invento dioses, y por inventarlos nuevos y no reconocer los viejos ha escrito su acusación contra mí. Así lo dice.

EUTIFRÓN. Entiendo, Sócrates, que debe ser por lo demoniaco que, según dices, siempre tienes contigo.[5] Así que las acusaciones contra ti son por cosas divinas, y tales cosas se prestan más que otra a la calumnia. Que aun a mí mismo,[6] cuando en la asamblea digo algunas cosas sobre las divinas, prediciéndoles lo que va a ocurrir, se ríen como si fuera loco; y eso que ninguna cosa de las que he predicho ha dejado de salir verdad; a pesar de lo cual tienen envidia a todos los que somos como tú. Mas no hay que preocuparse lo más mínimo, sino seguir cada uno su camino.

SÓCRATES. Pero, amigo Eutifrón, eso de que se rían de uno tal vez no sea cosa seria; puesto que los atenienses, por lo que veo, no se preocupan gran cosa de los que les parecen instruidos si éstos por su parte no se meten a enseñar a otros su sabiduría. Ahora que contra quien, a su parecer, haga a otros instruidos, se llenan de animosidad, sea por envidia, como tú dices, o por otro motivo.

EUTIFRÓN. No me animo, pues, demasiado a experimentar en este punto cómo se portarán conmigo.

SÓCRATES. Mas tal vez sea esto porque das la impresión de mantenerte parco en palabras y de no querer enseñar tu sabiduría. Empero, por lo que respecta a mí, me temo no darles la impresión de que hago por amor a los hombres eso de derramarme en palabras para todos, no solamente sin paga alguna, mas dándola de buena

---

[5] Se refería a la divinidad nueva, es decir, a las acusaciones que le hacían a Sócrates los atenienses de querer introducir una supuesta nueva religión.

[6] Eutifrón ejercía la profesión de adivino, que era hereditaria entre los griegos.

gana a quien quisiera escucharme. Si, pues, como estaba diciendo, les diera por reírse de mí, tal cual lo hacen contigo, según tú dices, no fuera por cierto cosa desagradable pasarse el tiempo en el juzgado bromeando y riendo; ahora que si toman la cosa en serio, nadie sabe, fuera de ustedes los adivinos, cómo se terminará.

EUTIFRÓN. A lo mejor en nada, Sócrates; tú saldrás con justicia en este proceso y yo espero parecidamente salirme con la mía.

SÓCRATES. Pero, Eutifrón, ¿en qué consiste tu justicia?, ¿huyes de ella o la persigues?

EUTIFRÓN. Persigo.

SÓCRATES. ¿A quién?

EUTIFRÓN. Al que parece locura perseguir.

SÓCRATES. Pues ¿qué?, ¿persigues a algún volátil?

EUTIFRÓN. Mucho le falta para volar, pues da la casualidad que se trata de un viejo bien viejo.

SÓCRATES. ¿Quién es?

EUTIFRÓN. Mi propio padre.

SÓCRATES. ¿El tuyo, óptimo de Eutifrón?

EUTIFRÓN. Así es en verdad.

SÓCRATES. ¿Cuál es, pues, la acusación y de qué pides Justicia?

EUTIFRÓN. De un asesinato, Sócrates.

SÓCRATES. ¡Hércules! Por seguro tengo, Eutifrón, que la mayoría no llegará a comprender que haya algún caso en que esto pueda ser correcto; porque no creo que ningún extranjero pueda llevar este caso correctamente, sino a lo más el que esté ya muy adelantado en sabiduría.

EUTIFRÓN. Y que lo esté muy mucho, ¡por Júpiter!, Sócrates.

SÓCRATES. Pero ¿que el muerto por tu padre es alguno de los domésticos? Claro que lo debe ser, porque no ibas a seguir juicio a tu padre por asesinato de un extraño.

EUTIFRÓN. Cosa de reír es, Sócrates, que pienses haya diferencia entre que el muerto sea un extraño o un doméstico, y no haya que observar únicamente esto: si el asesino mató o no en justicia; y si con justicia, dejarlo correr; pero si no, hay que perseguirlo, aunque el asesino comparta contigo hogar y mesa. Y quedarás igualmente deshonrado si, sabiéndolo en tu conciencia, convives con él y no te purificas de tal impiedad a ti y a él, persiguiéndolo según justicia. Que por cierto el muerto era un vecino mío, y durante nuestras faenas del campo en Naxos trabajaba a salario con nosotros. Cuando se emborrachó, en un arrebato de ira estranguló a uno de los domésticos. Mi padre lo ató de pies y manos, lo echó en una fosa y envió aquí a Atenas un hombre para asesorarse del Exegeta qué se debía hacer. Mientras tanto no se preocupó del así atado y aun lo descuidó por asesino, no dándole nada si se moría. Lo que efectivamente pasó, pues hambre, cuerdas y frío acabaron con él antes de que el mensajero del Exegeta llegara.

En consecuencia de esto precisamente mi padre y los demás de casa toman a mal que siga juicio por este homicidio a mi padre, que, según dicen ellos, no fue él quien lo mató, y, aunque lo hubiera hecho, siendo el muerto a su vez homicida, no debía precisamente ocuparme de ello, porque indigna cosa es que un hijo siga juicio a su padre por asesinato, juzgando, Sócrates, mal de las relaciones entre lo divino, por una parte, y lo santo y lo nefando, por otra.

SÓCRATES. Pero, ¡por Júpiter!, ¿crees saber, Eutifrón, cómo se hacen entre sí las cosas divinas, por una parte, y lo santo y nefando por otra, y saberlo tan apuradamente que, al obrar como obras en este caso, y tal cual lo dices, y siguiendo juicio a tu padre no temas cometer una acción indigna?

EUTIFRÓN. ¡Sócrates! Nada valdría Eutifrón, ni en nada se distinguiría Eutifrón frente a los demás hombres, si Eutifrón no conociera apuradamente todas estas cosas.

SÓCRATES. Así, pues, Eutifrón admirable, va a ser para mí gran cosa hacerme tu discípulo, y, precisamente antes de la acusación que contra mí tiene escrita Méleto, adelantarme y decirle que si ya en otros tiempos tuve en mucho saber las cosas divinas, más ahora desde que ha dicho que tomo a la ligera lo divino y que, falto por meterme a inventor, me he hecho discípulo tuyo. Y le diría: "Méleto, si confiesas que Eutifrón es sabio en estas cosas, admite también que mis opiniones son correctas y no me sigas juicio; que si no, te toca seguir juicio más bien que contra mí contra tal maestro, porque pervierte a mayores: a mí y a su padre mismo, a mí por enseñarme, a su padre por reprenderlo y castigarlo". Y si no me cree ni abandona el juicio o no te lo sigue a ti en vez de a mí, diré en el juzgado estas mismas cosas que te he anticipado pensaba decirle.

EUTIFRÓN. ¡Por Júpiter, Sócrates!, y si me acusa a mí por escrito, creo que sabría encontrarle su punto débil, y en el juzgado se hablaría mucho más de él que de mí.

SÓCRATES. Y porque conozco todo esto, compañero querido, anhelo hacerme discípulo tuyo; que bien veo que ni Méleto ni otro pudo echarte el ojo encima, mas a mí me han tomado de arriba abajo tan rápido y tan fácilmente que hasta de ateísmo me han acusado. ¡Por Júpiter! Ahora dime lo que tan sabiamente aseguras conocer, eso de santo y nefando, en relación con asesinato y con todo lo demás. ¿No es en todos los casos lo santo idéntico a sí mismo?, y por otra parte, ¿no es lo nefando contrario a todo lo santo e idéntico consigo mismo, y no tiene todo lo nefando, sea cual fuere, una cierta y misma idea?

EUTIFRÓN. Así de todo en todo, Sócrates.

SÓCRATES. Ahora dime, según tu palabra, ¿qué es lo santo y qué es lo nefando?

EUTIFRÓN. Te lo diré. Es santo esto que estoy haciendo ahora: perseguir al injusto o al que cometa asesinato, robos en sagrado, o cualquier fechoría, así sea tu padre, tu madre o cualquier persona, porque no perseguirlo es nefando. Porque considera, Sócrates, el gran testimonio de que es así de ley —testimonio que ya he expuesto a otros—, de que haciendo así las cosas se hacen rectamente y de que no se debe condescender con el nefario, sea quien fuere. Consiste en que se da el caso de que los hombres mismos piensan que Júpiter es el mejor y más justo de los dioses, y conceden con todo que él mismo encadenó a su propio padre, porque contra toda justicia devoró a sus hijos, quien a su vez por otras razones del mismo estilo había mutilado a su propio padre; y con todo se les hace insoportable que yo persiga a mi padre por malhechor, que así y tanto se contradicen ellos consigo mismos cuando se trata de los dioses y de mí.

SÓCRATES. Pues, Eutifrón, ¿no ando huyendo de una acusación escrita por estos relatos precisamente, porque se me hace casi insoportable que se digan cosas parecidas de los dioses? Y de seguro por esto dirá alguien que falto. Si pues tú, bien enterado como estás, piensas lo mismo sobre estos mismos relatos, necesario será, según parece, que aun nosotros los aceptemos. Porque ¿qué diremos los que sobre tales asuntos confesamos no saber nada? Pero dime: ¡por Júpiter!, amigo, ¿piensas que tales cosas pasaron así en realidad?

EUTIFRÓN. Y todavía otras más admirables pasaron, Sócrates, que la mayoría de personas ignoran.

SÓCRATES. Así ¿piensas que en realidad hay guerra de unos dioses con otros y enemistades terribles, batallas y muchas otras cosas a éstas parecidas que nos refieren los poetas, y son cosas sagradas que tan vistosamente nos presentan los buenos artistas y el velo que en las grandes Panateneas se lleva a la Acrópolis y que de tales vistosos bordados está lleno? ¿Diremos, Eutifrón, que todas estas cosas son verdad?

EUTIFRÓN. No sólo éstas, Sócrates, sino que, como te decía antes, otras cosas te contaré acerca de los dioses, si tú quieres; cosas que, al oírlas, sé de buen modo que te sorprenderán.

SÓCRATES. Tal vez ni siquiera me admiren. Pero me las contarás otra vez cuando tenga respiro para ello. Ahora trata de decirme de la manera más clara posible lo que hace poco te pregunté; porque, compañero, no respondiste suficiente a mi pregunta acerca de qué es lo santo; me dijiste, más bien, que esta cosa concreta que tú estás haciendo ahora es santa: seguir juicio a tu padre por asesinato.

EUTIFRÓN. Y lo dije con verdad, Sócrates.

SÓCRATES. Tal vez; pero no dirás, Eutifrón, que no haya otras cosas que no sean también santas.

EUTIFRÓN. Las hay, en efecto.

SÓCRATES. ¿Recuerdas, pues, que no te pedí que me indicaras una o dos entre las muchas cosas santas, sino ese *eidos* mismo por el que todo lo santo es santo?, porque ¿no dijiste que por una sola "idea" las cosas nefandas son nefandas y las santas son santas? ¿O es que no te acuerdas?

EUTIFRÓN. Lo recuerdo, sí.

SÓCRATES. Con respecto a esa misma idea, indícame cuál es para que dirigiendo hacia ella la mirada, me sirva de modelo, y diga ser santo lo que es, lo hagas tú u otro cualquiera, y diga lo que no es santo.

EUTIFRÓN. Pues si así lo quieres, Sócrates, así te lo explicaré.

SÓCRATES. Así lo quiero.

EUTIFRÓN. Pues bien, lo que es amado por los dioses es santo, mientras que lo que es amado resulta nefando.

SÓCRATES. Bello entre todo lo bello, Eutifrón; es exactamente como buscaba que me respondieras. Ahora que no sé todavía si es verdad; en todo caso es claro que me demostrarás que es verdadero lo que dices.

EUTIFRÓN. Lo haré.

SÓCRATES. A la obra, pero cuidado con lo que decimos. Lo amado de los dioses y el hombre amado por ellos son santos, y lo detestado de los dioses y el hombre que es detestado por ellos son nefandos. ¿Y no son idénticos entre sí, sino contrarios, lo santo y lo nefando? ¿No es así?

EUTIFRÓN. Así, en efecto.

SÓCRATES. ¿Y aun además parece todo esto estar bien y bellamente dicho?

EUTIFRÓN. Tal pienso, Sócrates.

SÓCRATES. ¿Y no hemos dicho también que los dioses disputan entre sí, que discrepan unos de otros, que hay enemistades entre ellos?

EUTIFRÓN. Se dijo, en efecto.

SÓCRATES. ¿Y no es, óptimo de Eutifrón, precisamente la diferencia sobre alguna cosa lo que genera enemistades y disgustos?

Veámoslo de este modo: si tú y yo discutimos acerca de esta cuestión numérica: de cuál es el mayor de dos números, y fuera esta diferencia la que nos hiciera enemigos, ¿no es verdad que haciendo el cálculo nos pondríamos inmediatamente de acuerdo en este punto?

EUTIFRÓN. Completamente.

SÓCRATES. Y si discutimos sobre si es mayor, sobre si es menor, ¿no se acabaría la diferencia apenas tomáramos el metro?

EUTIFRÓN. Así es.

SÓCRATES. Y cuando nos tocara pensar, ¿no se acabaría, tal me parece, cualquier diferencia acerca de si más pesado o más ligero?

EUTIFRÓN. ¿Y cómo no?

SÓCRATES. Pero si discutiéramos en un punto en el que no llegamos a un acuerdo, ¿no seríamos entonces enemigos y quedaríamos disgustados? Tal vez no darás inmediatamente con tal punto, pero fíjate en lo que te voy a decir: ¿no será tal punto precisamente el de lo justo e injusto, el de lo bello y lo feo y el de lo bueno y lo malo?, ¿qué no son estas cosas por las que, al discrepar y no poder llegar en ellas a conveniente acuerdo, nos volvemos enemigos, cuando nos volvemos, tú y yo y todos los demás hombres?

EUTIFRÓN. Que sí, Sócrates, que ahí está el punto de las diferencias.

SÓCRATES. Pues bien, Eutifrón, cuál sería la causa de discutir de los dioses, ¿acaso no serían esas cosas?

EUTIFRÓN. De toda necesidad.

SÓCRATES. Así que, valiente Eutifrón, según tus palabras, diversos dioses tendrán diversas cosas por justas e injustas, por bellas y feas, por buenas y malas; que, de discutir entre ellos, no por otras cosas sino por éstas discreparían. ¿O no es así?

EUTIFRÓN. Correctamente dicho.

SÓCRATES. Y según esto, ¿no amará cada uno lo que tenga por bello, bueno y justo y aborrecerá a sus contrarios?

EUTIFRÓN. De acuerdo.

SÓCRATES. Ahora bien: según tus mismas palabras, las mismas cosas que unos dioses tienen por justas las tienen otros por injustas, y por tal división de opiniones discrepan y se pelean. ¿No es así?

EUTIFRÓN. Lo es.

SÓCRATES. Así, pues, lo que parece, las cosas resultan aborrecidas y amadas de los dioses, y las mismas cosas resultan, respecto de ellos, aborrecidas y amadas.

EUTIFRÓN. Así parece.

SÓCRATES. Así que, Eutifrón, y en virtud de esta razón, las mismas cosas serían santas y nefandas.

EUTIFRÓN. Me expongo a que así sea.

SÓCRATES. Así que, admirado Eutifrón, no respondiste a lo que te pregunté; que no te pregunté por lo que es a la vez santo y nefando, lo cual sería, a lo que parece, amado de los dioses y detestado por los dioses. De modo que nada tendría de sorprendente que lo que tú, Eutifrón, estás haciendo ahora: castigar a tu padre, resultara acción amada por Júpiter y odiosa para Cronos y Urano, amada de Vulcano y odiosa para Hera; y si hay todavía algún otro dios que en esto discrepe de otro, valdría para ellos exactamente lo dicho.

EUTIFRÓN. Sin embargo pienso, Sócrates, que ninguno de los dioses discreparía de otro acerca de este caso: que debe satisfacer a la justicia el que haya matado injustamente a otro.

SÓCRATES. Pues ¿qué?, ¿has oído alguna vez a algún hombre que ponga en duda que debe satisfacer a la justicia el que haya matado injustamente o haya cometido alguna otra injusticia?

EUTIFRÓN. Pues ni en los juzgados ni en otras partes dejan de ponerlo en duda; porque, faltando en mil y mil cosas a la justicia, hacen y dicen todo para huir de la justicia.

SÓCRATES. Pero ¿admiten, Eutifrón, que faltan a la justicia y, aun admitiéndolo, dicen con todo que nada deben a la justicia?

EUTIFRÓN. Esto sí que no.

SÓCRATES. Así, pues, ni dicen ni hacen todo; que, a mi parecer, no se atreven ni a decir ni a dudar de que, si faltan a la justicia, tengan que pagar a la justicia. Ahora que lo que dicen es que en nada faltan a ella. ¿Qué no es así?

EUTIFRÓN. Verdad dices.

SÓCRATES. Así que no ponen en duda el que tenga que satisfacer a la justicia quien a ella falta, sino que a lo más ponen en duda quién es el que falta a la justicia, con qué acciones y cuándo.

EUTIFRÓN. Dices verdad.

SÓCRATES. Así que esto mismo vale para los dioses cuando, como tú dices, discrepan sobre lo justo y sobre lo injusto, y unos dicen que los otros han faltado a la justicia y los otros que no han faltado, porque de seguro, admirado Eutifrón, ni dios ni hombre alguno se atreve a decir que no haya de pagar a la justicia el que contra justicia haya faltado.

EUTIFRÓN. Sí, y en lo capital dices verdad, Sócrates.

SÓCRATES. Mas a mi parecer, Eutifrón, los que dudan, sean hombres o dioses —si es que dudan los dioses—, ponen en duda actos particulares, que sobre actos particulares discrepan, y dirán unos que fueron hechos según justicia y otros que contra justicia. ¿No es así?

EUTIFRÓN. Enteramente.

SÓCRATES. Detente, amigo Eutifrón, y muéstrame para que me haga más sabio, que testimonio tienes a tu favor de que todos los dioses piensan que aquél murió injustamente por el que lo asalariaba, y que pereció a consecuencia de tales ataduras que dices que le hizo, porque quizás antes de que lo ataran obtuvo del Exegeta respuesta de que debía hacerlo; además de que a cuenta del muerto sea correcto que el hijo haga juicio contra su padre y lo acuse de asesinato.

Piensa, y en este asunto trata de ser muy claro, ¿crees que los dioses consideran correcto este acto? Si lo tienes claro, no terminaré jamás de elogiar tu sabiduría.

EUTIFRÓN. No es cosa fácil ni breve, Sócrates; puesto que tendría que explicártelo clara y completamente.

SÓCRATES. Entiendo que te parezco de peor convencimiento que los jueces, ya que a ellos les demostrarás a las claras que esos actos son contra la justicia y que todos los dioses los detestan.

EUTIFRÓN. Y bien a las claras, Sócrates, si es que me escuchan.

SÓCRATES. Te escucharán de seguro, si les parece que hablas bien y bellamente. Pero mientras hablabas, me vino al pensamiento y me di a considerar lo siguiente: "si como gran cosa llegara Eutifrón a demostrarme que todos los dioses consideran tal muerte como injusta, ¿habré aprendido de Eutifrón ante todo y sobre todo qué es lo santo y lo nefando? Que esta particular acción sería, al parecer, abominada de los dioses, mas no por esto quedaría claramente definido lo santo y lo que no lo es; porque quedó también en claro que hay cosas amadas de unos dioses y las mismas abominadas de otros. Sin embargo voy a dejar correr este punto, Eutifrón". Si quieres, acordemos que todos los dioses tienen por injustas las mismas cosas y que todos aborrecen las mismas; y rectifiquemos así nuestro razonamiento: lo que todos los dioses aborrezcan es nefando; y es santo lo que todos ellos aman. Mas si hay algo que unos amen y otros aborrezcan, ¿serán ambas cosas a la vez o ninguna de ellas? ¿Quieres, pues, que para nosotros quede así definido lo santo y lo nefando?

EUTIFRÓN. Nada lo impide, Sócrates.

SÓCRATES. Ni a mí tampoco, Eutifrón; mas considera si con esta suposición me podrás enseñar más fácilmente lo que prometiste.

EUTIFRÓN. Por mi parte diría que lo santo es precisamente lo que todos los dioses aman, y que lo contrario, lo nefando, es lo que todos los dioses aborrecen.

SÓCRATES. Pues bien, Eutifrón, ¿pondremos a consideración si lo has dicho bellamente o lo dejaremos correr y aceptaremos nuestras opiniones y las de los otros y con sólo que uno diga que es así o asá se lo concederemos sin más? O bien ¿pondremos a consideración qué dice quien lo dice?

EUTIFRÓN. Hay que ponerlo a consideración; y por cierto que, a mi parecer, está bellamente dicho lo que acabo de decir.

SÓCRATES. Tal vez, bueno de Eutifrón, lo sabremos más adelante; ahora ponte a considerar precisamente esto: lo santo ¿por ser santo es amado de los dioses, o porque es amado de ellos es santo?

EUTIFRÓN. No entiendo qué quieres decir, Sócrates.

SÓCRATES. Voy a probar a decírtelo claramente. Hablamos de movido y de motor, de conducido y de conductor, de visto y de vidente; ¿y te das cuenta de que en todos estos casos una parte es diversa de la otra y en qué aspecto lo son?

EUTIFRÓN. Por mi palabra que sí me parece entenderlo.

SÓCRATES. ¿Y, según esto, que una cosa es lo amado y otra diversa el amante?

EUTIFRÓN. Pues ¿cómo no?

SÓCRATES. Dime, pues, lo movido ¿es movido precisamente porque algo lo mueve, o lo es por otro motivo?

EUTIFRÓN. No por otro, sino por el dicho.

SÓCRATES. Y de parecida manera: lo conducido ¿es tal porque se lo conduce, y lo visto es tal porque hay quien lo ve?

EUTIFRÓN. Completamente así.

SÓCRATES. Así, pues, no porque algo esté siendo visto, por esto precisamente se le ve, sino al revés: porque se le ve, por esto está siendo visto; ni porque algo está siendo conducido, por eso mismo se le conduce, sino porque se le conduce, por esto está siendo conducido; ni porque una cosa esté siendo movida, por eso se la mueve, sino porque se la mueve, por eso está siendo movida. ¿Queda, pues, de manifiesto, Eutifrón, lo que quiero decir? Con esto quiero decir: que si una cosa se hace algo o padece algo, no porque está hecha por eso mismo se hace, sino al contrario: porque se la hace, por esto mismo está hecha; ni porque una cosa sea paciente por eso le pasa algo, sino porque le pasa algo, por eso es "paciente". ¿No conciertas en ello?

EUTIFRÓN. Por mi palabra que sí.

SÓCRATES. ¿Y no será, pues, eso de ser amado o algo hecho o algo padecido por obra de alguien?

EUTIFRÓN. Enteramente así.

SÓCRATES. Pues este caso ¿no será como los anteriores: que no porque una cosa sea amada por eso mismo la aman los que la aman, sino que porque la aman por eso es amada?

EUTIFRÓN. Necesariamente.

SÓCRATES. ¿Qué diremos, pues, Eutifrón, acerca de lo santo? ¿Que hay alguna cosa que sea amada de todos los dioses? ¿No es ésta tu palabra?

EUTIFRÓN. Sí.

SÓCRATES. ¿Y es amado lo santo porque es santo o por otro motivo?

EUTIFRÓN. No por otro sino por el dicho.

SÓCRATES. Así que por ser santo es amado; y no porque es amado, por eso es santo.

EUTIFRÓN. Así parece.

SÓCRATES. Mas precisamente porque lo aman los dioses, por eso es amado, y precisamente es amado de los dioses lo amado por ellos.

EUTIFRÓN. Pues ¿cómo no?

SÓCRATES. Según esto, Eutifrón, lo amado-de-los-dioses no es santo ni lo santo es amado-de-los-dioses, como tú dices, sino que lo uno es diverso de lo otro.

EUTIFRÓN. ¿Cómo va a ser así, Sócrates?

SÓCRATES. Porque hemos acordado en que lo santo es amado porque es santo, y no porque sea amado. ¿No es así?

EUTIFRÓN. Sí.

SÓCRATES. En cambio: lo amado-de-los-dioses es amado porque ellos lo aman, y por este mismo hecho de ser amado por ellos es amado-de-los-dioses; y no porque es amado-de-los-dioses por eso lo aman los dioses.

EUTIFRÓN. Dices verdad.

SÓCRATES. Si fueran una y la misma cosa, amigo Eutifrón, lo amado-de-los-dioses y lo santo; si por una parte lo santo fuera amado por ser santo, parecidamente lo amado-de-los-dioses sería amado porque ellos lo aman; y si por otra parte lo amado-de-los-dioses fuera tal porque ellos lo aman, lo santo sería parecidamente santo porque los dioses lo aman. Pero estás viendo que vale precisamente la inversa, puesto que son cosas totalmente diferentes la una de la otra, ya que a una de ellas porque se la ama por tal hecho le conviene lo de "ser amada de"; mientras que a la otra porque le conviene lo de "ser amada" por eso se la ama.

Estamos, Eutifrón, a dos pasos de que no quererme declarar la sustancia misma de lo santo, a pesar de que te he preguntado qué es; me has dicho por el contrario una explicación próxima de lo santo: que a lo santo le acontece eso de ser amado por todos los dioses; pero qué sea en su ser lo santo no me lo has dicho. Si, pues, te place, no me lo tengas oculto. Parte una vez más del principio y dime qué es en su ser lo santo, tanto que sea amado por los dioses como que resulte paciente de cualquier otra cosa, que sobre este punto no vamos a discutir. Dime, pues, resueltamente qué es lo santo y qué es lo nefando.

EUTIFRÓN. Sócrates, no encuentro la manera de decirte lo que pienso, porque no sé en qué forma todo lo que afirmamos da vueltas y vueltas, y nada quiere quedarse en su sitio.

SÓCRATES. Lo que tú me estás diciendo, Eutifrón, parece más bien cosa de aquel antepasado nuestro, Dédalo. Que si yo fuera quien las dijera y afirmara, tal vez te burlarías de mí, cual si, por mi parentesco con él, se me escabullera lo que hago con palabras y no quisiera quedarme donde se me pone. Pero ahora se trata de afirmaciones tuyas; hace falta, pues, otra broma, porque para ti precisamente no quieren estarse quietas, como tú mismo lo dejas ver.

EUTIFRÓN. Me parece, con todo, Sócrates, que lo dicho no pide broma nueva, que en estas afirmaciones no soy yo quien las hace dar vueltas y no quedarse en su sitio, sino tú, Dédalo en persona; que si de mí dependiera bien quietas se quedarían.

SÓCRATES. Pues, compañero, en peligro estoy de ser en esta arte más diestro que Dédalo, tanto más cuando que él hacía que sólo sus cosas no se quedaran en su sitio; mas yo, al parecer, ni las mías ni las ajenas. Pero lo más gracioso de mi habilidad es que, contra mi voluntad, soy sabio en ella. Preferiría que estuvieran firmes mis razones y permanezcan innobles a poseer junto con la sabiduría de Dédalo los tesoros de Tántalo. Pero quédate esto aquí.

Y puesto que, a mi parecer, te adormeces un poco, yo mismo te voy a animar para que me instruyas acerca de lo santo. Y no te canses antes de tiempo. Considera, pues, si, a tu parecer, todo lo santo no tendrá que ser por necesidad justo.

EUTIFRÓN. Palabra que sí.

SÓCRATES. Mas ¿también tendrá que ser todo lo justo santo?; y si no es así ¿tendrá que ser todo lo santo justo, mas no todo lo justo santo, de modo que lo santo sea solamente una parte de lo justo, y la otra parte de lo justo sea otra cosa?

EUTIFRÓN. No comprendo lo que dices, Sócrates.

SÓCRATES. Y eso que eres más joven que yo y no menos sabio que joven; pero, como te digo, la riqueza misma de tu sabiduría te vuelve perezoso. No obstante, dichoso de Eutifrón, haz un esfuerzo, que no es difícil comprender lo que digo, porque digo precisamente lo contrario de lo que el poeta poetizó al poetizar: "Te resistes a nombrar a Júpiter, el Hacedor, el que todas estas cosas produjo; porque donde hay temor, hay también reverencia"; en esto mismo, pues, discuto del poeta. ¿Te digo en qué?

EUTIFRÓN. Dilo enteramente.

SÓCRATES. No me parece que donde haya temor, haya también reverencia; porque, en mi opinión, los que tienen temor a enfermedades, pobreza y demás cosas por el estilo las temen ciertamente, mas no sienten reverencia alguna hacia lo que temen. ¿No te parece?

EUTIFRÓN. Me parece.

SÓCRATES. Mas donde haya reverencia, habrá también temor; porque ¿hay quien reverencie una cosa o se avergüence de ella y no tema a la vez y le atemorice la reputación de malo?

EUTIFRÓN. Sí que le atemoriza.

SÓCRATES. No será, pues, correcto decir que donde hay temor hay igualmente reverencia; más bien que donde hay reverencia, allí habrá también temor. Empero no siempre donde hay temor habrá reverencia, porque a mi parecer temor abarca más que reverencia, que es la reverencia parte del temor, a la manera como impar lo es de número, que donde hay número no por eso habrá impar, mas donde hay impar, allí habrá también número. ¿Me entiendes ahora?

EUTIFRÓN. Te entiendo.

SÓCRATES. Con lo que antes dije te preguntaba algo por el estilo: si donde hay justo ha de haber santo, o donde hay santo debe haber justo, mas donde hay justo no debe haber siempre santo, por ser lo santo parte de lo justo. ¿Lo afirmaremos así o te parece otra cosa?

EUTIFRÓN. Así y no de otra manera; porque me parece que está bien dicho.

SÓCRATES. Considera, pues, lo siguiente: si es lo santo parte de lo justo, necesario será, a lo que parece, encontrar qué parte es lo santo dentro de lo justo, porque si me preguntas respecto de los ejemplos anteriores qué parte es lo par dentro del número y qué clase de número es el número par, diría que es par aquel número que no se divide en dos partes desiguales, sino en dos iguales. ¿O no te parece así?

EUTIFRÓN. Me parece así.

SÓCRATES. Ahora a tu vez trata de enseñarme por semejante manera qué parte de lo justo es lo santo, para que podamos decir a Méleto que no faltamos a la justicia y que no hay por qué nos acuse de impiedad, pues ya he aprendido de ti qué es lo piadoso, lo santo y lo que no lo es.

EUTIFRÓN. Ésta es mi opinión Sócrates: que lo piadoso y lo santo son precisamente esa parte de la justicia que cultiva el trato con los dioses, mientras que lo restante de la justicia cultiva el de los hombres.

SÓCRATES. Y me parece, Eutifrón, bellamente dicho. Pero todavía siento que falta algo, una pequeñez, que no sé aún a qué clase de trato te refieres; porque no dirás que se trate con los dioses con la misma clase de trato que con las demás cosas. Digamos, según se dice, que no todos saben tratar caballos, sino solamente el picador. ¿Que no es así?

EUTIFRÓN. Enteramente.

SÓCRATES. Y lo es porque el trato con los caballos es propio del arte del caballo.

EUTIFRÓN. Sí.

SÓCRATES. Ni todos saben tratar perros, sino los cazadores.

EUTIFRÓN. Así es.

SÓCRATES. Y esto porque el arte de cazar es arte de tratar perros.

EUTIFRÓN. Sí.

SÓCRATES. Y de tratar con bueyes el arte de los boyeros.

EUTIFRÓN. De acuerdo.

SÓCRATES. La piedad, pues, y la santidad ¿serán el arte de tratar con dioses? ¿Tal es tu afirmación, Eutifrón?

EUTIFRÓN. Eso es lo que digo.

SÓCRATES. ¿Y no se consigue un mismo efecto con todo trato? Por ejemplo: beneficiar o ayudar a aquel a quien da tal trato, como se puede ver en el caso de los caballos que los tratados, según el arte del caballo, se benefician y vuelven mejores. ¿No lo crees así?

EUTIFRÓN. Sí lo creo.

SÓCRATES. Y lo mismo les pasa a los perros con el arte de enseñarles a cazar, y a los bueyes con el arte de los boyeros, y parecidamente en cosas parecidas. ¿O piensas que es el trato en daño de los tratados?

EUTIFRÓN. ¡Por Júpiter!, en manera alguna.

SÓCRATES. Así que es en su ayuda.

EUTIFRÓN. Pues ¿cómo no?

SÓCRATES. Según esto, siendo la santidad una cierta manera de trato con los dioses, ¿les servirá de ayuda y los volverá mejores? ¿Concederías que, cuando haces alguna acción santa, mejores a alguno de los dioses?

EUTIFRÓN. No, ¡por Júpiter!

SÓCRATES. Ni yo mismo pienso, Eutifrón, que digas semejante cosa. Pero por esto precisamente te preguntaba sobre qué llamas trato con los dioses, convencido de que no te refieres al dicho tipo.

EUTIFRÓN. Estás en lo correcto, Sócrates; que, en efecto, no me refería a él.

SÓCRATES. Sea; mas en este caso ¿qué clase de trato con los dioses será la santidad?

EUTIFRÓN. De la clase de trato que dan los siervos a sus señores, Sócrates.

SÓCRATES. Entiendo; la santidad sería, a tu parecer, un trato "servicial" para con los dioses.

EUTIFRÓN. Eso mismo.

SÓCRATES. Y podrías decirme, según esto, ¿a servicio de qué resultado está el trato con los médicos? ¿No crees que a servicio de la salud?

EUTIFRÓN. Creo que sí.

SÓCRATES. Pero ¿y a servicio de qué resultado se pone el trato con los navieros?

EUTIFRÓN. Evidentemente, Sócrates, a poner en servicio una nave.

SÓCRATES. ¿Y el trato servicial con los edificadores no trabajará a servicio de la casa?

EUTIFRÓN. Sí.

SÓCRATES. Dime, pues, óptimo de Eutifrón, ¿a servicio de qué resultado estará el trato con los dioses?; porque es claro que lo sabes, puesto que dices saber las cosas divinas bellamente cual ninguno de los hombres.

EUTIFRÓN. Y digo verdad, Sócrates.

SÓCRATES. Dime, pues, ¡por Júpiter!, ¿cuál es aquel efecto tan sobre manera bello que, empleándonos a nosotros como siervos, reportan de nosotros los dioses?

EUTIFRÓN. Muchos y bellos, Sócrates.

SÓCRATES. Pero también los reportan los militares; y con todo fácilmente me dirías cuál es el efecto capital entre todos: reportar victoria en las batallas. ¿No es así?

EUTIFRÓN. ¿Cómo no?

SÓCRATES. Y muchos y bellos efectos, a mi parecer, producen los labradores; y, sin embargo, el principal de todos ellos es el de sacarle alimentos a la tierra.

EUTIFRÓN. Enteramente de acuerdo.

SÓCRATES. Pues bien: de entre los muchos y buenos resultados que los dioses reportan de nuestro trato para con ellos, ¿cuál es el capital?

EUTIFRÓN. Te dije hace poco, Sócrates, que no es pequeña faena la de llegar a saber apuradamente todas estas cosas. Mas en resumen: si uno sabe agradar con palabras a los dioses y hacer obras de oración y sacrificio, te digo que es todo ello santo y bueno para lo privado de las casas y para lo común de las ciudades. Y, por el contrario, desagradarles es impío, y la impiedad todo lo arruina y destruye.

SÓCRATES. Hubieras podido decirme más brevemente, Eutifrón, lo capital de mi pregunta. Pero no tienes ganas de enseñarme, lo tengo claro. Porque ahora mismo, cuando estaba tocando lo capital, diste media vuelta; que, si hubieras respondido a este punto, ya supiera suficientemente lo que a la santidad respecta. Ahora, por el contrario, es necesario que el amante siga al amado y a donde éste quiera. ¿Qué dices, pues, ser lo santo y lo nefando: una cierta ciencia de sacrificar y de orar?

EUTIFRÓN. Digo que sí.

SÓCRATES. Y sacrificar ¿no es hacer una ofrenda a los dioses?; y orar ¿no es pedirles algo?

EUTIFRÓN. Exactamente, Sócrates.

SÓCRATES. La santidad sería, pues, ciencia de peticiones y de ofrendas a los dioses, a contexto de tus palabras.

EUTIFRÓN. Has comprendido lo que digo bellamente, Sócrates.

SÓCRATES. Es que me ha entrado apetito de tu sabiduría, amigo, y en ella tengo puesta mi mente y nada se desperdiciará de lo que digas. Pero, dime, ¿qué clase de trato servicial para con los dioses es éste?, porque dices que consiste en pedirles y en ofrendarles.

EUTIFRÓN. Así es.

SÓCRATES. ¿Y no se ofrendará correctamente cuando se les haga un presente de cosas que, por un caso, necesiten de nosotros?; que, según el arte de dar, el dador no ha de ofrecer a nadie como presente lo que éste no necesite.

EUTIFRÓN. Dices verdad, Sócrates.

SÓCRATES. Según esto, pues, Eutifrón, la santidad sería un mutuo arte comercial entre dioses y hombres.

EUTIFRÓN. Comercial, si así te place llamarla.

SÓCRATES. Nada me place, si a la vez no es verdad. Dime, pues, ¿qué provecho sacan los dioses de los dones que de nosotros reciben?; porque que ellos nos hagan dones, cosa es a todos manifiesta, que no hay en nosotros bien alguno que no sea don de ellos. Pero de los que reciben de nosotros ¿qué provecho sacan? ¿O nos va tan bien en este negocio con ellos que de ellos recibimos nosotros todos los bienes y ellos de nosotros ninguno?

EUTIFRÓN. Pero, Sócrates, ¿es que piensas que los dioses sacan algún provecho de lo que reciben de nosotros?

SÓCRATES. Bueno, pero en este caso ¿en qué consistirían nuestros dones a los dioses?

EUTIFRÓN. Pues, ¿en qué otras cosas podrían consistir sino en el honor y veneración y, como te decía antes, en la gracia?

SÓCRATES. Así que, Eutifrón, lo santo ¿es lo agraciado ante los dioses y no lo provechoso a los dioses o lo amable a los dioses?

EUTIFRÓN. Me doy a pensar que lo santo es ante todo y sobre todo lo amable a los dioses.

SÓCRATES. Así que una vez más lo santo es, al parecer, lo amado de los dioses.

EUTIFRÓN. Y lo es, seguramente.

SÓCRATES. Y diciendo esto ¿no te admiras de que tus razones no parezcan quedarse quietas sino andar por sus pies, y me acusarás a mí de ser el Dédalo que las hace andar, siendo tú como eres en este arte mucho más diestro que Dédalo, puesto que las haces dar vueltas y más vueltas en círculo? ¿O no caes en cuenta de que nuestro razonamiento, después de una vuelta, llegó al punto de partida? ¿Que no recuerdas haber quedado ya en claro no ser la misma cosa, sino diversas, lo santo y lo amado-de-los-dioses?

EUTIFRÓN. Lo recuerdo.

SÓCRATES. Pues ¿no mientes en que estás diciendo ahora que lo santo es lo amable a los dioses?; ¿que hay alguna diferencia entre lo amable a los dioses y lo amado por los dioses?

EUTIFRÓN. Sí, y muy grande.

SÓCRATES. Pues una de dos: o antes llegamos a un acuerdo no bello o, si fue bello, ahora no estamos en lo correcto.

EUTIFRÓN. Así me parece.

SÓCRATES. Desde un principio, hemos de considerar una vez más qué es lo santo; que, si de mí depende, no me espanta recomenzar hasta que aprenda. Pero tú no me tomes por inútil; más bien pon de tu parte todos los recursos mentales, más que nunca, y dime la verdad; porque si hay alguien que la sepa ése eres tú, y no te puedes marchar como Proteo, antes de decirla. Que si no supieras sabiamente qué es lo santo y lo nefando, jamás hubieras emprendido por causa de un sirviente juicio de asesinato a un hombre anciano que es tu padre, sino que el temor a los dioses te hubiera retenido ante el peligro de hacer algo incorrecto, y aun a los ojos de los hombres avergonzado de tu acción. Mas ahora sé muy bien que piensas conocer sabiamente qué es lo santo y lo no santo. Dímelo, pues, óptimo de Eutifrón, y no me ocultes tu pensamiento.

EUTIFRÓN. En otra ocasión, Sócrates, que ya es tiempo de irme y lo hago deprisa.

SÓCRATES. ¿Qué estás haciendo, compañero? Te vas echando por tierra una de mis esperanzas: la de aprender de ti qué es lo santo y lo no santo y la de librarme de la acusación de Méleto, demostrándole que Eutifrón me ha hecho sabio en las cosas divinas, que en adelante ya no tomaré, por ignorancia, tales cosas ni ostentaré ser inventor, que viviré de mejor manera lo que me resta de vida.

Sobre el alma

Fedón

Equécrates[7] y Fedón

Sócrates — Apolodoro — Cebes — Simias — Critón. Fedón — Jantipa — El servidor de los Once.

EQUÉCRATES. Dime, Fedón, ¿estabas con Sócrates aquel día en que bebió la cicuta en la prisión, o sabes los detalles de su muerte porque alguno te los ha referido?

FEDÓN. Estaba con él, Equécrates.

EQUÉCRATES. ¿Qué fue, pues, lo que dijo el grande hombre antes de morir, y cómo terminó su vida? ¡Con cuánto gusto te escucharía! Porque absolutamente ninguna persona de Fliunte reside ahora en Atenas, ni de allá ha venido en mucho tiempo quien pueda con claridad darnos una reseña de los sucesos, si no es que

[7] Originario de Fliunte, Sicionia, que es el lugar de la conversación.

tomando el veneno expiró, sin poder agregar ningún otro detalle.

FEDÓN. ¿No sabes, entonces, de qué manera se llevó a cabo el proceso?

EQUÉCRATES. Sí. Esto nos lo contó alguien. Y ciertamente nos hemos admirado de que habiéndolo condenado tiempo atrás, su muerte haya ocurrido mucho después? ¿A qué se debió la demora, Fedón?

FEDÓN. Fue una circunstancia casual, Equécrates, ocurrió que en la víspera del juicio fue coronada la popa del navío que los atenienses mandan a Delos cada año.

EQUÉCRATES. ¿Qué navío es éste?

FEDÓN. Es, según la tradición ateniense, el navío en que Teseo llevó a Creta a los catorce a quienes salvó, salvándose él mismo. Según se dice, ellos prometieron entonces a Apolo que si escapaban a la muerte enviarían cada año una nave a Delos, la que se ha estado enviando anualmente. Pues bien, desde que se hace esta comisión sagrada, cuando está a punto de partir la popa, es de ley entre los atenienses que esté pura la ciudad y no haya ninguna ejecución capital antes de que la nave haya llegado a Delos y regresado a Atenas, lo que a veces pasa en largo tiempo cuando los vientos no son favorables. La teoría comienza cuando el sacerdote de Apolo corona la popa del navío; y esto ocurrió, como te he dicho, la víspera de la sentencia de Sócrates. He aquí por qué pasó en la prisión tanto tiempo, que fue el transcurrido entre su sentencia y su muerte.

EQUÉCRATES. Pero ¿qué circunstancias rodearon su muerte? ¿Qué dijo? ¿Qué hizo? ¿Cuáles de sus discípulos estaban con el grande hombre? ¿O acaso los guardias no les permitieron acercarse y murió privado de la vista de sus amigos?

FEDÓN. Absolutamente. Al contrario, algunos estaban presentes, y no pocos en verdad.

EQUÉCRATES. Haznos, pues, el favor de contarnos todo con cuantos detalles puedas, si acaso no tuvieras una ocupación que te lo impida.

FEDÓN. Al contrario, estoy desocupado y trataré de referir todo con detalle: que no hay nada tan dulce para mí como recordar a Sócrates, sea con cosas que yo mismo hablé con él, o con cosas que con otras personas lo haya hecho.

EQUÉCRATES. Bien, Fedón, tal es también el sentimiento de nosotros que te escuchamos. Procura, pues, decirnos todo tan detalladamente como te sea posible.

FEDÓN. Extraordinarias fueron las impresiones que sentí ante el espectáculo. Asistiendo a la muerte de ese varón amigo, no sentía compasión. Dichoso se me presentaba el grande hombre, ¡oh, Equécrates!, por su porte y sus palabras. ¡Fue su muerte tan valerosa y tan noble! Y así me parecía que no bajaba a la morada de Hades sin una voluntad divina, y que una vez en el reino de las sombras, feliz sería en ella, si hubo jamás hombre feliz. Por esto no experimenté absolutamente nada de ese sentimiento de piedad que es natural que conmueva a quien asiste a una escena dolorosa; mas, por otra parte, tampoco me dejé poseer de ese placer dulce y sosegado que nos invadía de ordinario en nuestras conversaciones sobre filosofía; aunque sobre filosofía fue nuestra última plática. Pero realmente yo era presa de un sentimiento extraño, una mezcla curiosa de placer y dolor, pensando que pronto Sócrates había de morir. Tal era más o menos el ánimo en que estaban todos los presentes, a veces sonriendo, a veces derramando lágrimas, aunque uno de nosotros se distinguía sobre los demás: era Apolodoro: conoces quizás al hombre y lo particular de su carácter.

EQUÉCRATES. Pues ¿cómo no?

FEDÓN. Él era quien manifestaba más profundo dolor, lo que hizo me conmoviera, y lo hicieran otros.

EQUÉCRATES. Pero, ¿quiénes eran los otros, Fedón?

FEDÓN. Bien, fuera de este Apolodoro ateniense de quien hablamos, estaban con Sócrates, Cristóbulo y su padre Critón, y además Hermógenes, Epígenes, Esquines y Antístenes; se hallaban también Ctesipo de Peanea, Menéxeno y otros varios de Atenas; me parece que Platón estaba enfermo.

EQUÉCRATES. ¿Y no había algunos extranjeros?

FEDÓN. Sí. Allí estaban Simias, Cebes y Fedondes, tebanos; y Euclides y Terpsión, de Megara.

EQUÉCRATES. ¡Qué! ¿No estaban Aristipo y Cleómbroto?

FEDÓN. ¡No, no, se decía que andaban por Egina!...

EQUÉCRATES. ¿Quién más se encontraba presente?

FEDÓN. Si no me equivoco, más o menos estos eran los presentes.

EQUÉCRATES. Dinos, pues, cuáles fueron las conversaciones de que nos hablaste hace poco.

FEDÓN. Todo te lo puedo contar punto por punto, porque desde la condenación de Sócrates no dejamos ni un solo día de verlo. Como la plaza pública, donde había tenido lugar el juicio, estaba cerca de la prisión, nos reuníamos allí de madrugada, y conversando aguardábamos a que se abriera la cárcel, que nunca era temprano. Entrábamos en seguida a donde estaba Sócrates, y pasábamos con él la mayor parte del día. Pero esa vez nos reunimos más temprano todavía, pues el día anterior, cuando salimos de la prisión por la tarde, supimos que la nave había vuelto de Delos. Mutuamente nos dimos palabra de regresar lo más temprano posible al lugar acostumbrado, y así lo hicimos; y saliendo el portero que siempre nos atendía, nos dijo que nos detuviéramos y no entráramos mientras no lo indicara, pues, agregó, los Once[8] quitan a Sócrates las cadenas y dan sus instrucciones a fin de que muera en este día. Pasados algunos momentos, vino el alcalde y nos abrió la prisión. Al entrar, encontramos a Sócrates, a quien acababan de quitar los grillos, y a Jantipa, ya la conoces, que tenía uno de sus hijos en los brazos. Apenas nos vio, comenzó a deshacerse en lamentaciones, y a decir todo lo que las mujeres acostumbran en semejantes circunstancias: "¡Oh, Sócrates, ésta es la última vez que tus amigos te dirigen la palabra y que tú hablas con ellos!" Y él, mirando a Critón, dijo: "Que la lleven a su casa". Entonces unos esclavos de Critón se llevaron a Jantipa, que lloraba y se golpeaba. Luego Sócrates, sentándose en su lecho dobló una pierna y se la frotaba con la mano, al mismo tiempo que decía: "¡Cosa extraña, amigos míos, es esto que los hombres llaman placer! ¡Qué relación tan sorprendente la que guarda con el dolor, que parece ser su contrario! Ciertamente los dos no se presentan al hombre a un mismo tiempo; mas si alguien busca el uno y llega a poseerlo, casi siempre ocurre que se ve forzado a aceptar el otro, como si ambos pendieran de una misma cadena. Me parece que si Esopo hubiera caído en la cuenta de esto habría podido componer una fábula en que dijera que peleando una vez el placer y el dolor, el dios, no pudiendo reconciliarlos de otro modo, ató sus extremidades a una

[8] Magistrados encargados de la policía de las prisiones y de hacer ejecutar las sentencias de los jueces.

misma cadena y por esta razón cuando uno de los dos nos viene, luego el otro se presenta. Yo acabo de hacer la experiencia por mí mismo; puesto que veo que al dolor, que los hierros me hacían sufrir en esta pierna, sucede ahora el placer".

Y Cebes, tomando la palabra, dijo:

—¡Por Zeus, Sócrates, haces bien en traerme este recuerdo!, porque a propósito de las poesías que has compuesto, de las fábulas de Esopo que has puesto en verso y de tu himno a Apolo, algunos, principalmente Eveno,[9] me han preguntado recientemente por qué motivo te habías dedicado a componer versos desde que estabas preso, cuando no lo has hecho en tu vida. Si tienes algún interés en que pueda responder a Eveno, cuando vuelva a hacerme la misma pregunta, y estoy seguro de que la hará, dime lo que he de contestarle.

—Contéstale la verdad —respondió Sócrates—, que no lo he hecho por rivalizar con él ni con sus poemas: bien me sé que no es tarea fácil; sino que deseaba probar el significado de ciertos ensueños y cumplir un deber sagrado, si es ésta el arte liberal a que me ordenaban dedicarme. Y era así que muchas veces en el curso de mi existencia se me presentó un ensueño ya en una, ya en otra forma, pero diciendo siempre unas mismas cosas: "Sócrates, dedícate a las bellas artes y cultívalas". Antes imaginaba que esto no era más que una exhortación y una voz de aliento para que siguiera en la ocupación a que me había entregado, como los que estimulan a los que se disputan un premio en la carrera. De igual manera el ensueño, pensaba, me exhortaba y excitaba

9 Poeta elegiaco, natural de la isla de Paros.

a continuar en lo que había comenzado, es, a saber, en la filosofía, puesto que la filosofía es la primera de las bellas artes. Pero después que se dictó mi sentencia y que la fiesta del dios impidió que yo muriera me pareció que debía ejercitarme en esta arte bella popular, por si era la que se me indicaba, a fin de no desobedecer, sino dar cumplimiento al mandato, pensando que lo más seguro es no morir antes de libertarme del escrúpulo religioso, escribiendo versos en obedecimiento al ensueño. Y así compuse primero el himno a Apolo, en cuyo honor era la presente fiesta; y luego, comprendiendo que el poeta, si ha de ser digno de ese nombre, debe inventar ficciones y no simples discursos, y viendo, por otra parte, que no tengo imaginación para ello, puse en verso las fábulas de Esopo que primero se ofrecieron a mi memoria. Dile todo esto a Eveno, Cebes, y que yo deseo que sea feliz, y que si es sabio debe seguirme, porque al parecer hoy es mi último día, puesto que los atenienses lo tienen ordenado.

Y le respondió Simias:

—¿Qué cosa tan extraña recomiendas a Eveno, Sócrates? Muchas veces he estado con el hombre, y me parece, según lo que he observado, que no seguirá tu consejo por nada del mundo.

—¡Qué, pues! ¿No es Eveno filósofo? —dijo Sócrates.

—Por tal le tengo —contestó Simias.

—Pues estará de acuerdo conmigo no sólo Eveno sino todo aquel que sea digno del nombre de filósofo. Quizás no llegará a suicidarse, pues dicen que eso no es lícito.

Diciendo estas palabras se sentó al borde de su cama, puso los pies en tierra, y habló en esta postura todo el resto del día.

—¿Cómo dices esto, Sócrates; por qué manifiestas que no es lícito quitarse uno la vida, y pretendes que el filósofo ha de seguir al que muere?

—¡Pues qué! ¿Tú, Cebes, y tú, Simias, no han oído jamás discutir este punto, ustedes que han estado en la intimidad de Filolao?

—No de una manera clara, Sócrates.

—Yo —replicó Sócrates— no sé más que lo que he oído decir, y no les ocultaré lo que he sabido. Así como así no puede darse una ocupación más conveniente para un hombre que va a partir bien pronto de este mundo, que la de examinar y tratar de conocer a fondo ese mismo viaje, y descubrir la opinión que sobre él tengamos formada. ¿En qué mejor cosa podemos emplearnos hasta la puesta del sol?

—Bien, Sócrates, ¿en qué se fundan para decir que no es a uno lícito darse la muerte a sí mismo? Porque hace ya tiempo que, según acabas de preguntar, oí decir a Filolao cuando vivía entre nosotros, y además de él a otros, que eso no debe hacerse; pero a ninguno de ellos le he oído explicarse con claridad sobre este asunto.

—Cobra ánimo —dijo Sócrates—, porque hoy vas a ser más afortunado; pero te sorprenderás al ver que el vivir es para todos los hombres una necesidad absoluta e invariable, hasta para aquellos a quienes vendría mejor la muerte que la vida; y tendrás también por cosa extraña que no sea permitido a aquellos, para quienes la muerte es preferible a la vida, procurarse a sí mismos este bien, y que estén obligados a esperar otro libertador.

—¡Sépalo dios! —sonriendo replicó Cebes en el dialecto de su país.

—En efecto —continuó Sócrates—, lo que digo parece un contrasentido, pero quizás en ello hay buena dosis de fundamento. Escucha: el precepto que siempre se enseña sobre esto a los que se inician en los misterios, que el hombre está como en un puesto de guardia y no le es lícito separarse ni huir de él, me parece algo muy grande, aunque no fácil de penetrar. No obstante, Cebes, juzgo que hay razón cuando se dice que los dioses tienen el cuidado de nosotros y que los hombres figuramos entre las posesiones de ellos. ¿No participas tú de estas ideas?

—Muy cierto —contestó Cebes.

—Dime pues —continuó aquél—, ¿si uno de tus esclavos, posesión tuya, se da a sí mismo la muerte, sin darle tú a comprender que haga tal, no te irritarías con él y lo castigarías si ello estuviera a tu alcance?

—Sí, sin duda.

—Por la misma razón —dijo Sócrates—, es justo sostener que no hay razón para suicidarse, y que es preciso que dios nos envíe una orden formal para morir, como la que me envía a mí en este día.

—Sí, esto parece probable —contestó Cebes—. Pero en cuanto a que el filósofo ha de desear la muerte, como hace poco expresabas, eso tiene toda la apariencia de un absurdo, si hemos de dar crédito a lo que acabas de decir, o sea, que estamos bajo el cuidado de la divinidad y somos prendas suyas. En efecto, si estamos sometidos a la tutela de los mejores guardianes posibles, que son los dioses, es absurdo que el hombre prudente no sienta aflicción de sustraerse a su cuidado, pues no ha de creer que libertándose de su autoridad será él mejor guardián de sí mismo. Sólo un hombre insensato juzgaría prudente huir de su amo, sin tener en cuenta que no se debe abandonar a un señor bueno sino estar al lado suyo cuanto más; y he allí por qué comete la torpeza de sacudir su autoridad, al contrario del hombre sabio, que desearía siempre acompañarse de quien es más perfecto que él. De donde infiero, Sócrates, todo lo contrario de lo que tú decías; y pienso que a los sabios aflige la muerte y que a los mentecatos les regocija.

Me pareció que Sócrates se complacía con las sutilezas de Cebes, y dirigiéndonos una mirada, dijo:

—Cebes siempre encuentra objeciones, y no se fija mucho en lo que se le dice.

—Pero, Sócrates —repuso Simias—, lo que es ahora, a mí me parece que Cebes ha dicho algo que vale la pena. Porque ¿qué buscan los hombres verdaderamente sabios alejándose de señores más perfectos que ellos, y abandonándolos sin pesar? Y aun juzgo que las palabras de Cebes van dirigidas contra ti, que tan sin ninguna pena nos dejas a nosotros, tus amigos, así como a los dioses, esos señores excelentes, según tú mismo confiesas.

—Tienes razón —dijo—. Según entiendo, ustedes desean que me justifique como lo he hecho ante el tribunal.

—Así es —contestó Simias.

—Es preciso, pues, satisfacerlos —replicó Sócrates—, y procurar que esta apología tenga mejor resultado respecto de ustedes, que el que tuvo la primera respecto de los jueces. En verdad, Simias y Cebes, si no creyera encontrar en el otro mundo dioses tan buenos y tan sabios y hombres mejores que los que dejo en éste, sería un necio, si no me manifestara pesaroso de morir. Pero sepan que espero reunirme allí con hombres justos. Puedo quizá hacerme ilusiones respecto de esto; pero en cuanto a encontrar allí dioses que son muy buenos dueños, yo lo aseguro en cuanto pueden asegurarse cosas de esta naturaleza. He aquí por qué no estoy tan afligido en estos momentos, esperando que haya algo reservado para los hombres después de esta vida, y que, según la antigua máxima, los buenos serán mejor tratados que los malos.

—Pero, Sócrates —replicó Simias—, ¿por ventura tú intentas partir de este mundo llevándote encerrados en tu alma los motivos de tu opinión sin haberlo comunicado con nosotros? Este bien nos es común, y al mismo tiempo el persuadirnos de lo que dices será una justificación tuya.

—Eso es lo que pienso hacer —respondió—; pero antes veamos lo que Criton quiere decirnos. Me parece que hace rato intenta hablarnos.

—No es otra cosa, Sócrates —dijo Critón—, sino que el que ha de darte el veneno me ha dicho ya varias veces que te advierta que converses lo menos posible; dice que cuando uno habla se calienta mucho y no debe oponerse este calor a la acción de la droga; porque si no, a los que conversando así tanto se dejan poseer del calor, hay en ocasiones que darles la bebida dos o tres veces.

—Déjale que hable —respondió Sócrates—; y que prepare el veneno, como si hubiera necesidad de dos tomas y de tres, si fuera necesario.

—Ya me figuraba lo que ibas a contestarme —dijo Critón—; pero es que desde hace rato me está importunando.

—Déjalo —continuó—. Yo quiero darles cuenta a ustedes, mis jueces, de las razones por que opino que un varón que realmente haya pasado la vida en el estudio de la filosofía debe tener valor ante la muerte y esperanza de encontrar en ultratumba bienes infinitos cuando haya cesado de vivir. Trataré de explicarles, Simias y Cebes, por qué es esto así. Los hombres parecen ignorar que el verdadero filósofo no se ocupa durante el curso de su existencia sino en aprender a morir. Siendo esto así ¿no vendría a ser una inconsecuencia no pensar en otra cosa durante toda su vida, y luego al presentarse la muerte, afligirse por ella, que era su pensamiento y su cuidado?

Y Simias riéndose tomó la palabra:

—¡Por Zeus! Sócrates —dijo—, tú me has hecho reír, a pesar de la poca gana que tengo de hacerlo en estos momentos; porque estoy seguro de que si hubiera aquí un público que te escuchara, los más no dejarían de decir que hablas muy bien de los filósofos. Nuestros tebanos, sobre todo, consentirían gustosos en que todos los filósofos aprendieran tan bien a morir, que positivamente se murieran; y dirían que saben bien que esto es precisamente lo que se merecen.

—Sin saberlo dirían verdad tus paisanos, Simias, porque no saben ni cómo desean la muerte ni por qué son dignos de ella los verdaderos filósofos. Pero dejemos a los tebanos y hablemos de nosotros mismos. ¿Consideramos que la muerte es algo?

—Sin duda alguna —contestó Simias.

—¿No es —repuso Sócrates—, la separación del alma y el cuerpo, de manera que el cuerpo queda solo de un lado y el alma sola de otro? ¿No es esto lo que se llama la muerte?

—Así es —dijo Simias.

—Examina, pues, querido amigo, si convienes con estas ideas como convengo yo, porque de estos principios sacaremos mucha luz para lo que estamos considerando. ¿Te parece ser propio del filósofo preocuparse por delicias tales como el comer y el beber?

—No, Sócrates —respondió Simias.

—¿Y los placeres del amor?

—Tampoco.

—¿Entonces crees que deben tenerse por de mucho aprecio las otras atenciones del cuerpo? ¿La posesión de magníficos vestidos y calzados, así como los demás ornamentos corporales? ¿Crees que deben estimarse o despreciarse, en tanto que no haya urgente necesidad de ellos?

—Me parece —dijo Simias— que un verdadero filósofo no puede menos de despreciarlos.

—¿Así es que, en términos generales, opinas que la incumbencia del filósofo no es alrededor del cuerpo, sino separarse de él cuanto pueda y volver sus miradas al alma?

—Seguramente.

—¿Es, por tanto, evidente que el filósofo, cuanto más pueda, tiende a distanciar el alma de la sociedad del cuerpo, distinto de lo que hacen los demás hombres?

—Así parece.

—Y parece, Simias, a los demás hombres, que quien no halla placer en los goces corporales ni toma en ellos participación alguna, no tiene ningún aliciente en la vida y se asemeja a un muerto.

—Es verdad, Sócrates.

—¿Y qué diremos de la adquisición de la ciencia? El cuerpo, ¿es o no un obstáculo cuando se le asocia a esta indagación? Voy a explicarme por medio de un ejemplo. La vista y el oído, ¿llevan consigo alguna especie de certidumbre, o tienen razón los poetas cuando en sus cantos nos dicen sin cesar que realmente ni oímos ni vemos? Porque si estos dos sentidos no son seguros ni verdaderos, los demás lo serán mucho menos, porque son más débiles. ¿No lo crees como yo?

—Completamente —dijo Simias.

—¿Cuándo, pues, percibe el alma la verdad? Porque al proponerse examinar alguna cosa junto con el cuerpo, es manifiesto que el cuerpo la induce a error.

—Es cierto.

—¿Y no es verdad que mediante la reflexión es como principalmente llega el alma a alcanzar la verdad?

—Sí.

—¿Y no razona mejor que nunca cuando no se ve turbada por la vista, ni por el oído, ni por el dolor, ni por el placer; y cuando, encerrada en sí misma, abandona al cuerpo, sin mantener con él relación alguna, en cuanto esto es posible, fijándose en el objeto de sus indagaciones para conocerlo?

—Así es.

—¿No es cierto que entonces el alma del que busca la verdad es cuando más desprecia el cuerpo, huye de él y busca la manera de aislarse?

—Verdad es.

—Ahora, Simias, ¿decimos que lo justo es algo, o que no es nada?

—Algo es, ¡por Zeus!

—¿Y no podremos decir otro tanto del bien y de lo bello?

—¿Cómo no?

—¿Pero has visto alguna vez con tus propios ojos lo justo, lo bueno y lo bello?

—Jamás —contestó Simias.

—¿Por cualquier otro sentido del cuerpo has aprehendido nociones como la grandeza, la salud, la fuerza, en una palabra, la esencia de todas las demás cosas, lo que son en sí mismas? ¿Acaso podemos ver con los ojos la íntima naturaleza de ellos? ¿O es así, que quien se prepara con más exactitud a penetrar en las cosas sobre las cuales reflexiona llegará más cerca de su conocimiento?

—Seguramente.

—¿Y lo hará con mayor claridad el que examine cada cosa con sólo el pensamiento, sin tratar de auxiliar su meditación con la vista, ni sostener su razonamiento con ningún otro sentido corporal; o el que sirviéndose del pensamiento, sin más, intente descubrir la esencia pura y verdadera de las cosas sin el intermedio de los ojos, ni de los oídos; desprendido, por decirlo así, del cuerpo por entero, que no hace más que turbar el alma e impedir que encuentre la verdad siempre que con él tiene la menor relación? Si alguien puede llegar a conocer la esencia de las cosas, ¿no será, Simias, el que te acabo de describir?

—Maravillosamente expresas la verdad, Sócrates.

—En vista de los principios enunciados, los verdaderos filósofos tienen necesariamente que pensar: éste es un sendero que puede engañarme en la indagación de la ciencia; mientras tengamos el cuerpo, mientras el alma nuestra esté asociada con este mal, no podremos alcanzar suficientemente el objeto de nuestros anhelos, es a saber, la verdad; porque el cuerpo nos proporciona innumerables distracciones a causa de la necesidad de sus cuidados; además, si nos sobrevienen las enfermedades, dificultan la investigación de las esencias de los seres; y nos llena de deseos, pasiones, temores y toda clase de quimeras, y de mil imaginaciones, de suerte que es muy justo decir que el cuerpo no nos permite llegar a la sabiduría. Las guerras, las sediciones y las batallas no tienen su fuente sino en el cuerpo y sus pasiones. Todas las guerras nacen sólo del deseo de riquezas por el cuerpo, esclavizándonos a su servicio, y por él, y por todas estas razones, no nos es dado vagar para entregarnos a la pesquisa de la sabiduría. Y lo peor de todo es que si llegamos a separarnos y a tener para ello algún descanso y a la filosofía nos entregamos, en la meditación estamos cuando interviniendo de nuevo nos turba, nos embaraza y nos confunde completamente, al punto de no ser posible la percepción de la verdad. Se ha demostrado ya que si jamás hemos de saber algo con exactitud, debemos apartarnos de él, y contemplar las cosas con el alma sola: es entonces cuando obtendremos el objeto de nuestros deseos, a saber, la sabiduría, esto es, como lo indica la razón, después de la muerte y no durante el curso de la vida. Porque si no nos es dado obtener conocimiento exacto mientras disfrutamos del cuerpo, entonces resulta una de dos cosas: o no podremos obtenerlo jamás, o lo conseguiremos cuando haya cesado nuestra vida, porque entonces estará el alma en sí misma, separada del cuerpo, antes no. Y mientras estamos con vida estaremos más cerca del saber cuanto menos permitamos el comercio corporal, cuanto menos comuniquemos con el cuerpo, excepto en casos de entera necesidad, y cuanto menos nos dejemos inficionar de su naturaleza, sino que permanezcamos alejados de él hasta que de él nos libre dios mismo. Entonces, libres de la locura del cuerpo, conversaremos, así lo espero, con hombres que gozarán la misma libertad, y conoceremos por nosotros mismos la esencia pura de las cosas; porque quizá la verdad sólo en esto consiste; y no es permitido alcanzar esta pureza al que no es asimismo puro. Estas cosas, Simias, creo deben repetirse entre sí y creer todos los filósofos verdaderos. ¿No lo crees también?

—Más que cualquiera otra cosa, Sócrates.

—Si esto es así, mi querido amigo, todo hombre que llegue a verse en la situación en que yo me hallo, tiene un gran motivo para esperar que allá, mejor que en otra parte, poseerá lo que con tanto trabajo buscamos en este mundo; de suerte que este viaje, que se me ha impuesto, me llena de una dulce esperanza; y hará el mismo efecto sobre todo hombre que se persuada, que su alma está preparada, es decir, purificada para conocer la verdad. Y bien; purificar el alma, ¿no es, como antes decíamos, separarla del cuerpo, y acostumbrarla a encerrarse y recogerse en sí misma, renunciando al comercio con aquel cuanto sea posible, y viviendo, sea en esta vida, sea en la otra, sola y desprendida del cuerpo, como quien se desprende de una cadena?

—Es cierto, Sócrates.

—¿No es verdad que esta libertad, esta separación del alma y el cuerpo, es lo que se llama muerte?

—Seguramente.

—Y los verdaderos filósofos, ¿no son los únicos que verdaderamente trabajan para conseguir este fin? ¿No constituye esta separación y esta libertad toda su ocupación?

—Tal parece.

—Pues como dije al principio, sería ridículo que un hombre preparado sin cesar durante el término de su vida a fin de estar lo más cercano posible de la muerte, después de haber vivido en ese estado, se acobardara cuando ella se aproxima. ¿No sería ridículo?

—¡Cómo no!

—En realidad, Simias, los filósofos verdaderos se ejercitan para morir, y la muerte no los espanta en manera alguna. Piénsalo tú mismo. Si desprecian su cuerpo y desean vivir con su alma sola, ¿no es el mayor absurdo, que cuando llega este momento tengan miedo, se aflijan y no marchen gustosos allí, donde esperan obtener los bienes, por que han suspirado durante toda su vida y que son la sabiduría, y el verse libres del cuerpo, objeto de su desprecio? Cuando mueren los objetos de los afectos humanos, como las esposas y los hijos, la generalidad de los hombres desean ir, y bajarían con gusto, a la morada de Hades, confiando en ver allá las prendas de sus deseos, y allá estar con ellas. Quien ciertamente busca la sabiduría y no abriga en su pecho la esperanza de encontrarla en parte alguna sino allá, ¿sentirá morir y no ha de partir hacia allá con gusto? Si en realidad es filósofo, debemos pensar que se marchará con gusto, amigo mío. Bien sabe, en efecto, que en parte alguna podrá contemplar la ciencia pura si no es en el término del viaje. Siendo esto así como acabo de decirlo ¿no sería gran insensatez que hombre tal temiera la muerte?

—¡Por Júpiter!, sí lo sería —dijo Simias.

—Sea esto, pues, una prueba suficiente: cuando veas que alguno a punto de morir trepida y teme, ten por seguro que ése no es amante de la sabiduría sino cultivador de su cuerpo: perseguidor de las riquezas o amante de los honores: una de las dos cosas o ambas cosas juntas.

—Así mismo como lo expresas.

—Dime, Simias, ¿lo que llamamos fortaleza no conviene particularmente a los filósofos? Y la templanza, que sólo en el nombre es conocida por los más de los hombres; esta virtud, que consiste en no ser esclavo de sus deseos, sino en hacerse superior a ellos, y en vivir con moderación, ¿no conviene particularmente a los que desprecian el cuerpo y viven entregados a la filosofía?

—Necesariamente.

—Si tú quieres entrar a examinar la fortaleza y templanza de los demás hombres, los encontrarás ridículos.

—¿Cómo, Sócrates?

—¿Sabes tú que los demás hombres consideran la muerte como el mayor de los males?

—Sí que lo sé.

—¿De suerte que cuando los que entre ellos llamamos valerosos soportan la muerte con valor, lo hacen por temor a males mayores aún?

—Así es.

— Por consiguiente, los hombres son fuertes a causa del miedo, excepto los filósofos: ¿y no es una cosa ridícula que un hombre sea valiente por timidez?

—Tienes razón.

—¿Y qué? ¿No experimentan lo mismo los hombres temperantes? Son temperantes por intemperancia. Aunque esto parezca imposible, sin embargo, sucede que el accidente relativo a esta loca temperancia es semejante al que antes se ha mencionado: temiendo en efecto ser privados de goces que desean, se abstienen de los unos y se dejan dominar de los otros. Llaman, en verdad, intemperancia al ser dominado por las pasiones; pero al mismo tiempo ellos no vencen ciertos placeres sino en interés de otras pasiones a que están sometidos y que los subyugan; y esto se parece a lo que decía antes, que son templados y moderados por intemperancia.

—Evidentemente.

—Observa, mi amado Simias, que no es la vía recta hacia la virtud cambiar placeres por placeres, temores por temores y lo grande por lo pequeño, como quien cambia una moneda: la moneda legal es la sabiduría, con la cual todo se cambia, todo se compra y todo se vende: la fortaleza, la templanza, la justicia. En una palabra, la verdadera virtud es inseparable de la sabiduría, sin hacer caso de placeres y temores y las demás pasiones semejantes. Desnudas de sabiduría y sujetas a un cambio continuo, las demás virtudes no son sino sombras de tales, y en realidad esclavas de los vicios, sin tener en sí nada sano y nada puro. La verdad es en realidad purificación de toda pasión; la templanza, la justicia, el valor y la sabiduría son también cierta purificación, y los que han establecido las iniciaciones no son hombres despreciables, sino genios que desde hace tiempo nos han hecho comprender que quien sin purificación y sin iniciación en los misterios llegara a la morada de Hades yacerá en el lodo; mas quien vaya purificado e iniciado morará con los dioses. "Porque —dicen los que presiden las iniciaciones— son muchos los que llevan el tirso, mas pocos los inspirados." Los inspirados son, a mi parecer, los que se han dedicado con dignidad a la filosofía. Por mi parte, nada he omitido en la vida para ser contado entre los últimos, sino que de todos modos he trabajado con ese fin. Si dios lo quiere, dentro de poco he de saber si mis esfuerzos no han sido inútiles y si algo he logrado en la vida. Estas cosas, Simias y Cebes, las digo para justificarme, mostrando que no siento pesar en dejarlos a ustedes así como a los señores de acá, pues confío que allá encontraré perfectos señores y compañeros en nada inferiores a los que se quedan, cosa que la multitud mira con incredulidad. Pero estaré contento si he conseguido defenderme con mejor fortuna ante ustedes que ante mis jueces atenienses.

Después que Sócrates hubo hablado de esta manera, Cebes, tomando la palabra, le dijo:

—Sócrates, en todo lo que has dicho me parece que has hablado admirablemente; sólo que los hombres dudan mucho en puntos que conciernen al alma, pues desconfían de que una vez separada del cuerpo siga existiendo en parte alguna, y creen más bien que el mismo día en que el hombre muere ella se destruye, disipa y desvanece como vapor o humo. Porque si subsistiera sola, recogida en sí misma y libre de todos los males de que nos has hablado, podríamos alimentar una grande y magnífica esperanza, Sócrates; la de que todo lo que has dicho es verdadero. Pero quizá requiere no poca explicación y prueba el que después de la muerte sigue existiendo el alma, y tiene alguna acción y pensamiento.

—Bien lo dices, Cebes —replicó Sócrates—. Pero, ¿qué debemos hacer? ¿Deseas que sigamos conversando sobre si esto es o no verosímil?

—Tendré mucho placer —respondió Cebes— en oír lo que piensas sobre esta materia.

—No creo —contestó Sócrates— que haya quien nos escuche, aunque sea un autor de comedias, y diga que estoy jugueteando y no discurro sobre cosas que nos atañen. Si te parece bien, pues, examinemos si en la morada de ultratumba están o no las almas de los hombres que han muerto. Es antigua la creencia[10] mencionada de que las almas van de aquí a la morada de Hades y de allá vienen acá y renacen a la vida después de la muerte. Si esto es cierto, y los hombres después de la muerte vuelven a la vida, se sigue de aquí necesariamente que las almas están en los infiernos durante este intervalo, porque no volverían al mundo si no existieran, y será una prueba suficiente de que existen, si vemos claramen-

[10] Es la metempsicosis de Pitágoras, 500 años antes de Jesucristo.

te que los vivos no nacen sino de los muertos; porque si esto no fuera así, sería preciso buscar otras pruebas.

—Efectivamente —dijo Cebes.

—No examines la cuestión tan sólo respecto de los hombres, si deseas conocerla con precisión, sino relativamente a los animales todos, a las plantas y, en una palabra, a todo lo que tiene un nacimiento. Veamos si todos estos seres tienen su origen de una misma manera, a saber, si todo nace precisamente de su contrario. Por ejemplo, lo bello es lo contrario de lo feo, y lo justo de lo injusto y así una infinidad de cosas. Investiguemos, pues, si necesariamente lo que es contrario surge de su contrario. Cuando se hace algo de mayor extensión, ¿es de necesidad que antes haya sido menor?

—Sin duda.

—¿E igualmente lo que se hace menor ha tenido que ser antes mayor?

—Ni más ni menos.

—¿Y lo más débil ha debido salir de lo más fuerte y lo más rápido de lo más lento?

—Es una verdad manifiesta.

—¿Lo peor no surge de lo mejor, y lo justo de lo injusto?

—¿Cómo no?

—De suerte, Cebes, que ya hemos mostrado suficientemente que toda cosa nace de su contrario.

—Es evidente.

—Pero entre estas dos contrarias, ¿no hay siempre un cierto medio, una doble operación, que lleva de éste a aquél y de aquél a éste? Entre una cosa más grande y una cosa más pequeña, el medio es el crecimiento y la disminución; al uno llamamos crecer y al otro disminuir.

—Ciertamente —dijo Cebes.

—Igualmente en cuanto a lo que llamamos separarse y mezclarse, enfriarse y calentarse, y las demás cosas semejantes, aunque a veces no nos sea dado mencionarlas con un nombre, ¿no es un hecho que de necesidad las unas surgen de las otras?

—Seguramente —dijo Cebes.

—Pues bien —dijo Sócrates—, ¿la vida no tiene también su contraria, como la vigilia tiene el sueño?

—Sin duda.

—¿Cuál es esta contraria?

—La muerte.

—Estas dos cosas, si son contrarias, ¿no nacen la una de la otra, y no hay entre ellas dos generaciones o una operación intermedia que hace posible el paso de una a otra?

—Pues ¿cómo no?

—Yo te diré una de las combinaciones de que acabo de hablarte, y las generaciones que originan. Tú me dirás la otra. Hablo del sueño y de la vigilia, y digo que del sueño nace la vigilia y la vigilia engendra el sueño, y que antes del sueño está el acto de dormirse uno, y antes de la vigilia el despertarse. ¿Lo encuentras claro?

—Sí, muy claro.

—Por tu parte explícame ahora la combinación de la vida y de la muerte. ¿No es la vida el contrario de la muerte?

—Sí.

—¿Nace la una de la otra?

—Sí.

—¿Entonces qué se engendra de la vida?

—La muerte.

—¿Y de la muerte?

—La vida, es preciso convenir en ello.

—¿Así es, Cebes, que las cosas y los hombres vivientes se originan de la muerte?

—Tal me parece.

—Por consiguiente, nuestras almas viven en ultratumba.

—No hay duda.

—¿De las dos generaciones, pues, de que hablamos, una es manifiesta, es a saber, el morir, o no lo es?

—Seguramente.

—¿Cómo nos arreglaremos entonces? ¿Reconoceremos igualmente a la muerte la virtud de producir su contraria, o diremos que por este lado la naturaleza es coja? ¿No es toda necesidad que el morir tenga su contrario?

—Claro que sí.

—¿Y cuál es este contrario?

—La vuelta a la vida.

—Luego si hay una vuelta a la vida, la generación de los muertos hacia la vida no es otra cosa que el nacer de nuevo a la luz. Tenemos, por tanto, que convenir también en que los vivos nacen de los muertos no menos que los muertos de los vivos; y así poseemos prueba suficiente de que las almas de los muertos están necesariamente en alguna parte de donde nuevamente vuelven a la vida.

—Me parece —dijo Cebes— que lo que dices es una consecuencia necesaria de los principios en que hemos convenido.

—Fíjate, pues, Cebes, que no sin razón nos hemos puesto de acuerdo en estas cosas. Por lo menos, así me parece. Si las cosas no correspondieran, al nacer, con sus contrarios, de modo que giraran como en un círculo de producciones, sino que se engendraran en línea recta hacia sus opuestos sin que hubiera vuelta del último contrario hacia el primero y del primero hacia el último, ¿no ves que al fin de cuentas todas tendrían una misma figura, y sufrirían unos mismos accidentes y cesarían de nacer?

—¿Qué dices, Sócrates?

—No es difícil de comprender lo que digo —contestó Sócrates—. Por ejemplo, si existiera el dormir y a éste no correspondiera el despertar producido por el dormir, todo vendría a acabar con Endimión, que no aparecerá por ninguna parte, desde luego que el universo entero estaría dormido como él; y si todas las cosas se mezclaran y no se separaran, pronto ocurriría lo que dice Anaxágoras: la confusión general. Igualmente, mi querido Cebes, si todo lo que ha participado de la vida pereciera, y una vez muerto permaneciera en ese mismo estado y no volviera a la existencia, ¿no se sigue de aquí que al fin de cuentas todas las cosas de la naturaleza morirían y no vivirían más? Porque si de las cosas muertas no nacen las cosas vivas, y si las cosas vivas llegan a morir, ¿no es absolutamente inevitable que todas las cosas sean al fin absorbidas por la muerte?

—No habría remedio, Sócrates —dijo Cebes—, todo lo que dices me parece incontestable.

—También me parece a mí, Cebes, que nada se puede objetar a estas verdades, y que no nos hemos engañado cuando las hemos admitido; porque es indudable que hay un regreso a la vida, que los vivos nacen de los muertos, que las almas de los muertos existen, que las almas buenas libran bien, y que las almas malas libran mal.

Cebes, interrumpiendo a Sócrates, le dijo:

—Esto es también consecuencia de aquello que a menudo solías decirnos como cosa cierta: que nuestro conocimiento no es sino un recuerdo. De acuerdo con tal principio, es de necesidad que en algún tiempo anterior hayamos aprendido eso que recordamos, lo que sería imposible si antes de haber nacido en esta forma humana nuestra alma no hubiera existido en alguna parte, lo que constituye otra prueba de que el alma es inmortal.

—Pero, Cebes —dijo Simias interrumpiendo—, ¿qué pruebas hay de esto? Recuérdamelo, porque en este momento no caigo en ello.

—Lo haré con un solo y clarísimo razonamiento —contestó Cebes—. Cuando a los hombres se presentan preguntas bien dirigidas, ellos por sí mismos contestan a todo con acierto. Ahora bien; si en ellos no preexistiera el conocimiento y la razón, les sería imposible dar respuesta. Además, si alguno los coloca ante figuras geométricas u otra cualquiera semejante, entonces la verdad de lo que digo será clara y evidente.

—Si no te das por convencido con esta experiencia, Simias —replicó Sócrates—, mira si por este otro camino asientes a nuestro parecer. ¿Tienes dificultad en creer que aprender no es más que acordarse?

—Yo no lo dudo —dijo Simias—, pero deseo experimentar ese recuerdo de que se habla. Por lo que Cebes ha dicho ya casi me ha llegado la reminiscencia y estoy en parte convencido. Con gusto, sin embargo, escucharé lo que tengas que decir tú.

—Continúo, pues —replicó Sócrates—. ¿Convenimos seguramente en que si alguno tiene algún recuerdo debe primero haber tenido un conocimiento?

—Seguramente.

—¿Convendremos también en que cuando de este modo se presenta el conocimiento es una reminiscencia? Por ejemplo: si alguien ve u oye o percibe por otro sentido cualquiera y no tiene sólo el conocimiento de esa cosa, sino que otro le ocurre también ¿no diremos con razón que recuerda aquella que le vino a la mente?

—¿Cómo?

—Digo, por ejemplo, que uno es el conocimiento del hombre y otro el conocimiento de una lira.

—Pues ¿cómo no?

—¿Sabes tú qué les ocurre a los amantes cuando ven una lira, un vestido u otro objeto de que acostumbran servirse las prendas de su corazón? Les pasa que perciben la lira y llenan su mente con la figura del objeto de su amor que es la lira. Esto es la reminiscencia. Sucede también que quien ve a Simias se acuerda de Cebes, y así por el estilo innumerables ejemplos más.

—Hasta el inifinito —replicó Simias.

—¿No se presentan estas reminiscencias principalmente cuando se trata de aquellos objetos que hemos olvidado a causa del tiempo transcurrido y en fuerza de no verlos?

—Tal como lo dices.

—¿Qué más? ¿Viendo el cuadro de un caballo o el dibujo de una lira no puede uno acordarse de un hombre? ¿Y acordarte de Cebes al ver el retrato de Simias?

—Claro que sí.

—¿Y ante el retrato de Simias acordarse de Simias mismo?

—Muy cierto.

—¿De todo esto no puede concluirse que la reminiscencia se opera unas veces por la semejanza y otras por la desemejanza?

—Así es, en efecto.

—Y cuando se recuerda alguna cosa a causa de la semejanza, ¿no sucede necesariamente que el espíritu ve inmediatamente si falta o no al retrato alguna cosa para la perfecta semejanza con el original de que se acuerda?

—Necesariamente —contestó Simias.

—Observa bien para que me digas si estás de acuerdo conmigo. ¿Hay algo que se llama igualdad? No hablo de la igualdad de un pedazo de palo con otro pedazo de palo ni de la igualdad de una piedra con otra, ni nada semejante, sino de otra cosa muy diferente: el concepto mismo de la igualdad. ¿Es algo la igualdad, o no?

—Algo es, ¡por Júpiter!, y, por cierto, que bien maravilloso —contestó Simias.

—Pero ¿conoces esta igualdad?

—Sí, por cierto —respondió Simias.

—¿De dónde hemos sacado esta ciencia, este conocimiento? ¿No es de las cosas de que acabamos de hablar; es decir, que viendo árboles iguales, piedras iguales y otras muchas cosas de esta naturaleza, nos hemos formado la idea de esta igualdad, que no es ni estos árboles, ni estas piedras, sino que es una cosa enteramente diferente? ¿No te parece diferente? Atiende a esto: las piedras, los árboles que muchas veces son los mismos, ¿no nos parecen por comparación tan pronto iguales como desiguales?

—Tal ocurre.

—¡Qué! ¿Es que los objetos mismos se te muestran desiguales, o la igualdad te parece desigualdad?

—Jamás, Sócrates.

—Los objetos iguales y la igualdad no son una misma cosa —dijo Sócrates.

—De ninguna manera, Sócrates.

—Y sin embargo, de los objetos iguales, distintos de la igualdad misma, es de donde has concebido y tomado este concepto.

—Ciertísimo —dijo Simias.

—¿Y te ocurre esto ya sea que esta igualdad se asemeje a los objetos que te han dado la idea o difiera de ellos?

—Seguramente.

—Nada importa —dijo Sócrates—: siempre que viendo una cosa, a causa de esta vista pienses en otra, semejante o desemejante de aquélla, es de toda necesidad que se produzca la reminiscencia.

—Evidentemente.

—Pero —repuso Sócrates— dime: ¿cuando vemos árboles que son iguales u otras cosas iguales, las encontramos iguales como la igualdad misma, de que tenemos idea, o falta mucho para que sean iguales como esta igualdad?

—Mucho ciertamente falta.

—Convengamos, por tanto, en que cuando alguien ve algo y piensa que eso puede ser igual a otra cosa, pero le es inferior y no puede igualársele, es preciso que quien piensa tal haya visto aquello a que dice se asemeja y que le es inferior.

—Precisamente.

—¿No hemos experimentado semejante impresión con respecto a los objetos iguales y a la igualdad misma?

—Seguramente.

—Luego es necesario que hayamos conocido la igualdad anteriormente al momento aquel en que, viendo cosas por primera vez, pensamos que ellas aspiraban a la igualdad sin poder lograrlo.

—Así es.

—Pero convenimos también en que esta idea no nos ha entrado en el espíritu, ni ello sería posible, sino por la vista o el tacto u otro de los sentidos. Digo lo mismo de todos los demás objetos.

—Lo mismo es, Sócrates, para lo que quieres demostrar.

—Pero hay que pensar, al menos así nos lo hacen comprender las percepciones, que todo lo que concierne a ellas aspira a esa igualdad, aunque le es siempre inferior. ¿No es cierto?

—Cierto es.

—Porque antes que hayamos comenzado a ver, oír, y hacer uso de todos los demás sentidos, es preciso que hayamos tenido conocimiento de esta igualdad inteligible, para comparar con ella las cosas sensibles iguales; y para ver que ellas tienden todas a ser semejantes a esta igualdad, pero que son inferiores a la misma.

—La consecuencia es rigurosa, Sócrates.

—¿No es verdad que tan pronto como nacemos vemos y oímos y tenemos las demás percepciones sensibles?

—No hay duda.

—Es indispensable, en consecuencia, que con anterioridad hayamos conocido la idea de la igualdad.

—Sin duda.

—Luego, antes de nacer hemos debido tener conocimiento de ella.

—Así me parece.

—Si lo hemos tenido antes de nuestro nacimiento, nosotros sabemos antes de nacer; y después hemos conocido no sólo lo que es igual, lo que es más grande, lo que es más pequeño, sino también todas las cosas de esta naturaleza; porque lo que decimos aquí de la igualdad, lo mismo puede decirse de la belleza, de la bondad, de la justicia, de la santidad; en una palabra, a lo que es manifiesto y no nos proporciona duda alguna ni en nuestras preguntas ni en nuestras respuestas. De manera que nos vemos forzados a admitir que hemos adquirido esos conocimientos antes de nacer.

—Es cierto.

—Y si habiendo adquirido las ciencias no las olvidáramos jamás, no solamente habríamos nacido con ellas, sino que las poseeríamos durante toda nuestra existencia; porque saber es obtener los conocimientos y no perderlos. ¿O no es verdad, Simias, que llamamos olvido a la pérdida de la ciencia adquirida?

—Sí lo es, Sócrates —dijo Simias.

—Y si después de haber tenido estos conocimientos antes de nacer, y haberlos perdido después de haber nacido, llegamos en seguida a recobrar esta ciencia anterior, sirviéndonos del ministerio de nuestros sentidos, que es lo que llamamos aprender, ¿no es cierto que esto que llamamos aprender es recuperar un conocimiento que nos pertenece, y al llamar esto recuerdo hablamos con propiedad?

—Tienes razón, Sócrates.

—Ya hemos establecido como probable que quien ha obtenido una sensación por la vista, el oído u otra facultad, piensa con la ayuda de esa percepción en otra cosa distinta que había olvidado, a la que se acercaba la percepción por la semejanza o la desemejanza. De manera que una de dos: o tenemos el conocimiento porque nacimos con él y lo conservamos durante toda la vida, o más tarde los que decimos que aprenden no hacen otra cosa que recordarlo; y así, saber es recordar.

—No es de otra manera, Sócrates.

—¿Qué escoges tú, Simias? ¿Nacemos con conocimientos, o nos acordamos después de haber olvidado lo que sabíamos?

—No sé, Sócrates, qué decir ahora mismo.

—Ahora podrás contestarme. Un hombre que sabe alguna cosa ¿podrá dar razón de lo que sabe?

—Puede, sin duda, Sócrates.

—¿Y te parece que todos los hombres pueden dar razón de las cosas de que acabamos de hablar?

—Ojalá así fuera —contestó Simias—, pero mucho me temo que mañana mismo no se encuentre aquí persona capaz de hacerlo.

—¿No crees, por tanto, que todos los hombres posean la ciencia de estas cosas?

—De ningún modo.

—¿Recuerdan, pues, lo que en otra ocasión aprendieron?

—Necesariamente.

—¿Cuándo aprendieron esa ciencia nuestras almas? Porque no ha sido después que nacimos.

—No, por cierto.

—Luego fue anteriormente.

—Sí.

—Por tanto, Simias, nuestras almas existieron antes de estar en forma humana, lejos de los cuerpos y dotadas de la facultad de conocer.

—A menos que digamos, Sócrates, que hemos adquirido los conocimientos en el acto de nacer; porque ésta es la única época que nos queda.

—Sea, mi querido. Pero ¿en qué otro tiempo los hemos perdido? Porque no hemos nacido con ellos, como acabamos de convenir. ¿Será que los olvidamos al punto que los adquirimos? ¿Qué otro tiempo puedes mencionar?

—Ninguno, Sócrates, yo no caía en la cuenta de que estaba hablando tonterías.

—Es preciso, pues, hacer constar, Simias, que si todas estas cosas, que tenemos continuamente en la boca, quiero decir, lo bello, lo justo y todas las esencias de este género, existen verdaderamente, y que si referimos todas las percepciones de nuestros sentidos a estas nociones primitivas como a su tipo, que encontramos desde luego en nosotros mismos, digo, que es absolutamente indispensable, que así como todas estas nociones primitivas existen, nuestra alma haya existido igualmente antes que naciéramos; y si estas nociones no existieran, todos nuestros discursos son inútiles. ¿No es esto incontestable? ¿No es igualmente necesario que si estas cosas existen, hayan también existido nuestras almas antes de nuestro nacimiento; y que si aquellas no existen, tampoco debieron existir éstas?

—La paridad, Sócrates —dijo Simias—, es maravillosa, y es bella la consecuencia de tu razonamiento: que, antes de nacer, nuestra alma existe así como estas esencias de que acabas de hablar, pues no encuentro nada más evidente que la existencia de la belleza, la bondad, etc., como tú lo acabas de decir. Yo me siento perfectamente convencido.

—¿Y Cebes? —dijo Sócrates—, ¿es preciso convencerlo también?

—Yo pienso —dijo Simias—, que Cebes considera tus pruebas muy suficientes, aunque es el más rebelde de todos los hombres para darse por convencido. Sin embargo, supongo que lo está de que nuestra alma existe antes de nuestro nacimiento; pero que exista después de la muerte, es lo que a mí mismo no me parece bastante demostrado, porque esa opinión del pueblo, de que Cebes te hablaba antes, queda aún en pie y en toda su fuerza; la de que, después de muerto el hombre, su alma se disipa y cesa de existir. Porque ¿qué impide que el alma nazca y salga no importa de dónde, y exista antes de que informe un cuerpo humano, mas después de haber llegado a él y separándose de nuevo termine y se destruya?

—Bien dices, Simias —dijo Cebes—. Me parece que sólo se ha probado la mitad de la tesis: que las almas viven antes de nacer nosotros; pero para que la demostración sea completa, es preciso todavía probar que después de la muerte viven también no menos que antes.

—Pues ya se ha demostrado, Simias y Cebes —replicó Sócrates—; y más deben convenir en ello si quieren agregar a estas reflexiones que acabamos de hacer aquello en que ya hemos convenido, esto es, que la vida surge de la muerte. Porque si nuestra alma existe con anterioridad a nuestra vida y es necesario que para nacer, ella no salga sino del seno de la muerte, ha de reconocerse también que existe después que fenecemos, pues tiene que nacer de nuevo. Por tanto, la tesis que ahora me presentan ha sido demostrada. No obstante, juzgo que tú y Simias profundizarían con gusto un poco más esta cuestión, y que, como los niños, temen no sea que al salir del cuerpo los vientos dispersen y disipen el alma, sobre todo cuando la muerte no ocurre en sitio abrigado sino en lugar expuesto a vientos impetuosos.

—Como si lo temiéramos, Sócrates —dijo Cebes riéndose—, trata de remover nuestros recelos. Quizás haya entre nosotros alguien que tema el accidente a la manera de los niños. Tratemos de persuadirlo de que no hay que temer a la muerte como si fuera un espantajo.

—Para esto —replicó Sócrates—, es preciso emplear todos los días encantamientos, hasta que se haya curado de semejante aprensión.

—Pero Sócrates —dijo Cebes—, ¿dónde vamos a encontrar ese buen encantador cuando tú nos hayas dejado?

—La Grecia es grande, Cebes —respondió Sócrates—; y en ella encontrarás muchas personas muy entendidas. Por otra parte, tienes muchos pueblos extranjeros, y es preciso recorrerlos todos e interrogarlos para encontrar este encantador, sin escatimar gasto, ni trabajo; porque en ninguna cosa puedes emplear más útilmente tu fortuna. También es preciso que lo busquen entre ustedes, porque quizá no encontrarán otros más capaces que ustedes mismos para estos encantamientos.

—Lo haremos, pues —contestó Cebes—, pero volvamos, si te place, al punto de donde nos hemos desviado.

—¿Cómo no? Con muchísimo gusto.

—Magnífico, Sócrates —dijo Cebes.

—Debemos examinar —continuó Sócrates— qué clase de objetos son susceptibles de disiparse, por respecto a qué cosa debemos temer que eso acontezca, y en qué parte de ellos tiene lugar. Después vamos a examinar la naturaleza de nuestra alma, para saber si debemos esperar su inmortalidad o temer su anonadamiento.

—Perfectamente.

—¿No es cierto que a las cosas compuestas corresponde por naturaleza el disiparse de la manera como se han formado, y que lo simple es lo único que no puede sufrir el accidente de la destrucción como los demás seres?

—Me parece que así es —respondió Cebes.

—Las cosas que son siempre las mismas y de la misma manera, ¿no tienen trazas de no ser compuestas? Las que mudan siempre y que nunca son las mismas, ¿no tienen trazas de ser necesariamente compuestas?

—Así me parece.

—Volvamos ahora a nuestras reflexiones anteriores. ¿Las esencias de los seres que en nuestras preguntas y en nuestras respuestas hemos caracterizado como existentes, permanecen siempre unas mismas, o varían a veces? ¿La igualdad misma, la belleza misma, las existencias esenciales, alguna vez reciben cambio aunque sea pequeño? ¿O siendo simples estas cosas, siempre subsisten en sí mismas en un mismo estado y no sufren en manera alguna cambio de ninguna naturaleza?

—Es necesariamente preciso que ellas subsistan siempre las mismas sin mudar jamás —contestó Cebes.

—¿Y qué dices de las numerosas cosas bellas, como los hombres, los caballos, los vestidos, y todos los demás objetos iguales o bellos o todo lo que sea de su misma naturaleza? ¿Participan de las mismas condiciones, o las tienen completamente opuestas y no se conservan en un mismo estado consigo mismas, ni mutuamente con respecto a las demás?

—Tal como dices —contestó Cebes—. No se conservan jamás en un mismo estado.

—Ahora bien; estas cosas tú las puedes ver, tocar, percibir por cualquier sentido: mientras que las primeras, que son siempre las mismas, no pueden ser comprendidas sino por el pensamiento, porque son inmateriales y no se las ve jamás.

—Seguramente —dijo Cebes.

—¿Quieres que establezcamos dos categorías de seres, los visibles y los invisibles?

—Con gusto.

—¿Y los invisibles constantemente unos mismos, y los visibles constantemente variables?

—Muy bien, establezcámoslas —dijo Cebes.

—Ahora, ¿hay en nosotros algo que no sea nuestro cuerpo o nuestra alma?

—Nada más.

—¿A qué categoría diremos que se asemeja y tiene más afinidad el cuerpo?

—A todo el mundo será evidente que pertenece a lo visible.

—¿Diremos que el alma es invisible o que es visible?

—No para el hombre, Sócrates —contestó Cebes.

—Pero cuando hablamos de cosas visibles o invisibles, hablamos en relación con los hombres, sin tener en cuenta ninguna otra naturaleza.

—A la naturaleza humana sólo.

—¿Qué decimos, pues, del alma; es visible o invisible?

—No es visible.

—¿Luego es invisible?

—Sí.

—Por consiguiente, nuestra alma es más conforme que el cuerpo con la naturaleza invisible; y el cuerpo más conforme con la naturaleza visible.

—Es absolutamente necesario.

—¿No hemos dicho ya que cuando el alma se sirve del cuerpo para conocer, ya sea mediante la vista o por medio del oído o de otro sentido cualquiera (pues esto es lo que se hace con el cuerpo, examinar los objetos mediante los sentidos), entonces éste la arrastra hacia las cosas variables, y ella anda errante y perturbada y con el vértigo del embriagado, a causa de comunicar con la materia?

—Sí.

—Mientras que, cuando ella examina las cosas por sí misma, sin recurrir al cuerpo, se dirige a lo que es puro, eterno, inmortal, inmutable; y como es de la misma naturaleza, se une y estrecha con ello cuanto puede y da de sí su propia naturaleza. Entonces cesan sus extravíos, se mantiene siempre la misma, porque está unida a lo que no cambia jamás, y participa de su naturaleza; y este estado del alma es lo que se llama sabiduría.

—Muy bien, muy cierto es cuanto dices, Sócrates.

—De lo que se dijo antes y de lo que acaba de decirse, ¿a qué categoría te parece asemejarse el alma y estar ligada por naturaleza?

—Toda persona, por estúpida que sea, tendrá que convenir, ayudada de tu método, en que el alma se parece más a lo inmutable que a lo variable.

—¿Y el cuerpo?

—A lo variable más que a lo inmutable.

—Sigamos aún otro camino. Cuando el alma y el cuerpo están juntos, la naturaleza ordena que el uno obedezca y sea esclavo; y que el otro tenga el imperio y el mando. ¿Cuál de los dos te parece semejante a lo que es divino, y cuál a lo que es mortal? ¿No adviertes que lo que es divino es lo único capaz de mandar y de ser dueño; y que lo que es mortal es natural que obedezca y sea esclavo?

—Seguramente.

—¿A qué, pues, se parece el alma?

—Es evidente, Sócrates, que el alma se asemeja a lo divino, al paso que el cuerpo es de la naturaleza de lo mortal.

—Examina, pues, Cebes —continuó Sócrates—, para ver si de todo lo que hemos dicho no resulta que el alma se asemeja a lo divino, inmortal, inteligible, simple, e indisoluble, invariable y siempre idéntico a sí mismo, y si a su turno debemos colocar al cuerpo entre lo humano, mortal, ininteligible, compuesto, disoluble y siempre variable. ¿Hay algo que decir contra esto, mi querido Cebes, para probar que no es así?

—Nada tengo que objetar, Sócrates.

—Siendo esto así, ¿no conviene al cuerpo la disolución, y al alma el permanecer siempre indisoluble o en un estado poco diferente?

—Es verdad.

—Tú ves, continúo, que cuando muere un hombre, su parte visible, el cuerpo, que llamamos cadáver, a la que corresponde disolverse, corromperse y disiparse, no sufre inmediatamente estas consecuencias: se conserva un tiempo suficientemente largo. Y si el muerto fue hermoso, suele perdurar su belleza aún por bastante tiempo. Muerto el cuerpo y embalsamado, como se hace en Egipto, dura casi entero por una serie infinita de años; y hasta los que se corrompen conservan intactas partes como los huesos, los nervios y otras que parecen inmortales. ¿No es así?

—Muy cierto.

—Y el alma, este ser invisible que marcha a un paraje semejante a ella, paraje excelente, puro, invisible, esto es, a los infiernos, cerca de un Dios lleno de bondad y de sabiduría, y a cuyo sitio espero que mi alma volará dentro de un momento, si Dios lo permite, ¡qué!, ¿un alma semejante y de tal naturaleza se habrá de disipar y anonadar, apenas abandone el cuerpo, como lo creen la mayor parte de los hombres? ¡Lejos de eso, mis queridos Cebes y Simias! Esto es más bien lo que ocurre: si se aparta el alma del cueipo pura, sin arrastrar consigo mancha corporal, no habiendo tenido voluntad de vivir en común con él, sino que le ha huido para recogerse en sí misma, sumida en la meditación, lo cual no es otra cosa que la verdadera investigación de la verdad y la preparación a la muerte... ¿No es esto prepararse para la muerte?

—Sin duda alguna.

—Digo, pues, que si el alma se encuentra en estas condiciones irá a reunirse con lo que le es semejante: lo invisible, lo divino, lo inmortal y dotado de sabiduría, en donde gozará de la felicidad, libre de extravíos, de ignorancia, de temores, de bajos deseos y de los demás males anexos a la naturaleza humana; y como se dice a los iniciados en los misterios, ella vivirá con los dioses por toda la eternidad. ¿Es esto lo que debemos pensar u otra cosa?

—Esto, ¡por Júpiter! —contestó Cebes.

—Pero si se retira del cuerpo manchada, impura, como la que ha estado siempre mezclada con él, ocupada en servirle, poseída de su amor, embriagada en él hasta el punto de creer que no hay otra realidad que la corporal, lo que se puede ver, tocar, beber y comer, o lo que sirve a los placeres del amor; mientras que aborrecía, temía y huía habitualmente de todo lo que es oscuro e invisible para los ojos, de todo lo que es inteligible, y cuyo sentido sólo la filosofía muestra, ¿crees tú que un alma, que se encuentra, en tal estado, pueda salir del cuerpo pura y libre?

—De ninguna manera —contestó.

—Al contrario, se aparta llena de ataduras corporales que el comercio y unión de la envoltura material, a causa de la intimidad constante y de las complacencias con él, le ha hecho ya como congénitas.

—Exacto.

—Es preciso, amigo mío, comprender que estas manchas son algo tosco, pesado, terrestre y visible. El alma abrumada, gravada de estas manchas, es arrastrada de nuevo al mundo visible por el temor del mundo invisible y de la morada de Hades, y anda errante, como se dice, en torno de los monumentos y tumbas sepulcrales; donde se han visto fantasmas tenebrosos, espectros que son esas almas que no han partido puras de sus cuerpos, sino que han participado de lo material, razón por la que pueden ser vistas.

—Es muy probable que así sea, Sócrates.

—Probable ciertamente, Cebes; y lo es también que esos fantasmas no son las almas de los buenos, sino las de los malos, condenadas a vagar por tales sitios pagando las culpas de su vida anterior, que fue mala; y continúan así errantes hasta que el deseo de lo corporal que las acompaña las encadena a un nuevo cuerpo. Y se sumen de nuevo, a lo que parece, en las mismas costumbres que las ocupaban durante su vida precedente.

—¿Qué dices, Sócrates?

—Digo, por ejemplo, Cebes, que los que han hecho de su vientre su dios y que han amado la intemperancia, sin ningún pudor, sin ninguna cautela, entran probablemente en cuerpos de asnos o de otros animales semejantes; ¿no lo piensas tú también?

—Muy probable —contestó.

—Las almas de los que no amaron sino la injusticia, la tiranía y la rapiña, irán a informar cuerpos de lobos, gavilanes y halcones. ¿A qué otros cuerpos irán?

—Sin duda a los que dices —contestó Cebes.

—Lo mismo sucede a las demás; siempre van asociadas a cuerpos análogos a sus gustos.

—Es claro.

—Y entre éstos son los más felices y que van al sitio mejor y más agradable los que se han ejercitado en la virtud social y civil que se llama templanza y justicia, nacida en ellos sólo de la costumbre y ejercicio, sin la ayuda de la filosofía ni la reflexión.

—¿Cómo pueden ser los más dichosos?

—Porque es probable que éstos vuelvan a cuerpos de animales pacíficos y mansos como las abejas, las avispas, o las hormigas, o quizá vuelvan al cuerpo humano para informar hombres de bien.

—Es probable.

—Pero en cuanto a aproximarse a la naturaleza de los dioses, de ninguna manera es esto permitido a aquellos que no han filosofado durante toda su vida, y cuyas almas no han salido del cuerpo en toda su pureza. Esto está reservado al verdadero filósofo. He aquí por qué, mi querido Simias y mi querido Cebes, los verdaderos filósofos renuncian a todos los deseos del cuerpo; se contienen y no se entregan a sus pasiones; no temen ni la ruina de su casa, ni la pobreza, como la multitud que está apegada a las riquezas; ni teme la ignominia ni el oprobio, como los que aman las dignidades y los honores.

—No convendría que obraran de otro modo, Sócrates —dijo Cebes.

—No, por Júpiter —continuó Sócrates—. Aquellos que tienen cuidado de su alma y no viven halagando al cuerpo, sino que renuncian a él, no andan por las mismas vías de aquellos que no saben a dónde se encaminan; mas persuadidos de que no hay que hacer nada contrario a la filosofía, nada adverso a la libertad y purificación que ella procura, vuelven hacia ella y con ella como guía marchan a donde los conduzca.

—¿Cómo, Sócrates?

—Voy a explicártelo. Los filósofos, al ver que su alma está verdaderamente ligada y pegada al cuerpo, y forzada a considerar los objetos por medio del cuerpo, como a través de una prisión oscura, y no por sí misma, conocen perfectamente que la fuerza de este lazo corporal consiste en las pasiones, que hacen que el alma misma encadenada contribuya a apretar la ligadura. Como digo, saben los filósofos que la filosofía, recibiendo al alma en ese estado, suavemente la exhorta y se esfuerza por desligarla, mostrándole que toda percepción de los ojos y toda percepción de los oídos, y toda otra percepción de los sentidos está llena de ilusiones; y persuadiéndola a que se aparte de éstos en cuanto no haya necesidad de usar de ellos, la excita a que se recoja y concentre en sí propia, y que no tenga confianza en cosa que no sea ella misma, después de haber investigado por sí misma la esencia de los seres; le manifiesta que lo que examina por otros medios no debe tenerse por verdadero, desde que varía y es sensible y visible: lo que ella contempla sola es, en cambio, inteligible e invisible. El alma del verdadero filósofo, persuadida de que no debe oponerse a su libertad, renuncia, en cuanto le es posible, a los placeres, a los deseos, a las tristezas, a los temores, porque sabe que, después de los grandes placeres, de los grandes temores, de las extremas tristezas y de los extremos deseos, no sólo se experimentan los males sensibles que todo el mundo conoce, como las enfermedades o la pérdida de bienes, sino el más grande y el íntimo de todos los males, tanto más grande cuanto que no se deja sentir.

—¿Cuál es este mal, Sócrates? —preguntó Cebes.

—Que el alma de toda persona se ve forzada a regocijarse y a afligirse grandemente y a considerar que el objeto de este regocijo o de esta aflicción es muy real y muy verdadero, cuando ello está bien lejos de ser así. Tal es el efecto de todas las cosas visibles. ¿No es verdad?

—Es cierto, Sócrates.

—¿No es verdad que afectada por estas pasiones es cuando principalmente está el alma atada al cuerpo?

—¿Por qué es eso?

—Porque cada placer y cada tristeza están armados de un clavo, por decirlo así, con el que sujetan el alma al cuerpo; y la hacen tan material, que cree que no hay otros objetos reales que los que el cuerpo le dice. Y así, como tiene las mismas opiniones y las mismas sensaciones que aquél, se ve obligada, a mi parecer, a tener las mismas costumbres y los mismos hábitos, y no puede llegar pura a ultratumba, sino siempre llena de manchas corporales, de suerte que pronto cae de nuevo en otro cuerpo, y allí enraiza como semilla sembrada, y de esta manera se ve privada de todo comercio con la esencia pura, simple y divina.

—Es muy cierto, Sócrates —dijo Cebes.

—Por esta razón, Cebes, los que verdaderamente son amigos de la filosofía son temperantes y valerosos, y no por las razones que imagina la generalidad. ¿Crees tú lo contrario?

—De ningún modo.

—Así pensará el alma de un filósofo, y no juzgará que la filosofía debe libertarla, para, una vez desembarazada del cuerpo, entregarse a los deleites y tristezas, encadenarse de nuevo y hacer una obra sin fin, tejiendo sin cesar algo así como la tela de Penélope. Por el contrario, manteniendo todas las pasiones en una perfecta tranquilidad y tomando siempre la razón por guía, sin abandonarla jamás, el alma del filósofo contempla incesantemente lo verdadero, lo divino, lo inmutable, que está por cima de la opinión; y nutrida de la verdad, estará convencida de que así debe vivir mientras esté en el mundo, y cuando fallezca, yendo a unirse al ser de su misma naturaleza, será librada de todos los males humanos. No es extraño, Simias y Cebes, que con este régimen de vida no tema el alma ser arrebatada por los vientos al apartarse del cuerpo, y disipada por ellos, volar en diversas direcciones y no aparecer en parte alguna.

Después que Sócrates hubo hablado de esta manera, todos quedaron en gran silencio, y parecía que aquel estaba como meditando en lo que acababa de decir. Nosotros permanecimos callados, y sólo Simias y Cebes hablaban en voz baja. Observándolo, Sócrates les preguntó:

—¿De qué hablan? ¿No les parecen concluyentes mis pruebas? Porque aun dan lugar a muchas dudas y objeciones de parte del que quiera examinarlas minuciosamente. Si investigan alguna otra cosa, nada tengo que observar; pero si tienen aún alguna dificultad sobre lo que hemos dicho no vacilen en hablar y discurrir ustedes mismos, si les parece que puede darse mejor demostración, y asociarme a sus investigaciones si creen que conmigo pueden hacer más fácil su trabajo.

— Te diré la verdad, Sócrates —respondió Simias—. Hace tiempo que tenemos nuestras dudas Cebes y yo, y nos hemos dado de codo para comprometernos a proponértelas, porque tenemos vivo deseo de ver cómo las resuelves. Pero ambos hemos temido ser importunos, proponiéndote cuestiones desagradables en la situación en que te hallas.

Y Sócrates, al oírlo, se sonrió dulcemente y dijo:

—Vamos, Simias, ¡qué difícil me sería persuadir a los demás hombres de que no considero una calamidad mi suerte actual, cuando ni a ustedes mismos puedo convencer! Ustedes temen que esté ahora en peor disposición que en el resto anterior de mi vida. ¿Me creen por ventura inferior a los cisnes en lo que respecta al presentimiento y la adivinación? Los cisnes, cuando sienten que se les aproxima la muerte, cantan más y más bello que nunca: tal es el gozo que experimentan al comprender que van a reunirse con el dios a quien sirven; pero los hombres, por su propio temor a la muerte, calumnian a los cisnes diciendo que lloran su fin y cantan de tristeza, sin reflexionar que no hay ave que cante cuando tiene hambre o siente frío o está afligida por cualquiera otra pena: ni el ruiseñor ni la golondrina ni la abubilla, a quienes también atribuyen el canto como gemido de dolor. No, no creo que la abubilla, la golondrina o el ruiseñor, y menos creo que el cisne, canten de tristeza: es que como aves de Apolo, son adivinas, y previendo la felicidad de que han de disfrutar en ultratumba, cantan y se regocijan ese día más aún que en los días precedentes de su vida. Yo también, como los cisnes, me siento servidor consagrado y sacerdote del mismo dios Apolo, y juzgo que no he recibido menos que ellos de nuestro señor el poder del adivino; ni dejo la vida con menos ánimo que ellos. Así pues, en este concepto, pueden hablarme cuanto quieran, e interrogarme por todo el tiempo que tengan a bien permitirlo los Once.

—Muy bien, Sócrates —repuso Simias—; te propondré mis dudas, y Cebes te hará sus objeciones. Pienso, como tú, que en estas materias es imposible, o por lo menos muy difícil, saber toda la verdad en esta vida; y estoy convencido de que no examinar detenidamente lo que se dice, y cansarse antes de haber hecho todos los esfuerzos posibles para conseguirlo, es una acción digna de un hombre perezoso y cobarde; porque, una de dos cosas: o aprender de los demás la verdad o encontrarla por sí mismo; y si una y otra cosa son imposibles, es preciso escoger entre todos los razonamientos humanos el mejor y más fuerte, y embarcándose en él como en una barquilla atravesar de este modo las tempestades de esta vida, a menos que sea posible encontrar, para hacer este viaje, algún buque más grande, esto es, algún razonamiento incontestable que nos ponga fuera de peligro. No tendré reparo en hacerte preguntas, puesto que lo permites; y no me expondré al remordimiento que yo podría tener algún día, por no haberte dicho en este momento lo que pienso. Cuando examino con Cebes lo que nos has dicho, Sócrates, confieso que tus pruebas no me parecen suficientes.

—Quizá tienes razón, compañero —contestó Sócrates—, pero ¿por qué no te parecen suficientes?

—Porque podría decirse lo mismo que de una lira, su armonía y sus cuerdas: no se negará que la armonía de una lira bien acordada es algo invisible, inmaterial, bellísimo y divino, aunque la lira misma y las cuerdas son cuerpo y materia, algo compuesto, terrestre y moral. Rompa alguien la lira o corte o reviente las cuerdas: si hemos de convenir con tu razonamiento, habría que concluir que de necesidad subsistirá aún la armonía y no podrá extinguirse; porque es imposible que la lira subsista después de rotas las cuerdas, y que las cuerdas, de naturaleza mortal, sigan existiendo; y que la armonía haya perecido, esto es, que lo que es de la misma naturaleza y especie de lo divino e inmortal perezca antes de lo mortal. Sería preciso decir que necesariamente la armonía existe en alguna parte, y que la madera y las cuerdas de la lira han de podrirse antes que ella sufra en lo más mínimo. Creo, Sócrates, que tú sabes la idea que se tiene del alma, que es así: estando nuestro cuerpo formado de calor y frío, sequedad y humedad, la mezcla de estos elementos y su armonía constituye nuestra alma, cuando ellos han sido mezclados bien y con medida. Si nuestra alma es una armonía, es claro que cuando el cuerpo está demasiado laxo o tenso por las enfermedades u otros males cualesquiera, ella tiene precisamente que perecer, por más que sea algo divino, como las demás armonías, ya sean sonidos o efectos de cualesquiera instrumentos; y los restos de cada cuerpo tienen que subsistir hasta que se quemen o se pudran. Di, pues, qué se puede replicar al que sostenga que, siendo el alma la armonía del cuerpo, es la primera que debe sucumbir con lo que llamamos muerte.

Entonces Sócrates, echando una mirada a cada uno de nosotros, como tenía de costumbre, y sonriéndose, dijo:

—Tiene Simias razón. Si alguno de ustedes tiene más facilidad que yo para responder a sus objeciones, puede hacerlo; porque me parece que Simias ha esforzado de veras sus razonamientos. Pero antes de responderle querría que Cebes nos objetara, a fin de que, en tanto que él habla, tengamos tiempo para pensar lo que debemos contestar; y así también, oídos que sean ambos, cederemos, si sus razones son buenas; y en caso contrario, sostendremos nuestros principios hasta donde podamos. Vamos, pues, Cebes, di a tu turno lo que te turba y no te deja aceptar mis opiniones.

—Voy a decírtelo —contestó Cebes—. Se me figura que la cuestión se halla en el mismo punto en que estaba antes, y que quedan en pie por tanto nuestras anteriores objeciones. Que el alma nuestra existiera antes de informar el cuerpo, no negaré que está admirablemente demostrado; y si no nos pesara mucho de reconocerlo diría que la demostración es muy suficiente; pero lo que sí no me cuadra es que después de que muramos exista todavía en alguna parte. Que el alma no sea más fuerte y más duradera que el cuerpo, en ello no convengo con la objeción de Simias, pues me parece serle muy superior en esas cualidades. Se me dirá: ¿en qué consiste tu duda? ¿Si ves que al morir el hombre lo que es más débil sigue subsistiendo, no te parece de necesidad que lo más duradero persista todavía? Pues escucha, y mira si no contestaría bien a la objeción. Como Simias, tengo que usar de una imagen. Me parece que tu objeción, Simias, es como si se tratara de un viejo tejedor que ha muerto, y dijera alguien que no ha muerto el hombre, sino que vive probablemente en alguna parte, poniendo por testigo el vestido que él había hecho, se ponía y no ha perecido. Y si alguno dudara, se preguntara cuál es más duradero, el hombre o el vestido que se pone y usa, y se le contestara que lo es mucho más el hombre: con lo que aquél dará por demostrado que el hombre vive aún, puesto que existe y no ha muerto lo que es de menor durabilidad. Y esto, Simias, no es así. Atiende a lo que digo. No habría quien no juzgara que es un tonto el que así habla. En efecto, nuestro tejedor, después de haber usado y fabricado muchos vestidos semejantes, murió posteriormente a ellos y antes de que se acabara el último; y en nada significa esto que el hombre sea más precario y débil que el vestido. A mi parecer, esta imagen se ajusta perfectamente a las relaciones del alma con el cuerpo, y diría muy bien quien, comparando el alma con el vestido, dijera que el alma es de más larga duración que el cuerpo, y que éste tiene más corta vida y es más débil; pero que cada alma gasta varios cuerpos, sobre todo si vive muchos años. Porque si el cuerpo está consumiéndose mientras el hombre vive, y el alma teje sin cesar un nuevo vestido para usarlo, sería de necesidad que cuando el alma pereciera quedara entero el último vestido y éste solo sobreviviera a aquélla; muerta el alma, entonces ya se revelaría en el cuerpo la debilidad de su naturaleza: pudriéndose rápidamente, se disiparía. De aquí se deduce que no debe aceptarse aquello de que después de muertos todavía nuestra alma sigue viviendo en alguna parte. Si alguien concediera aun más todavía de lo que tú manifiestas, y conviniera no sólo en que nuestras almas han sido engendradas antes de nuestro nacimiento, sino que nada impide que también después que morimos existan y hayan de existir todavía las almas de algunos, y hayan de nacer de nuevo y perecer otra vez (así en efecto se mostrará que el alma es naturalmente de tal manera fuerte que persiste naciendo varias veces); concediendo esto, no tendrá ya que afirmar que no se debilita en tantos nacimientos y que en alguna de sus muertes no vendrá finalmente a extinguirse de total manera. Cuál muerte y disolución del cuerpo traerá este anonadamiento del alma, he ahí lo que nadie puede gloriarse de saber, pues es imposible que lo perciba alguna persona. Si ello es así, quien tiene confianza en la muerte comete una necedad, a menos que tenga la manera de probar que el alma es absolutamente inmortal e imperecedera; de otra manera, es absolutamente necesario que el que va a morir tema por su alma, y tema que ella va a perecer en la próxima separación del cuerpo.

Cuando oímos estas objeciones, no dejaron de incomodarnos, como hubimos de confesarlo; porque, después de estar convencidos por los razonamientos anteriores, venían tales argumentos a turbarnos y arrojarnos en la desconfianza, no sólo por lo que se había dicho, sino también por lo que se nos podía decir en lo sucesivo; porque en todo caso íbamos a parar en creer, o que no éramos capaces de formar juicio sobre estas materias, o que estas materias no podrían producir otra cosa que la incertidumbre.

EQUÉCRATES. Por los dioses, Fedón, no puedo menos que excusarte, pues aun yo que te escucho, me digo: ¿a qué argumentos debemos atenernos? Porque la disertación tan persuasiva de Sócrates se ha hecho dudosa. Maravillosamente me impresiona y me ha impresionado siempre aquello de que nuestra alma es una armonía; y repetido ahora, me ha hecho recordar que yo he tenido antes la misma opinión; así es que necesito completamente de nuevo, como quien comienza, que se me pruebe que el alma no perece al morir el hombre. Por lo mismo, Fedón, dinos, ¡por Júpiter!, de qué manera Sócrates continuó la disputa; y si él también, como dices que ocurrió a ustedes, pareció experimentar algún embarazo o defendió dulcemente sus opiniones. ¿Las defendió eficazmente o de una manera defectuosa? Cuéntanos, te lo suplico, todos estos pormenores sin olvidar nada.

FEDÓN. He de confesarte, Equécrates, que siempre tuve admiración por Sócrates, pero nunca lo admiré tanto como en esa ocasión; no es quizás extraño el que estuviera presto a contestarnos; pero mi asombro fue en primer lugar por la dulzura, la buena voluntad y la amabilidad con que acogió las objeciones de estos dos jóvenes; luego, la sagacidad con que comprendió la impresión que en nosotros causaron; y después cómo nos curó y nos llamó cual si fuéramos fugitivos y vencidos, y nos hizo volver y entrar en discusión.

EQUÉCRATES. ¿Cómo?

FEDÓN. Voy a decírtelo. Estaba sentado a su derecha, cerca de su cama, en un asiento bajo, y él estaba en otro más alto que el mío; pasando su mano por mi cabeza, y cogiendo el cabello que caía sobre mis espaldas, y con el cual tenía la costumbre de jugar, me dijo:

—Quizás mañana, Fedón, te harás cortar esta hermosa cabellera.[11]

—Es probable, Sócrates —le contesté.

—No será mañana, si me crees.

—¿Cómo? —pregunté.

—Hoy —dijo— me haré cortar el cabello y tú los tuyos, si es cierto que nuestros argumentos han muerto y no podemos resucitarlos. Y si fuera tú y me viera vencido, haría, a manera de los argivos, el juramento de no dejarla crecer antes de vencer combatiendo de nuevo a Simias y Cebes.

Yo le dije: ¿Has olvidado el proverbio de que el mismo Hércules no basta contra dos?

—Llámame, pues, en tu ayuda, como a tu Iolas, mientras dura la luz del día.

---

[11] Los griegos solían cortarse los cabellos a la muerte de sus amigos, y los colocaban sobre su tumba.

—A ti apelo, pues —respondí—, no como Hércules a Iolas, sino como Iolas a Hércules.

—Es igual —dijo Sócrates—, pero guardémonos de caer en una falta.

—¿Cuál? —le pregunté.

—Volvernos *misólogos,*[12] así como otros que se vuelven *misántropos*, porque no hay mayor mal que aborrecer la razón. De una misma fuente nacen la misología y la misantropía. En efecto, la misantropía nace de confiar demasiado en una persona sin precaución alguna, juzgar que es completamente veraz, sincera y fiel, encontrar poco después que es, al contrario, mala e infiel, y experimentar lo mismo en otra persona; y luego que uno ha sufrido esto varias veces, y sobre todo, de parte de aquellos que creía sus mejores amigos y más grandes camaradas, cansado de ser víctima frecuente, odia a todo el mundo y juzga que nadie absolutamente es honrado. ¿No has notado que la misantropía se forma de esta manera y así por grados?

—Sin duda —le contesté.

—¿No es esto una vergüenza? ¿No es evidente que semejante hombre se mete a tratar con los demás sin tener conocimiento de las cosas humanas? Porque si hubiera tenido la menor experiencia, habría visto las cosas como son en sí, y reconocido que los buenos y los malos son muy raros, lo mismo los unos que los otros, y que los que ocupan un término medio son numerosos.

—¿Qué dices? —le pregunté.

—Digo que esto es igual a los hombres demasiado grandes o demasiado pequeños. ¿No crees que es raro encontrar hombres con estatura demasiado grande o

[12] Enemigo de la raza.

demasiado pequeña? Lo mismo puede decirse de los perros y de cualquier otra cosa, de lo que es rápido y de lo que es lento, de lo bello y de lo feo, de lo blanco y de lo negro. ¿No notas que en todas estas cosas los dos extremos son raros, y que el medio es muy frecuente y muy común?

—Tienes razón —respondí.

—¿Crees, pues, que si se propusiera un concurso de maldad serían pocos los que podrían aspirar al primer premio?

—Es probable, Sócrates.

—Seguramente, replicó; pero no es por este aspecto como se parecen los razonamientos a los hombres: fue que por seguirte me dejé arrastrar fuera de la cuestión. La semejanza que hay es que cuando alguien tiene confianza en que un razonamiento es verdadero, sin conocer al arte de razonar, y poco tiempo después encuentra que es falso, séalo verdaderamente o no, como a menudo le ha ocurrido, y como ocurre a los que se ejercitan en razonamientos contradictorios, tú sabes que al fin se juzga sapientísimo y el único que comprende que nada hay verdadero ni estable en las cosas ni en los razonamientos, sino que todo lo que existe sigue un movimiento de continuo flujo y reflujo como el Euripe,[13] y que nada permanece en un solo punto ni un solo momento.

—Es pura verdad —le dije.

—Cuando hay un razonamiento verdadero, sólido, susceptible de ser comprendido, ¿no sería una desgracia deplorable, Fedón, que por haberse dejado llevar de esos razonamientos, en que todo aparece tan pronto

[13] El Euripe, que separa la Eubea de la Beocia, estaba en un continuo movimiento de flujo y de reflujo, de siete veces al día y otras tantas por la noche.

verdadero como falso, en lugar de acusarse a sí mismo y de acusar a su propia incapacidad, vaya uno a hacer recaer la falta sobre la razón, y pasarse la vida aborreciendo y calumniando la razón misma, privándose así de la verdad y de la ciencia?

—Sería, ¡por Júpiter!, deplorable —le contesté.

—Ante todo, pues —continuó Sócrates—, cuidémonos de introducir en el espíritu el pensamiento de que nada hay de sólido en nuestros razonamientos. Pensemos más bien que nosotros nada sólido tenemos, y procuremos varonil y animosamente adquirir esa solidez. Esto les conviene a ti y a los demás en consideración a todos los años que les resten de vida, y a mí también, si se atiende a que voy a morir, pues me expongo hoy a no parecer filósofo en esta materia, asemejándome a los disputadores ignorantes. Éstos, cuando discuten sobre algún problema, no se preocupan por averiguar cómo son las cosas sobre las cuales tratan: todo su empeño se dirige a ganar la opinión de los que los escuchan. La única diferencia que hay entre ellos y yo es que yo no intento sólo persuadir con lo que diga a los que están aquí presentes, si bien me complaceré en ello si lo consigo, sino que mi principal objeto es el convencerme a mí mismo. Porque observa, mi querido Fedón, con cuánto interés razono. Si lo que digo es verdad, es bueno creerlo; pero si nada hay para el que muere, siquiera no lamentándome seré menos desagradable a los que me oyen en estas horas que preceden a mi muerte. Mas no permaneceré mucho en esta ignorancia, que miraría como un mal; sino que bien pronto va a desvanecerse. Así preparado, Simias y Cebes, empiezo la discusión. Ustedes concedan poco a la autoridad de Sócrates y miren mucho más a la fuerza de la verdad: si lo que digo les parece verdadero, convengan en ello; si no, combatan con todo su empeño, cuidando no sea que por mi buena voluntad me engañe a mí mismo al propio tiempo que a ustedes, y, como las abejas, me aleje dejándoles clavado el aguijón. Comencemos, pues; pero antes vean, se los suplico, si me acuerdo bien de sus objeciones. Me parece que Simias teme que el alma, aunque más divina y más excelente que el cuerpo, perezca antes que él, como según ha dicho sucede con la armonía; y Cebes ha concedido, si no me engaño, que el alma es más durable que el cuerpo, pero que no se puede asegurar que después que ella ha usado muchos cuerpos, no perezca al abandonar el último, y que esta no sea una verdadera muerte del alma; porque, con respecto al cuerpo, éste no cesa ni un solo momento de perecer. ¿No son éstas, Simias y Cebes, las objeciones que hay que examinar?

Ambos convinieron en que así era.

—Antes díganme —continuó Sócrates— si rechazan todos mis razonamientos anteriores, o si aceptan unos y rechazan otros.

Dijeron que aceptaban unos y no convenían con otros.

— Pero —añadió Sócrates—, ¿qué piensan de lo que les he dicho de que aprender no es más que recordar; y por consiguiente, que es necesario que nuestra alma haya existido en alguna parte antes de haberse unido al cuerpo?

—En cuanto a mí —dijo Cebes—, he quedado tan firmemente convencido como dudo me convenza otro razonamiento alguno.

—Yo también —dijo Simias—, y me asombraría si alguna vez cambiara de opinión.

—Sin embargo —continuó Sócrates—, es preciso, ¡oh, mi huésped tebano!, que cambies de opinión, si persistes en tu creencia de que la armonía es algo compuesto y que el alma es una armonía resultante de la acordada disposición de las cualidades del cuerpo. Tú no te creerías, sin duda, a ti mismo, si dijeras que la armonía se forma antes de aquello de que se compone. ¿O sí lo creerías?

—En manera alguna, Sócrates.

—¿No notas, sin embargo —replicó Sócrates—, que es esto lo que dices cuando sostienes que el alma existe antes de venir a animar el cuerpo, y que no obstante se compone de cosas que no existen aún? Porque el alma no es como la armonía con la que la comparas, sino que es evidente que la lira, las cuerdas, los sonidos discordantes existen antes de la armonía, la cual resulta de todas estas cosas, y en seguida perece con ellas. Esta última proposición tuya, ¿conviene con la primera?

—De ningún modo —contestó Simias.

—Y, sin embargo —continuó Sócrates—, si en razonamiento alguno debe haber acuerdo, lo es en éste acerca de la armonía.

—Es verdad —dijo Simias.

—Pues en este caso no hay acuerdo —dijo Sócrates—; y así mira cuál de estas dos opiniones prefieres; o el conocimiento es una reminiscencia, o el alma es una armonía.

—Mucho mejor opto por la primera, Sócrates —dijo Simias—; la segunda me ha venido sin demostración, sólo por apariencia y como cosa verosímil; tal es el origen de la opinión de la mayoría de los hombres; pero yo sé muy bien que las opiniones que se forman por semejanza son vanas, y si no tiene uno mucho cuidado se engaña irremisiblemente tanto en geometría como en las demás ciencias. Lo que se ha dicho sobre la reminiscencia y la ciencia se ha explicado con principios dignos de acogida; porque se ha dicho que nuestra alma existe aun antes de venir al cuerpo, como que lleva en sí la esencia de lo que existe en sí mismo. Yo, pues, he admitido este principio, convencido de que está bien y suficientemente probado; y por esto me veo forzado a no darme oídos a mí mismo ni a otra persona que diga que el alma es una armonía.

—Ahora bien, Simias —dijo Sócrates—, ¿te parece que es propio de la armonía o de cualquier otra cosa compuesta el ser diferente de las cosas mismas de que se compone?

—No, por cierto.

—Ni hacer, a lo que yo juzgo, ni sufrir nada sino lo que hacen o sufren esos elementos.

Simias convino.

—Luego, no puede decirse que la armonía precede, sino que sigue a los elementos de que se forma.

—Conforme —dijo Simias.

—No es posible, pues, que la armonía tenga movimientos o sonidos o alguna otra propiedad contraria a sus elementos.

—Evidentemente.

—¡Qué! ¿No es verdad que toda armonía es armonía en cuanto sus partes están bien acordadas?

—No te entiendo bien —contestó Simias.

—¿No es verdad —dijo Sócrates—, que mientras más y mejor se ajusten las partes, en cuanto sea posible, más y mejor es la armonía, y mientras el ajuste sea menor e inferior, menor e inferior será la armonía?

—Así es.

—¿Y puede decirse del alma que una es más o menos alma que otra?

—¡En manera alguna!

—Vamos, ¡por Júpiter!, ¿no se dice con toda razón que el alma dotada de inteligencia y virtud es buena, y que la que está llena de locura y perversidad es mala?

—Es justo, seguramente.

—Y los que sostienen que el alma es una armonía, ¿qué dirán que son estas cualidades del alma, este vicio y esta virtud? ¿Dirán que la una es una armonía y la otra una disonancia? ¿Que el alma virtuosa, siendo armónica por naturaleza, tiene además en sí misma otra armonía? ¿Y que la otra, siendo una disonancia, no produce armonía?

—Nada tengo que oponer, Sócrates. Es verdad, los partidarios de esta opinión dirían algo semejante.

—Pero ya hemos convenido en que un alma no es más ni menos alma que otra alma: o sea, que no es ni más ni menos armonía que otra armonía. ¿No es verdad?

—Lo es.

—Y que no siendo más ni menos armonía no hay más ni menos concordancia entre sus partes. ¿No es así?

—Muy cierto.

—No habiendo más ni menos concordancia entre sus componentes, ¿alguna de las dos participa más de la armonía, o ambas en igual medida?

—Igualmente.

—De manera que no siendo una alma ni más ni menos que otra, no está más ni menos acordada que otra.

—Evidentemente.

—Teniendo en cuenta esto, concluiremos que un alma no puede tener más armonía ni más desarmonía que otra.

—Convengo.

—Más bien, Simias, según la recta razón, el alma no podría participar de ninguna maldad al ser cierto que es una armonía, porque si la armonía es perfecta, no puede en manera alguna participar de la disonancia.

—Tienes razón.

—Ni el alma, en cuanto es alma, de la maldad.

—¿Cómo podría ser eso, según los principios establecidos?

—Según este razonamiento, pues, las almas de todos los animales son igualmente buenas en cuanto que todas son almas.

—Convengo en ello, Sócrates.

—¿Y te parece conforme a la razón lo que decimos, si es correcta la hipótesis de que el alma es una armonía?

—Absolutamente no —contestó Simias.

—Dime, Simias, ¿tiene el hombre entre los elementos que lo componen alguno que domine, excepto el alma, sobre todo cuando es prudente?

—No lo tiene.

—¿Y cómo domina, dando rienda a las pasiones del cuerpo, o contrariándolas? Por ejemplo: estando el cuerpo encendido de fiebre y con sed, ¿el alma no contraría el deseo de beber, y teniendo hambre, el deseo de comer, y así no la vemos contrariar otras mil inclinaciones corporales?

—Tienes razón.

—¿No hemos convenido ya en que si el alma fuera armonía no procedería contrariamente a los elementos que la templan, la destemplan o la ponen en vibración, ni experimentaría accidente que no tuvieran sus partes; que ella estaría sujeta a ellos y en manera alguna los dominaría?

—Ciertamente en ello hemos convenido.

—Pero ¿no nos parece ahora que el alma hace todo lo contrario, gobernando todos los elementos de que se dice está compuesta, contrariándolos casi durante todo el curso de la vida, y señoreándolos de todos modos, ya castigándolos duramente y con dolores mediante la gimnasia y la medicina, ya conteniéndolos con más suavidad? ¿No es verdad que amenazando a los unos, y reprimiendo a los otros, es como se mezcla con los deseos, las cóleras y los temores? Es aquello de Homero en la Odisea cuando dice que Ulises,[14] dándose golpes de pecho, dijo con aspereza a su corazón: "sufre esto, corazón mío, que cosas más claras has soportado". ¿Crees tú que Homero escribió estas palabras pensando que el alma es una armonía y que puede ser gobernada por las pasiones del cuerpo, y no juzgando que ella misma es capaz de gobernarlas y señorearlas, y que es algo de naturaleza mucho más divina que la armonía?

—¡Por Júpiter!, Sócrates, estoy perfectamente convencido.

—Por consiguiente, mi querido Simias —replicó Sócrates—, no podemos en modo alguno decir que el alma es una especie de armonía; porque no estaríamos al parecer de acuerdo ni con Homero, este poeta divino, ni con nosotros mismos.

—Así es —dijo Simias.

---

[14] *Odisea*, 1.20, v. 17.

—Vaya —dijo Sócrates—, parece que hemos hecho suavizar en cierto modo las condiciones de esta armonía tebana.[15] Nos resta ahora, Cebes, encontrar el modo y las palabras apropiadas para calmar a este Cadmo.[16]

—Estoy seguro de que lo encontrarás —respondió Cebes—. Por lo que hace al argumento de que acabas de servirte contra la armonía, me ha llamado la atención más de lo que yo creía; porque mientras Simias te proponía sus dudas, tenía por imposible que ninguno las rebatiera; y me he quedado completamente sorprendido al ver que no ha podido sostener ni siquiera tu primer ataque. No será, por tanto, extraño que la misma suerte corran las objeciones de Cadmo.

—Querido Cebes —dijo Sócrates—, no me alabes tanto, no sea que la envidia venga a trastornar los argumentos que tengo que exponer; esto depende de dios. Nosotros, cerrando filas, como dice Homero,[17] pongamos a prueba tu objeción. He aquí un sumario de tu idea: quieres que se te demuestre que nuestra alma es imperecedera e inmortal: que un filósofo que va a morir y muere con valor en la confianza de encontrar en ultratumba una vida más feliz que la vivida en otra existencia, no lleva una tonta y necia esperanza; dices que demostrar que el alma es algo vigoroso y divino y que existió antes de que naciéramos no significa absolutamente su inmortalidad, sino que es de larga duración y vivió antes un tiempo incalculable durante el cual sabía y hacía muchas cosas, pero no por eso puede decirse que es inmortal,

---

[15] Sócrates llama la opinión de Simias, que era de Tebas, la *armonia tebana*, aludiendo a la Fábula de Amfion, que construyó los muros de la ciudad con la armonía de su lira.

[16] Alusión a otro de los fundadores de Tebas, donde Cebes había nacido.

[17] *Ilíada*, 1. 4, v. 496.

sino que su venida al cuerpo humano fue el comienzo de su destrucción, como una enfermedad, y de una vida de miserias que viene a terminar con su anonadamiento en lo que llamamos muerte; afirmas que da lo mismo que el alma informe el cuerpo una sola o varias veces, para el efecto de los temores de cada uno de nosotros, pues conviene que tema, a menos que sea un imbécil, el que no sabe ni tiene manera de convencerse de que el alma es inmortal. Me parece, Cebes, que éstas son tus objeciones, y de propósito las repito para que nada se nos escape y para que agregues o quites lo que desees.

—Por ahora —respondió Cebes—, nada tengo que modificar, porque has dicho lo mismo que yo manifesté.

Calló Sócrates por largo tiempo, como sumido en meditación profunda, y dijo después:

—No es insignificante lo que buscas, Cebes, pues para resolver tus objeciones es preciso investigar a fondo el nacimiento y la corrupción de los seres. Yo, si lo deseas, te expondré al menos mi experiencia sobre estos problemas; y luego, si te fuera de alguna utilidad mi exposición, harás uso de ella para afirmar tus opiniones.

—Lo deseo con toda mi alma —contestó Cebes.

—Escúchame, pues. Cuando yo era joven, sentía un vivo deseo de aprender esa ciencia que se llama la física; porque me parecía una cosa sublime saber las causas de todos los fenómenos, de todas las cosas; lo que las hace nacer, lo que las hace morir, lo que las hace existir; y no hubo sacrificio que omitiera para examinar, en primer lugar, si es de lo caliente o de lo frío, después que han sufrido una especie de corrupción, como algunos pretenden,[18] de donde proceden los animales; si es

[18] Opinión de los jónicos Anaxágoras y Arquelao.

la sangre la que crea el pensamiento,[19] o el aire,[20] o el fuego,[21] o ninguna de estas cosas; o si sólo el cerebro[22] es la causa de nuestras sensaciones de la vista, del oído, del olfato; si de estos sentidos resultan la memoria y la imaginación; y si de la memoria y de la imaginación sosegadas nace, en fin, la ciencia. Quería conocer después las causas de la corrupción de todas estas cosas. Mi curiosidad buscaba los cielos y hasta los abismos de la tierra, para saber qué es lo que produce todos los fenómenos; y al fin me encontré todo lo incapaz que se puede ser para hacer estas indagaciones. Voy a darte una prueba patente de ello. Y es que este precioso estudio me ha dejado tan a oscuras en las mismas cosas que sabía antes con la mayor evidencia, según a mí y a otros nos parecía, que he olvidado todo lo que sabía sobre muchas materias; por ejemplo, en la siguiente: ¿cuál es la causa de que el hombre crezca? Pensaba que era muy claro para todo el mundo que el hombre no crece sino porque come y bebe; puesto que por medio del alimento, uniéndose la carne a la carne, los huesos a los huesos, y todos los demás elementos a sus elementos semejantes, lo que al principio no es más que un pequeño volumen se aumenta y crece, y de esta manera un hombre de pequeño se hace muy grande. Así pensaba. ¿No te parece que tenía razón?

—Seguramente —contestó Cebes.

—Escucha todavía. Yo creía saber bien, cuando un hombre grande estaba de pie al lado de uno pequeño,

[19] Opinión de Empédocles.
[20] Opinión de Anaxímenes.
[21] Opinión de Heráclito.
[22] Opinión antigua. Diógenes Laercio, 3. 30.

o un caballo al lado de otro, que era más grande por la cabeza; y para hablar de cosas más evidentes aún, me parecía que diez era más que ocho por la adición de dos, y que dos codos eran dos veces más grandes que un codo por tener una mitad más.

—Bueno, pero ¿cuál es ahora tu opinión? —dijo Cebes.

—¡Por Júpiter! Estoy tan distante de creer que conozco las causas de ninguna de estas cosas, que ni aun presumo saber si cuando a uno se le añade otro uno, es este uno, al que se añadió el otro, el que se hace dos; o si es el añadido y el que se añade juntos los que constituyen dos en virtud de esta adición del uno al otro. Porque lo que me sorprende es que, mientras estaban separados, cada uno de ellos era uno y no eran dos, y que después que se han juntado, se han hecho dos, porque se ha puesto el uno al par del otro. Yo no veo tampoco como es que cuando se divide una cosa, esta división hace que esta cosa, que era una antes de dividirse, se haga dos desde el momento de la separación; porque aquí aparece una causa enteramente contraria a la que hizo que uno y uno fuesen dos. Antes este uno y el otro uno se hacen dos, porque se juntan el uno con el otro; y ahora esta cosa, que es una, se hace dos, porque se la divide y se la separa. Más aún; no creo saber, por qué el uno es uno; y, en fin, tampoco sé, al menos por razones físicas, cómo una cosa, por pequeña que sea, nace, perece o existe; así que resolví adoptar otro método, ya que éste de ninguna manera me satisfacía.

Pero habiendo oído leer en un libro de Anaxágoras, quien dice que la inteligencia es la ordenadora y la causa de todas las cosas, sentí placer de conocer esta causa. Me pareció que nada era más cierto que este principio, y juzgué que, siendo así, la inteligencia lo dispone todo y coloca cada cosa en el puesto que mejor le conviene. Así, al querer cualquiera averiguar la causa de cada cosa, por qué nace, por qué muere, por qué existe, lo que debe buscar es la mejor manera de su existencia o de sus accidentes o acciones; y en consecuencia con este principio, no debe el hombre indagar con respecto a sí o a los demás seres sino qué es lo mejor y más perfecto; y al conocerlo, habrá conocido también lo peor, pues es una misma la ciencia de lo uno y de lo otro. Pensando de este modo me encontraba sumamente complacido de haberme hallado un maestro como Anaxágoras, que había de enseñarme las causas de los seres, y manifestarme, por ejemplo, si la tierra es plana o redonda y la causa y la necesidad de su forma, así como sus ventajas. Igualmente, si creía que la tierra está en el centro del mundo, me haría ver que el ocupar ese lugar es lo mejor; y después de habérmelo demostrado, me preparaba a no averiguar jamás otra clase de causas. Me proponía también interrogarle acerca del sol, la luna y los demás astros para conocer la razón de sus movimientos, de sus revoluciones y de todo lo que les sucede; cómo es lo mejor posible lo que cada uno hace y lo que en cada uno ocurre; porque no podía imaginarme que, después de haber dicho que la inteligencia lo ordenó todo, había de asignarse jamás otra causa a esas cosas que el que todo ello era lo mejor posible; y yo creía que, después de haber atribuido esta causa a cada cosa en particular y a todas en común, habría de explicar lo que es el bien para cada cosa separada y para todas en conjunto. Por nada en el mundo hubiera dado mis esperanzas.

Tomé, pues, con el más vivo interés estos libros, y me puse a leerlos lo más pronto posible, para saber luego lo bueno y lo malo de todas las cosas; pero muy luego perdí toda esperanza, porque tan pronto como hube adelantado un poco en mi lectura, me encontré con que mi hombre no hacia intervenir para nada la inteligencia, que no daba ninguna razón del orden de las cosas, y que en lugar de la inteligencia podía el aire, el éter, el agua y otras cosas igualmente absurdas. Me pareció como si dijera: Sócrates hace mediante la inteligencia todo lo que hace; y que en seguida, queriendo dar razón de cada cosa que yo hago, dijera que hoy, por ejemplo, estoy sentado en mi cama, porque mi cuerpo se compone de huesos y de nervios; que siendo los huesos duros y sólidos, están separados por junturas, y que los nervios, pudiendo retirarse o encogerse, unen los huesos con la carne y con la piel, que encierra y abraza a los unos y a los otros; que estando los huesos libres en sus articulaciones, los nervios, que pueden extenderse y encogerse, hacen que me sea posible recoger las piernas como ves, y que ésta es la causa de estar sentado aquí y de esta manera. O también es lo mismo que si, para explicar la causa de la conversación que tengo con ustedes, les dijera que lo era la voz, el aire, el oído y otras cosas semejantes; y no les dijera ni una sola palabra de la verdadera causa, que es la de haber creído los atenienses que lo mejor para ellos era condenarme a muerte, y que, por la misma razón, he creído que era igualmente lo mejor para mí estar sentado en esta cama y esperar tranquilamente la pena que me han impuesto. Porque les juro por el cielo que estos nervios y estos huesos míos ha largo tiempo que estarían en Megara o en Beocia, si hubiera creído que era lo mejor para ellos, y no hubiera estado persuadido de que era mucho mejor y más justo permanecer aquí para sufrir el suplicio a que mi patria me ha condenado, que no escapar y huir. Dar, por lo tanto, razones semejantes me parecía muy ridículo.

Si alguien dijera que sin huesos, nervios o elementos semejantes yo no podría hacer lo que estimara conveniente, diría la verdad; pero asegurar que son la causa de lo que hago, y que ellos y no la elección de lo mejor son la razón de proceder con inteligencia, es un absurdo enorme, pues equivale a no distinguir que una cosa es la causa de algo, y otra aquello sin lo cual la causa no lo sería jamás. En esto me parece que el vulgo anda a tientas como en tinieblas, usando de un nombre extraño al apellidar eso causa. He aquí por qué los unos, colocando un torbellino alrededor de la tierra bajo el cielo, la hacen permanecer fija en el centro del mundo, y otros la figuran como una ancha artesa colocada sobre el aire como base que la sustenta; pero ni buscan el poder que la haya colocado de ese modo como lo mejor posible, ni creen que hay en todo ello cierto poder divino: creen en cambio poder encontrar al fin un Atlas más fuerte, más inmortal y más capaz de sustentarlo todo, y no creen en el bien y lo necesario, que liga y contiene todas las cosas. Con mucho placer me habría hecho discípulo de un maestro cualquiera que me enseñara esta causa, pero viéndome frustrado en mi intento de alcanzarla ni por mí mismo ni mediante los demás, ¿quieres que diga la segunda tentativa que hice para encontrarla?

—Lo quiero con todo mi corazón —dijo Cebes.

—Cansado de examinar todas los cosas, creí que debía estar prevenido para que no me sucediera lo que a los que miran un eclipse de sol; que pierden la vista si no toman la precaución de observar en el agua o en cualquiera otro medio la imagen de este astro. Algo de esto pasó en mi espíritu; y temí perder los ojos del alma, si miraba los objetos con los ojos del cuerpo, y si me servía de mis sentidos para tocarlos y conocerlos. Me convencí de que debía recurrir a la razón, y buscar en ella la verdad de todas las cosas. Quizá la imagen de que me sirvo para explicarme no es enteramente exacta; porque yo mismo no estoy conforme en que el que mira las cosas en la razón, las mire más aún por medio de otra cosa, que el que las ve en sus fenómenos; pero sea de esto lo que quiera, éste es el camino que adopté; y desde entonces, tomando por fundamento lo que me parece lo mejor, tengo por verdadero todo lo que está en este caso, trátese de las cosas o de las causas: y lo que no está conforme con esto, lo desecho como falso. Quiero explicarme con más claridad, pues creo que no me comprendes bien.

—¡Por Júpiter!, no es mucho lo que te comprendo, Sócrates —dijo Cebes.

—Y, sin embargo —continuó Sócrates—, nada nuevo digo, sino lo que he repetido en infinidad de ocasiones y lo que he dicho en mi discurso precedente; pues voy a tratar de demostrarte el género de causas que me he ocupado en buscar, y vengo de nuevo a lo que tanto se ha repetido, y empiezo por ellas, estableciendo el principio de que hay lo bello, lo bueno, lo grande, etc., existente en sí mismo. Si tú me lo concedes y convienes conmigo en este principio, espero demostrarte y descubrirte que el alma es inmortal.

—Te lo concedo —dijo Cebes—, y trabajo te costará llevar a cabo tan pronto tu demostración.

—Examina, pues, lo que voy a decirte para ver si estás de acuerdo conmigo. Porque me parece que si hay alguna cosa bella fuera de lo bello mismo, no es bella sino por la participación con lo bello; y digo lo mismo de todas las demás cualidades. ¿Admites esta causa?

—Sí la admito.

—Entonces ya no entiendo ni puedo comprender esas otras causas tan pomposas de que se nos habla. Si alguno me pregunta la razón por qué algo es bello, si es por la frescura de sus colores, o por su forma o por alguna cualidad semejante, abandono todas estas razones que sólo sirven para turbarme, y respondo, como por instinto y sin artificio, y quizá con demasiada sencillez, que nada hace bella a la cosa más que la presencia o la comunicación con la belleza primitiva, cualquiera que sea la manera como esta comunicación se verifique; porque no pasan de aquí mis convicciones. Yo sólo aseguro que todas las cosas bellas lo son a causa de la presencia en ellas de lo bello en sí. Mientras me atenga a este principio no creo engañarme; y estoy persuadido de que puedo responder con toda seguridad que las cosas bellas son bellas a causa de la presencia de lo bello. ¿No te parece a ti lo mismo?

—Sí.

—¿Y también convienes en que las cosas son grandes por la participación de lo grande, y pequeñas por la participación de lo pequeño?

—Sí.

—De suerte que tú no darías tu asentimiento si se te dijera que alguien es más grande o más pequeño que otro por la cabeza, sino que sostendrías que su mayor estatura no consiste en otra cosa que en la magnitud, e igualmente la menor estatura consiste tan sólo en la pequeñez. Si tú dijeras que un individuo es más grande o es más pequeño por la cabeza, habrías de temer que se te objetara primero que sostenías que una misma causa hace que una cosa sea más grande o más pequeña que otra; y luego, que es un absurdo decir que la cabeza, parte pequeña del cuerpo, hace que el cuerpo sea grande. ¿No tendrías este temor?

—Por supuesto —contestó Cebes riéndose.

—¿No temerías por la misma razón decir que diez son más que ocho porque exceden en dos? ¿No dirías más bien que esto es a causa de la cantidad? Y lo mismo tratándose de dos codos, ¿no dirías que son más grandes que uno a causa de la magnitud, más bien que a causa del codo más? Porque aquí hay el mismo motivo para temer la objeción.

—Sí, por cierto —contestó Cebes.

—Ahora bien, ¿no te guardarías de decir que agregando uno a uno la adición es la causa de nacer dos, y que partiendo uno la causa de lo mismo viene a ser la separación? ¿No afirmarías más bien que no conoces otra causa de cada fenómeno que su participación en la esencia propia de la clase a que cada uno pertenezca; y que, por consiguiente, tú no ves que sea otra la causa del múltiple dos que su participación en la *dualidad*, de que participa necesariamente todo lo que se hace dos, como todo lo que se hace uno participa de la *unidad*? ¿No darías de mano a tales divisiones y adiciones y otras sutilezas por el estilo, dejando que contesten los que son más sabios que tú, y tú, en cambio, temeroso, como se ha dicho, de tu propia oscuridad e ignorancia, preso a ese principio seguro, no responderías de conformidad con él? ¿Y si alguno lo atacara tú no le harías caso hasta examinar las consecuencias para ver si están de acuerdo o en desacuerdo? Y en cuanto te fuera preciso dar razón de ello ¿no presentarías otro principio más alto que te pareciera el mejor, hasta que llegaras a una conclusión satisfactoria? ¿Y no evitarías embrollarlo todo como ciertos disputadores, y confundir el primer principio con los que de él se derivan, para llegar a la verdad de las cosas? Ellos quizás no meditan ni se preocupan nada de estas cosas, pues les basta mezclarlo todo así a causa de su sabiduría y para agradarse a sí mismos. Pero tú, si perteneces al número de los filósofos, harás lo que te he dicho.

—Dices la pura verdad —exclamó Simias al mismo tiempo que Cebes.

EQUÉCRATES. ¡Por Júpiter!, Fedón, tuvieron razón para decirlo. Me parece que habló Sócrates con maravillosa claridad, aun para hombres de cortos alcances.

FEDÓN. Así pareció a todos los que se hallaban allí presentes.

EQUÉCRATES. Y aun nosotros, que estábamos ausentes y lo oímos ahora. Pero ¿qué se dijo después?

FEDÓN. Si mal no recuerdo, luego que se concedió esto y se convino con él en la subsistencia de las especies y que las demás cosas participan de ellas, y de ellas toman el nombre, preguntó Sócrates a Cebes:

—Si este principio es verdadero, cuando dices que Simias es más grande que Sócrates y más pequeño que Fedón, ¿no dices que en Simias se encuentran al mismo tiempo la magnitud y la pequeñez?

—Así es.

—Pero ¿convienes en que el ser Simias más grande que Sócrates no es proporción verdadera en sí misma, pues no es verdad que Simias sea más grande por ser Simias sino por el tamaño que tiene; ni es cierto tampoco que sea más grande que Sócrates porque Sócrates es Sócrates, sino por la pequeñez que éste tiene ante el tamaño de aquél?

—Cierto.

—¿Ni tampoco puede decirse que Fedón es más grande que Simias porque Fedón es Fedón, sino porque éste tiene magnitud en comparación con la pequeñez de aquél?

—Así es.

—Así, Simias puede llamarse pequeño y grande, pues está en medio de las dos: la magnitud, por la que es más grande que Sócrates, y la pequeñez, por donde es menor que Cebes.

Y sonriendo al mismo tiempo dijo:

—Me parece que me he detenido demasiado en estas explicaciones; pero al fin, lo que he dicho es exacto.

Convino Cebes.

—Lo que he deseado es hacerte parecer las cosas a ti mismo como me parecen a mí. Porque a mí me parece que no sólo la magnitud no puede ser al mismo tiempo pequeñez, sino que la grandeza que hay en nosotros no puede encontrarse reunida con nuestra pequeñez ni ser superada por ésta, sino una de dos: o huye y desaparece cuando ve aparecer a su contrario, esto es, la pequeñez, o al presentarse perece por completo; o si recibe la pequeñez no querrá ser otra cosa que lo que era. Como yo, que habiendo recibido la pequeñez, mientras no cambie no puedo ser sino pequeño; y como lo que es grande no sufre ser pequeño, igualmente lo que es pequeño en nosotros no puede ser grande ni nada contrario a ello, permaneciendo siempre en lo que era; en una palabra, nada puede convertirse en su contrario, sino en cuanto desaparece o perece al acercarse el accidente contrario.

—Tal me parece completamente —dijo Cebes.

Uno de los presentes (no recuerdo quién era), después de oír a Sócrates le objetó:

—¡Ah, por los dioses!, ¿no has admitido ya lo contrario de lo que dices? Porque, ¿no hemos convenido en que lo más grande nace de lo más pequeño y lo más pequeño de lo más grande; en una palabra, que las contrarias nacen siempre de sus contrarias? Ahora me parece que dices que esto no puede suceder.

Y Sócrates, inclinando la cabeza para adelante como para oír mejor, dijo:

—Haces bien en recordármelo. Sin embargo, no has comprendido la diferencia que hay entre lo que ahora digo y lo que dije entonces. Se dijo entonces que una cosa contraria nace de su contrario; y ahora que lo contrario no se vuelve nunca lo contrario a sí mismo ni en nosotros ni en la naturaleza, entonces, amigo mío, se habló de las cosas que tienen sus contrarios, llamándolas con los nombres de ellas; ahora, de las esencias mismas de las cosas, que una vez que existen en éstas les dan sus nombres: de éstas decimos que no reciben en sí sus contrarios.

Y mirando a Cebes al mismo tiempo, agregó:

—Y a ti, Cebes, ¿no te embarazó también lo que éste acaba de objetar?

—No me ha turbado, Sócrates, aunque no digo que no hay mucho que me embaraza.

—Hemos, pues, convenido unánimemente en que un contrario no puede ser jamás contrario de sí mismo.

—Así es la verdad —dijo Cebes.

—Sígueme para ver si convienes conmigo. ¿Hay algo que tiene el nombre de caliente y algo que se llama frío?

—Seguramente.

—¿Como la nieve y el fuego?

—No, ¡por Júpiter!

—¿Luego una cosa es el fuego y otra lo caliente, y la nieve es diferente de lo frío?

—Sí.

—Creo que convendrás también en que la nieve después de haber recibido el calor, como hemos dicho anteriormente, en ningún modo permanece siendo lo que era, ni nieve y calor a la vez, sino que llegado el calor se retirará o perecerá.

—Sin duda.

—Lo mismo sucede con el fuego, tan pronto como le supere el frío; y así se retirará o perecerá, porque apenas se le haya aplicado el frío, no podrá ser ya lo que era, y no será fuego y frío a la vez.

—Es verdad.

—Hay algunas de estas cosas cuyo nombre se aplica siempre a su idea, aunque se atribuye también a otras cosas que les son diferentes, pero conservan la forma de aquéllas mientras existen. Un ejemplo te lo hará más claro. ¿Lo impar debe tener siempre ese mismo nombre o no?

—Sí, sin duda.

—¿Es lo impar en sí lo único que lleva ese nombre, o hay alguna otra cosa que no siendo lo impar se llama siempre con este nombre por ser de naturaleza tal que no puede existir sin lo impar? Tal es por ejemplo el número tres y otros semejantes. Observemos el número tres. ¿No te parece que puede llamarse con su nombre y con la denominación de impar que no es el nombre del número tres? Tal es, sin embargo, la naturaleza del número tres y del número cinco y de la mitad de los números, que no siendo lo impar, cada uno de ellos es impar. Lo mismo puede decirse del número dos, del número cuatro, y de toda la otra mitad de los números, que no siendo lo par, sin embargo, es par cada uno de ellos. ¿No es verdad?

—Necesariamente —dijo Cebes.

—Fíjate en lo que voy á decir. Me parece que no sólo estas contrarias que se excluyen, sino también todas las demás cosas que, sin ser contrarias entre sí, tienen, sin embargo, siempre sus contrarias, no pueden dejarse penetrar por la esencia, que es contraria a la que ellas tienen, sino que tan pronto como esta esencia aparece, ellas se retiran o perecen. El tres, por ejemplo, ¿no perecerá antes que hacerse en ningún caso número par, permaneciendo tres?

—No hay duda —respondió Cebes.

—Y, sin embargo —continuó Sócrates—, el número dos y el número tres no son contrarios.

—No por cierto.

—Luego lo contrario no es lo único que rechaza lo contrario, sino que hay también otras cosas que se excluyen.

—Absolutamente cierto es cuanto dices.

—¿Quieres que las determinemos en cuanto nos sea posible?

—Sí.

—¿No serán aquellas que en cuanto ocupan una cosa no sólo la obligan a retener la idea de ellas, sino que no aceptan que le sea sustituida una idea contraria?

—¿Qué dices?

—Lo que hace poco decíamos. Sabes sin duda que lo que recibe la idea de tres, no solamente es de necesidad tres, sino también impar.

—Perfectamente.

—¿No es, por consiguiente, imposible que a cosa tal se allegue una idea contraria a la que constituye su esencia?

—Es imposible.

—¿No constituye su esencia la idea de lo impar?

—Sí.

—¿La forma contraria a lo impar no es la de lo par?

—Sí.

—Luego la idea de lo par no se encuentra nunca en el tres.

—Jamás.

—¿Son, pues, incompatibles el tres y lo par?

—Son incompatibles.

—¿Es, pues, impar el tres?

—Seguramente.

—He aquí lo que quería determinar: que hay cosas que no siendo contrarias de otras, no las admiten, sin embargo, como si fueran sus contrarios (como el tres, que no siendo contrario de lo par, no lo admite en manera alguna, pues lleva siempre en su seno algo que le es opuesto; como el dos, que lleva algo opuesto al número impar, el calor al frío y así otras muchas cosas). Dime ahora si tú aceptas esta definición: una cosa no solamente rechaza su contrario, sino también lo que tiene algún modo de contrario a aquello a donde se allega. De nuevo recuérdalo, Cebes: no es malo oírlo varias veces: El cinco no acepta la idea de par, ni el diez, el doble de cinco, la de impar. Este número diez, aunque su contrario no sea lo impar, no admitirá jamás esta idea, así como tres cuartos, la mitad, la tercera parte, y otras fracciones tales, no admitirán jamás la idea del todo, si es que me entiendes y convienes conmigo.

—Convengo contigo y te sigo perfectamente.

—Ahora bien; voy a reasumir mis primeras preguntas: y tú, al responderme, me contestarás, no en forma idéntica a ellas, sino en forma diferente, según el ejemplo que voy a ponerte; porque además de la manera de responder que hemos usado, que es segura, hay otra que no lo es menos; puesto que si me preguntaras qué es lo que produce el calor en los cuerpos, yo no te daría la respuesta, segura sí, pero necia, de que es el calor; sino que, de lo que acabamos de decir, deduciría una respuesta más acertada, y te diría: es el fuego; y si me preguntas qué es lo que hace que el cuerpo esté enfermo, te respondería que no es la enfermedad, sino la fiebre. Si me preguntas qué es lo que constituye lo impar, no te responderé la imparidad, sino la unidad; y así de las demás cosas. Mira si comprendes bien lo que quiero decirte.

—Perfectamente lo entiendo —contestó Cebes.

—Contéstame, pues, qué es lo que hace al cuerpo viviente.

—El alma —contestó Cebes.

—¿Es esto por ventura siempre así?

—¿Cómo no?

—¿Luego el alma lleva la vida a todo cuerpo a donde entra?

—Necesariamente.

—¿Tiene o no tiene la vida un contrario?

—Lo tiene.

—¿Cuál es?

—La muerte.

—Resulta, pues, de los principios que hemos aceptado, que el alma no recibirá jamás en su seno lo que es contrario a lo que ella lleva consigo.

—Es consecuencia lógica —concluyó Cebes.

—Ahora bien, lo que no admite la idea de lo par, ¿qué nombre lleva?

—Lo impar —contestó Cebes.

—¿Cómo llamamos a lo que no consiente nunca la justicia, y a lo que no consiente nunca el orden?

—Llamamos a lo primero la injusticia y a lo segundo el mal.

—Bien. ¿Y cómo llamamos a lo que rechaza la muerte?

—Lo inmortal.

—¿Diremos que esto ha sido demostrado o no?

—Suficientemente demostrado, Sócrates.

—Pero, Cebes, si fuera una necesidad que lo impar fuera inmortal, ¿el tres no lo sería igualmente?

—De ninguna manera, Sócrates.

—Si lo que es frío fuera por naturaleza imperecedero ¿cuantas veces se aproximara el fuego a la nieve, no escaparía ésta sana y salva? No perecería, no recibiría el calor, permaneciendo en su mismo ser.

—Verdaderamente —dijo Cebes.

—En la misma forma, si lo que no es susceptible de frío fuera necesariamente inmortal, por mucho que se echara sobre el fuego algo frío, nunca el fuego se extinguiría, nunca perecería; por el contrario, quedaría con toda su fuerza.

—Evidente —dijo.

—¿Debemos decir que otro tanto ocurre con lo que es inmortal? Si lo inmortal es imperecedero, es imposible que el alma perezca cuando a ella se acerca la muerte: que conforme con los principios sentados no recibirá la muerte ni perecerá jamás: como el tres, según hemos dicho, ni ningún número impar, serán jamás pares, ni lo caliente frío, ni tampoco se convertirá en frío el calor que hay en el fuego. Pero ¿qué impide, dirá alguno, que aunque lo impar no se convierta en par al llegar éste, como se ha dicho, si se torna tal al perecer lo par? Al que tal objete no podemos responderle que lo impar no perece, pues no es inmortal. Si lo hubiéramos declarado inmortal, fácilmente sostendríamos que, llegado lo par, lo impar y el número tres se escaparían y partirían. Del mismo modo argüiríamos respecto del fuego y el calor y las demás cosas. ¿No es así?

—Seguramente —dijo Cebes.

—Por consiguiente, viniendo a la inmortalidad, que es de lo que tratamos al presente, si convenimos en que todo lo que es inmortal es imperecible, el alma necesariamente es no sólo inmortal, sino absolutamente imperecedera. Si no convenimos en esto, es preciso buscar otras pruebas.

—Pero no se necesitan, porque difícilmente cosa alguna admitiría la corrupción si lo inmortal y eterno pudiera perecer.

—Todos reconocerán —continuó Sócrates— que dios y la esencia de la vida y cuanto hay de inmortal, es imperecedero.

—Todos los hombres, ¡por Zeus!, lo reconocerán, Sócrates —dijo Cebes—, y opino que con más razón, todos los dioses.

—Puesto que lo inmortal no perece, ¿si el alma es inmortal, no será también indestructible?

—Necesariamente.

—Luego cuando la muerte sobreviene al hombre, lo que hay en él mortal perece, pero lo que tiene de inmortal se aleja salvo e incorrupto, habiendo cedido su lugar a la muerte.

—Tal parece.

Y Sócrates dijo:

—Luego, si algo hay, Cebes, de naturaleza inmortal e imperecedera, eso es el alma, y ciertamente nuestras almas vivirán en ultratumba.

—Yo, Sócrates, no tengo nada más que decir, y doy mi completo asentimiento a tus razones; pero si Simias o algún otro tiene algo que oponer, bien hará en no callar, pues bien sé que no se encontrará de nuevo otra ocasión como la presente para discutir estas materias.

—Pues bien —dijo Simias—, yo tampoco tengo duda alguna después de lo que ha explicado Sócrates; pero he de confesar que ante la grandeza de nuestro tema me veo todavía forzado a tener cierta desconfianza sobre todo esto.

—No sólo eso, Simias —dijo Sócrates—, sino que bien dices, y hay que analizar con cuidado los principios fundamentales, por seguros que parezcan; y si los comprenden suficientemente, entenderán mis razones lo mejor que es posible al hombre; y una vez convencidos, no tendrán necesidad de nada más.

—Muy bien —dijo Cebes.

—Amigos míos, una cosa digna de tenerse en cuenta es, que si el alma es inmortal, hay necesidad de cuidarla, no sólo durante la vida, sino también para el tiempo que viene después de la muerte; porque si bien lo reflexionan, es muy grave el abandonarla. Si fuera la muerte la disolución de la existencia, sería para los malos un feliz suceso, pues a un mismo tiempo moriría el cuerpo y se extinguiría la maldad junto con el alma. Pero puesto que el alma es inmortal, no tendrá modo de huir de los males, ni salvación alguna, sino volviéndose muy buena y muy prudente: que ninguna otra cosa lleva el alma a la morada de Hades, que sus hábitos y costumbres, los que se dice le son útiles o dañosos tan pronto como empieza el viaje al otro mundo. Y es fama que así como fenece cada cual, el genio que le tocó en vida se encarga de conducirlo a cierto lugar en donde las almas son juzgadas para marchar a la morada de Hades, llevando como guía a su genio a quien se ha dado el encargo de conducirlas. Habiendo obtenido allí el bien o el mal merecido, y permanecido allí el tiempo necesario, la trae aquí de nuevo otro conductor después de largas y numerosas revoluciones de los tiempos. Este camino no es como el del Télefo de Esquilo. Télefo dice que es simple la vía que conduce a Hades; pero no me parece que sea ni simple ni una. Si así lo fuera, no habría necesidad de guía, ni habría quien se extraviara en un camino único. Pero creo que está lleno de sesgos y vueltas, según conjeturo por las ceremonias y prácticas de nuestros sacrificios. Un alma dotada de templanza y sabiduría seguirá a su conductor, pues no ignora la suerte que le espera; pero, como lo he dicho anteriormente, la que está pegada al cuerpo por sus concupiscencias, enamorada de él por largo tiempo, sólo después de haber resistido mucho y sufrido mucho, por su apego a los objetos de los sentidos, por fuerza y con trabajo sigue al genio que la guía. Mas llegada donde se reúnen todas las demás, la que no está pura y ha cometido actos tales como inicuos asesinatos y otras acciones que sólo pueden haber llevado a cabo almas hermanas y semejantes a ella, las demás se le separan y le huyen, y ninguna quiere ser su compañera ni su guía: andará errante en un completo abandono hasta que, después de transcurrido cierto tiempo, la necesidad la llevará a la habitación de que es digna. Pero la que ha pasado su vida en la templanza y en la pureza tiene los dioses mismos por compañeros y por guías, y va a habitar el lugar que le está preparado, porque hay lugares diversos y maravillosos en la tierra, la cual, según he aprendido de alguien, no es como se figuran los que acostumbran a describirla.

—¿Qué dices, Sócrates? —interrumpió Simias—. En verdad he oído hablar muchas cosas acerca de la tierra, pero nunca lo que a ti se te ha dicho. Con gusto te escucharía.

—Para referirte la historia de esto, mi querido Simias, no creo haya necesidad del arte de Glauco.[23] Mas probarte su verdad es más difícil, y no sé si todo el arte de Glauco bastaría al efecto. Semejante empresa no sólo está quizá por cima de mis fuerzas, sino que aun cuando no lo estuviera, el poco tiempo que me queda de vida no permite que entablemos tan larga discusión. Todo lo que puedo hacer es darte una idea general de esta tierra y de los lugares diferentes que encierra, tales como me los figuro.

—Pues eso será suficiente —dijo Simias.

—Desde luego —continuó Sócrates—, estoy persuadido de que si la tierra está en medio del cielo y es de forma esférica, no tiene necesidad de aire ni de otro apoyo para no caer, sino que el cielo mismo que por todas partes la rodea y su mismo equilibrio le bastan para que no se desplome, pues una cosa en equilibrio, colocada en medio de algo que la rodea igualmente por todas partes, no puede inclinarse de un lado más que de otro, y por tanto, permanece inmóvil. Ante todo estoy convencido de esto.

—Y con razón —dijo Simias.

---

[23] Proverbio que se empleaba para decir que una cosa era muy difícil. Glauco fue un obrero hábil en el arte para trabajar el hierro.

—Por otra parte, estoy convencido de que la tierra es muy grande, y que nosotros sólo habitamos la parte que se extiende desde el Faso hasta las columnas de Hércules, derramados a orillas de la mar como hormigas o como ranas alrededor de una laguna. Hay otros pueblos, a mi parecer, que habitan regiones que nos son desconocidas, porque en la superficie de la tierra se encuentran por todas partes cavernas de todas formas y dimensiones, llenas siempre de un aire grueso, de espesos vapores y de aguas que afluyen allí de todas partes. Pero la tierra misma, la tierra pura, se encuentra en el cielo puro en donde están los astros, que llaman éter la mayor parte de los que hablan de estas cosas, del que los elementos no son sino el sedimento que corre sin cesar a las cavidades terrestres. Nosotros, sin darnos cuenta de ello, habitamos en las cavernas y creemos estar en las alturas de esa tierra pura, como si alguien que tuviera su morada en la profundidad del piélago creyera que mora en la superficie del océano; y mirando a través de las aguas el sol y los demás astros, se imaginara que el mar es el cielo; y no habiendo subido jamás a la superficie de las aguas, a causa de su peso y su debilidad, ni sacado siquiera la cabeza sobre ellas para mirar hacia nosotros, ni encontrado quien le diera noticias después de haber visto, no pudiera comprender cuánto más puro y más hermoso es nuestro lugar que el sitio que él habita. Esto es también lo que a nosotros nos sucede. Vivimos en las profundidades de la tierra y creemos vivir en la superficie, y llamamos cielo al aire, como si éste fuera el cielo en que se mueven los astros. Y tal ocurre a causa de la debilidad y peso nuestro, que no nos permite elevarnos a las regiones superiores del aire. Que si alguien llegara a las partes últimas de él, o volviéndose ave hasta allá volara, al asomar la cabeza habría de ver lo que allí hay, como lo hacen aquí los peces, que contemplan nuestras cosas levantándose y saltando sobre la superficie del océano. Si la naturaleza humana permitiera la atenta contemplación descubriría que aquél es el cielo verdadero, y la verdadera tierra. Porque esta tierra que pisamos, estas piedras y todos estos lugares que habitamos, están enteramente roídos y corrompidos, como lo que está bajo las aguas del mar, roído también por la acritud de las sales. Así es que en el mar nada nace perfecto, ni tiene ningún valor; no hay allí más que cavernas, arena y cieno; y si alguna tierra se encuentra, es sólo fango, sin que sea posible comparar nada de lo que allí existe con lo que aquí vemos. Aun mayor es la diferencia entre nuestra tierra y la otra que está por sobre ella, y podría, Simias, darte una idea de ella contando un bello cuento que muestra cómo son las cosas que se encuentran en esa tierra que está en el centro del cielo.

—Sí, Sócrates —dijo Simias—, con placer escucharíamos ese cuento.

—En primer lugar, mi querido Simias —continuó Sócrates—, se dice que si alguien mira esa tierra desde un lugar elevado, le parece como una de nuestras pelotas de viento cubierta de doce bandas de variados colores, de los que no son sino algo así como muestras los que usan acá los pintores; porque allá toda la tierra está cubierta de esos colores, y son mucho más resplandecientes y puros que los de acá. Una de las bandas es de color púrpura de maravillosa hermosura; otra de color de oro; otra de un blanco más brillante que el yeso o la nieve, y así de los demás colores, más numerosos y más bellos que cuantos contemplamos nosotros. Las cavidades de esa tierra, que están llenas de agua y aire, presentan cierta especie de matices que brillan en medio de la variedad de otros colores, de modo que su aspecto es siempre diverso. Todo en esta tierra es perfecto de acuerdo con su naturaleza: los árboles, las flores y los frutos. Las montañas y las piedras preciosas tienen también según su clase perfección, transparencia y los más bellos colores: las piedrecitas de acá no son más que fragmentos de esas piedras estimadas: cornalina, jaspes, esmeraldas, etc. No hay ninguna que no sea mucho más bella que las nuestras. La razón es que esas piedras son puras, no están gastadas, ni corroídas como las de acá a causa de la podredumbre y el agua salada y por los sedimentos que aquí confluyen de allá, que traen a las piedras, a la tierra, a los animales y a las plantas, fealdad y enfermedades. Esa tierra superior se encuentra adornada de todas estas cosas de que hablo, y además, de oro, de plata, y otros metales preciosos que se muestran a la vista en cantidades grandes por todos los parajes, presentando un espectáculo encantador a los felices espectadores. Está habitada por toda clase de animales y por hombres derramados unos por el campo y otros alrededor del aire, como estamos nosotros alrededor del mar. Los hay que habitan en islas, que el aire forma cerca del continente; porque el aire es allí lo que son aquí el agua y el mar para nuestro uso; y lo que para nosotros es el aire para ellos es el éter. Sus estaciones son tan templadas, que viven más que nosotros y están siempre libres de enfermedades; y en razón de la vista, el oído, el olfato y de todos los demás sentidos, y hasta en razón de la inteligencia misma, están tan por cima de nosotros, como lo están el aire respecto del agua y el éter respecto del aire. Allí tienen bosques sagrados y templos que habitan verdaderamente los dioses, los cuales dan señales de su presencia por los oráculos, las profecías, las inspiraciones y por todos los demás signos, que acusan la comunicación con ellos. El sol, la luna y las estrellas se miran en sí mismos tal cual son: y así en esa misma proporción es el resto de su felicidad.

Tal es la naturaleza de esa tierra y de lo que la rodea. Hay en derredor de ella, en sus cavidades, numerosos lugares, unos más profundos y más abiertos que la tierra que nosotros habitamos; otros más profundos también con aberturas menos anchas; los hay igualmente con menos profundidad y más anchura que los nuestros. Todos estos lugares están atravesados bajo la tierra por conductos más estrechos y más anchos que se comunican entre sí y tienen salidas. Una gran cantidad de agua corre de unos a otros como en cráteres: grandes ríos inagotables, fuentes de agua fría y de agua caliente; también grandes ríos de fuego, enorme cantidad de barro húmedo, a veces más líquido y a veces más grueso, como en Sicilia los ríos que corren antes de la lava, y los mismos ríos de lava. De esta lava y esta agua se llenan estos sitios según la dirección que van tomando las corrientes. Éstas se mueven de arriba abajo como un balancín colocado en el interior de la tierra. He aquí la naturaleza de tal balancín: hay entre las aberturas de la tierra una que es más grande, que la atraviesa de parte a parte, como aquello de Homero, donde dice: "Muy lejos, es el abismo más profundo que existe en las entrañas de la Tierra".[24] Homero y la mayor parte de los poetas llaman a este lugar el Tártaro. Allí es donde todos los ríos reúnen sus aguas, y de allí es de donde en seguida

[24] *Iliada*, 1. 8, v. 14.

salen. Cada uno de ellos participa de la naturaleza del terreno sobre el que corre. Si estos ríos vuelven a correr en sentido contrario es porque el líquido no encuentra allí fondo, se agita suspendido en el vacío y hierve de arriba abajo. El aire y el viento, que los rodean, hacen lo mismo; los siguen cuando suben y cuando bajan, y a la manera que se ve entrar y salir el aire incesantemente en los animales cuando respiran, en la misma forma el aire que se mezcla con estas aguas entra y sale con ellas, y produce vientos terribles y furiosos. Cuando estas aguas caen con violencia en el abismo inferior, de que les he hablado, forman corrientes que se arrojan a través de la tierra, en los lechos de los ríos que encuentran y que llenan como con una bomba. Cuando estas aguas salen de aquí y vienen a los sitios que nosotros habitamos, los llenan de la misma manera; y derramándose por todas partes sobre la superficie de la tierra, alimentan nuestros mares, nuestros ríos, nuestros estanques y nuestras fuentes. En seguida desaparecen, y sumiéndose en la tierra, los unos con grandes rodeos y los otros no con tantos, desaguan en el Tártaro, donde entran más bajos que habían salido, unos más, otros menos, pero todos algo. Unos salen y entran de nuevo en el Tártaro por el mismo lado, y otros por el opuesto a su salida; los hay que corren en círculo, y que después de haber dado vuelta a la tierra una y muchas veces, como las serpientes que se repliegan sobre sí mismas, bajándose lo más que pueden, marchan hasta la mitad del abismo, pero sin pasar de aquí, porque la otra mitad es más alta que su nivel.

Dichas aguas forman muchas corrientes muy grandes, pero hay entre ellas cuatro principales, de las cuales la mayor y más exterior corre alrededor de la tierra y la llamamos océano. Enfrente de éste, y corriendo en sentido opuesto, está el Aqueronte, que marcha al través de lugares desiertos, y sumiéndose en la tierra llega a la laguna Aquerusia, a donde concurren la mayor parte de las almas de los muertos, y permaneciendo allí algunos años, unas más, otras menos, son de nuevo enviadas a este mundo para animar cuerpos de animales. El tercero de estos ríos sale de entre éstos, y cerca de la salida cae en un lugar grande y lleno de fuego, y forma una laguna más grande que nuestro mar, la que hierve con agua y lodo. Corre de allí circularmente, negro y cenagoso. Dando vueltas en torno de la tierra, se dirige a otra parte, a la extremidad de la laguna Aquerusia, sin mezclarse con sus aguas. Y girando varias veces bajo la tierra desemboca en la parte más baja del Tártaro. Este río es el que todavía se llama Puriflegeton, del que se ven salir arroyos de lava por varios sitios de la tierra. Enfrente de éste desemboca el cuarto río, primero en un lugar horrible y salvaje, que, según se dice, tiene un color azuloso, al que se da el nombre de Estigio, y a la laguna que forma al caer el río, Estigia; y después de caer allí y tomar de la laguna Estigia fuerzas horribles, se sume en la tierra, avanza dando vueltas frente al Puriflegeton y lo encuentra al fin en la laguna Aquerusia del lado opuesto. No se mezcla con las aguas de los otros ríos, sino dando giros por la tierra desemboca en el Tártaro por un punto opuesto al Puriflegeton. Este río es llamado Cocito por los poetas.

Dispuestas así todas las cosas por la naturaleza, cuando los muertos llegan al lugar a que les ha conducido su guía, se les somete a un juicio, para saber si su vida en este mundo ha sido santa y justa o no. Los que no han sido ni enteramente criminales ni absolutamente inocentes, son enviados al Aqueronte, y desde allí son conducidos en barcas a la laguna Aquerusia, donde habitan sufriendo castigos proporcionados a sus faltas, hasta que, libres de ellos, reciben la recompensa debida a sus buenas acciones. Los que se consideran incurables a causa de lo grande de sus faltas y que han cometido muchos y numerosos sacrilegios, asesinatos inicuos y contra ley u otros crímenes semejantes, el fatal destino, haciendo justicia, los precipita en el Tártaro, de donde no saldrán jamás. Pero los que sólo han cometido faltas que pueden expiarse, aunque sean muy grandes, como haber cometido violencias contra su padre o su madre, o haber quitado la vida a alguno en el furor de la cólera, aunque hayan hecho por ello penitencia durante toda su vida, son sin remedio precipitados también en el Tártaro; pero, trascurrido un año, las olas los arrojan y echan los homicidas al Cocito, y los parricidas al Purifiegeton, que los arrastra hasta la laguna Aquerusia. Allí dan grandes gritos, y llaman a los que fueron asesinados y a todos aquellos contra quienes cometieron violencias, y los conjuran para que les dejen pasar la laguna, y ruegan se les reciba allí. Si los ofendidos ceden y se compadecen, aquellos pasan y se ven libres de todos los males; y si no ceden, son de nuevo precipitados en el Tártaro, que los vuelve a arrojar a los otros ríos hasta que hayan conseguido el perdón de los ofendidos, porque tal ha sido la sentencia dictada por los jueces. Pero los que han justificado haber pasado su vida en la santidad, dejan estos lugares terrestres como una prisión y son recibidos en lo alto, en esa tierra pura, donde habitan. Y lo mismo sucede con los que han sido purificados por la filosofía, los cuales viven por toda la eternidad sin cuerpo, y son recibidos en estancias aún más admirables. No es fácil que les haga una descripción de esta felicidad, ni el poco tiempo que me resta me lo permite.

Por todas las razones que hemos expuesto, Simias, es preciso hacer lo posible para adquirir la virtud y la sabiduría durante nuestra vida. Porque bello es el premio y grande la esperanza. Afirmar que las cosas son tales como acabo de describirlas, no conviene al hombre sensato; pero que respecto a nuestras almas y a sus moradas las cosas sean así o semejantes, si es que el alma es inmortal, me parece que puede afirmarse y que vale la pena de arriesgarse esa creencia como si nos sedujéramos a nosotros mismos con un canto mágico: es en efecto un bello riesgo. Por esto he sido tan prolijo en esta conversación. Debe, pues, tener confianza acerca del destino de su alma el hombre que en esta vida ha despreciado los placeres y el ornato del cuerpo como extraños a él mismo, y más bien aptos para engendrar el mal, y se esforzó en cambio por cultivar los placeres de la ciencia, y por adornar el alma, no con ornato exótico, sino con el que le es propio: la prudencia, la justicia, el valor, la libertad, la verdad, y espera así el viaje de ultratumba para emprenderlo cuando el destino se sirva llamarlo. Ustedes —agregó—, Simias y Cebes, y los demás, un día habrán de hacer esa jornada, cada cual a su turno. A mí me llama ya la fatalidad, como diría un poeta trágico, y es casi el tiempo de que tome el baño; porque me parece mejor que tome el veneno después de haberlo hecho, y no dar a las mujeres el trabajo de que me bañen después de muerto.

Cuando Sócrates hubo acabado de hablar, Critón, tomando la palabra, le dijo:

—Bien, Sócrates, pero, ¿qué nos mandas a mí o a los presentes acerca de tus hijos o de cualquier otra cosa, que lo haríamos por ti con mucho gusto?

—Nada más, Critón, que lo que les he recomendado siempre, que es el tener cuidado de ustedes mismos, y así harán un servicio a mí, a mi familia y a ustedes, aunque no me prometieran nada en este momento; mientras que si lo abandonan, si no quieren seguir el camino de que acabamos de hablar, todas las promesas, todas las protestas que pudieran hacerme hoy, todo esto de nada serviría.

—Tendremos mucho cuidado de hacerlo como dices —respondió Critón—. Pero ¿de qué manera quieres que te enterremos?

—Como gusten —contestó Sócrates—, si es que pueden tomarme y no me escapo de sus manos.

Y sonriendo con dulzura al mismo tiempo que nos miraba: —Amigos —continuó—, no puedo persuadir a Critón de que yo soy el mismo Sócrates que habla en este momento con ustedes y que pone orden en lo que discurrimos; él juzga que yo soy aquel que dentro de poco verá muerto, y pregunta cómo deberá enterrarme. Mas todo lo que he dicho en esta larga conversación, que después que tome el veneno no estaré ya más entre ustedes, sino que partiré de su lado y me iré a disfrutar de la felicidad de los bienaventurados, parecen discursos inútiles hechos con el solo fin de consolarlos y consolarme a mí mismo. Sírvanme de fiadores ante Critón, pero ha de ser una fianza en sentido contrario a la que él dio por mí ante los jueces; porque él respondió que yo no me escaparía: séanme ahora garantes de que una vez muerto no me quedaré aquí, sino que me marcharé, a fin de que Critón soporte más fácilmente y no se aflija por mí cuando vea que incineran o entierran mi cuerpo, como si yo estuviera sufriendo males terribles; ni diga en el momento de mis funerales que él expone a Sócrates, o que él lleva a Sócrates o que él entierra a Sócrates. Porque debes tener en cuenta, ¡oh excelente Critón!, que no hablar con propiedad no es sólo inconveniente, sino que también produce mal en cierto modo a las almas. Ánimo, pues, y entierra este cuerpo mío como te plazca, y principalmente como juzgues que sea más conforme con las leyes.

Al concluir estas palabras se levantó y pasó a una habitación inmediata para bañarse. Critón le siguió, y Sócrates nos suplicó que le aguardáramos. Le aguardamos, pues, rodando mientras tanto nuestra conversación ya sobre lo que nos había dicho, haciendo sobre ello reflexiones, ya sobre la triste situación en que íbamos a quedar, considerándonos como hijos que iban a verse privados de su padre, y condenados a pasar el resto de nuestros días en completa orfandad.

Luego que tomó el baño y le trajeron sus niños (pues tenía dos hijos pequeños y uno grande), llegaron también a su lado las mujeres de su familia. Conversó con ellas en presencia de Critón, les hizo las recomendaciones que quiso, hizo luego salir a las mujeres y a los niños, y volvió a entrar donde nosotros estábamos. Era ya casi la hora de ponerse el sol, pues había permanecido mucho tiempo en el cuarto de baño. Saliendo de él se sentó, después de lo cual no tuvo modo de conversar mucho, pues se le acercó el servidor de los Once y, parándose cerca de él, le dijo:

—Sócrates, no tengo que dirigirte la misma reprensión que a los demás que han estado en tu caso. Desde que vengo a advertirles, por orden de los magistrados, que es preciso beber el veneno, se alborotan contra mí y me maldicen; pero respecto a ti, desde que estás aquí, siempre me has parecido el más firme, el más dulce y el mejor de cuantos han entrado en esta prisión; y estoy bien seguro de que en este momento no estás enfadado conmigo, y que sólo lo estarás con los que son la causa de tu desgracia, y a quienes tú conoces bien. Ahora, Sócrates, sabes lo que vengo a anunciarte; recibe mi saludo, y trata de soportar con resignación lo que es inevitable.

Al decir esto se volvió y se alejó derramando lágrimas. Sócrates, mirándolo, le dijo:

—Yo también te doy mi saludo y mi adiós; haremos lo que ordenas.

Y dirigiéndose al punto a nosotros:

—¡Cuánta bondad la de este hombre!; durante todo el tiempo se me ha acercado, conversaba a veces conmigo, y era el mejor de los hombres; ahora, ¡con cuánta generosidad me llora! Pero vamos, Critón, obedezcamos, tráigame alguien el veneno si está machacado, y si no, que lo machaque el hombre.

—Pienso, Sócrates —dijo Critón—, que el sol alumbra todavía las montañas, y que no se ha puesto; y me consta, que otros muchos no han bebido el veneno sino mucho después de haber recibido la orden; que han comido y bebido a su gusto y aun algunos gozado de los placeres del amor; así que no debes apurarte, porque aún tienes tiempo.

A lo cual Sócrates replicó:

—Su razón tendrán, Critón, para obrar así los que tú dices: creerán que ganan algo con hacerlo; pero yo tengo también mis razones para no proceder del mismo modo: creo que nada adelantaría tardándome unos momentos en tomar el veneno, fuera de hacerme ridículo a mí mismo mostrándome tan apegado al vivir y temiendo a lo que no es nada. Vamos, haz lo que te digo y nada más.

Entonces Critón hizo una seña al esclavo que tenía allí cerca. El esclavo se fue, y después de considerable tiempo volvió con el que debía dar el veneno, que lo traía machacado en una copa. Al verlo, Sócrates le dijo:

—Ea, amigo mío, dime qué hay que hacer, pues tú sabes de estas cosas.

—Nada más —respondió—, que pasearte cuando lo hayas bebido, y cuando ya sientas las piernas pesadas, acostarte: así el veneno obrará por sí mismo.

Al mismo tiempo le alargó la copa. Sócrates la tomó, ¡hubieras visto, Equécrates, con cuánta calma, sin temblar, sin demudar el color, sin alterar el semblante! Según su habitual manera miró al hombre con firmeza, y le preguntó:

—¿Qué dices de hacer una libación con esta bebida? ¿Es permitido o no?

—Sócrates —le contestó—, nosotros machacamos tan sólo lo que creemos suficiente.

—Comprendo —dijo Sócrates—, pero al menos debe ser permitido y conveniente pedir a los dioses que sea feliz el paso de esta morada a la otra: esto es lo que les pido, y ¡ojalá escuchen mis ruegos!

Después de haber dicho esto, llevó la copa a los labios, y bebió con una tranquilidad y una dulzura maravillosas. La mayor parte de nosotros habíamos podido contener las lágrimas hasta entonces; mas cuando lo vimos beber y después de haber tomado el veneno, ya no nos fue posible contenernos. A pesar de mis esfuerzos las lágrimas me bañaron el rostro en abundancia, de suerte que me cubrí para llorar por mí mismo: que yo no lloraba tanto por él, sino por el grande amigo de que quedaba privado. Aun antes que yo, Critón se mostró incapaz de contener las lágrimas y se salió. Apolodoro, que desde antes no había dejado de llorar, con sus alaridos, gemidos y lamentos no dejó a ninguno de los presentes a quien no hiciera llorar, excepto al mismo Sócrates, que nos increpó así:

—¿Qué hacen, amigos míos? Precisamente para evitar espectáculos semejantes hice que las mujeres se marcharan, pues he oído decir que es preciso morir en medio de buenos presagios. Tomen calma y mantengan la firmeza.

Estas palabras nos llenaron de confusión, y retuvimos nuestras lágrimas. Sócrates caminaba, y cuando sintió que las piernas se le ponían pesadas se acostó boca arriba, como se lo había recomendado el hombre que le había dado el veneno. Éste le examinaba por intervalos los pies y las piernas. Después le apretó los pies fuertemente y le preguntó si sentía. Sócrates contestó que no. Después también le apretó fuertemente las piernas, y continuando para arriba nos mostraba cómo se helaba y ponía rígido. Lo tocó de nuevo y nos dijo que en cuanto el frío llegara al corazón dejaría de existir. Ya comenzaban a helarse las regiones del bajo vientre, y descubriéndose Sócrates, pues estaba cubierto, dijo (y éstas fueron sus últimas palabras):

—Critón, debemos un gallo a Esculapio. No se te olvide pagar la deuda.

—Así lo haré —respondió Criton—; pero mira si tienes aún alguna advertencia que hacernos.

Nada respondió Sócrates a esas palabras. Al contrario, pocos momentos después hizo un movimiento, y el hombre lo descubrió: tenía los ojos fijos, y Critón, al verlo, le cerró la boca y los ojos.

Tal fue, Equécrates, el fin de aquel hombre, nuestro amigo, de quien pudiéramos decir que fue el mejor, el más sabio, el más justo de todos los que hayamos conocido jamás.

Sobre la belleza

Fedro

Sócrates — Fedro

Sócrates. Mi querido Fedro, ¿a dónde vas y de dónde vienes?

Fedro. Vengo de la casa de Lisias,[25] hijo de Céfalo, y me propongo dar un paseo por fuera de las murallas, Sócrates, pues he pasado en su casa sentado toda la mañana; y siguiendo el consejo de Acumenos, nuestro común amigo, me paseo por los caminos; eso, según él, descansa más que pasearse bajo los pórticos.

Sócrates. Tiene razón, amigo mío; pero Lisias, por lo que veo, estaba en la ciudad.

Fedro. Sí, en la casa de Epícrates, la Moriquia, esa casa que ves cerca del templo de Júpiter Olímpico.

[25] Lisias nació en Atenas en 459 y murió en 379, antes de Jesucristo; perteneció al partido democrático y fue desterrado a Megara durante la oligarquía. Ella condenó a muerte a su hermano Polemarco y a su cuñado Dionisidoro.

SÓCRATES. ¿Y cuál fue su conversación? Sin dudar, Lisias te regalaría algún discurso.

FEDRO. Lo sabrás si dispones de tiempo para acompañar y escucharme.

SÓCRATES. ¿Qué dices? ¿No sabes, para hablar como Píndaro, que no hay negocio que yo no abandone por saber lo que ha pasado entre tú y Lisias?

FEDRO. Caminemos.

SÓCRATES. Habla, pues.

FEDRO. En verdad, Sócrates, el asunto te interesa, pues hemos estado tratando de un tema que tiene relación con el amor. Lisias supone un hermoso niño solicitado, y no por un amante. Y lo original de su ficción está en que sostiene que debe conceder sus favores al que no ama antes que al que ama.

SÓCRATES. ¡Oh! es muy amable. Debió sostener igualmente que es preciso tener mayor complacencia con la pobreza que con la riqueza, con la ancianidad que con la juventud, y lo mismo con todas las desventajas que tengo y tienen muchos otros. Sería ésta una idea magnífica y prestaría un servicio a los intereses populares.[26] Así es que yo ardo en deseos de escucharte, y ya puedes alargar tu paseo hasta Megara, y, conforme al método de Heródico,[27] volver de nuevo después de tocar los muros de Atenas, que yo no te abandonaré.

FEDRO. ¿Qué dices, Sócrates? ¿Crees que un hombre profano como yo pueda relatarte dignamente el discurso que Lisias, el más hábil de nuestros escritores, ha limado y pulido durante largo tiempo y a su comodi-

---

[26] Sócrates tenía poca simpatía por la democracia ateniense, y así se burla de los oradores populares.

[27] Este caballero era un médico popular en su tiempo.

dad? Sería ese un talento que preferiría a todo el oro del mundo.

SÓCRATES. Fedro, si crees que no conozco a Fedro puedes creer que tampoco me conozco a mí mismo. Tengo la seguridad de que escuchando un discurso de Lisias, no ha podido contentarse con una primera lectura, sino que le ha rogado repetidamente lo volviera a comenzar, y que el autor se ha apresurado a complacerle, y no dándose aún aquél por satisfecho del todo, habrá acabado por apoderarse del cuaderno para releer a sus anchas los pasajes que le parecieron más dignos de atención; y, después de haber pasado toda la mañana inmóvil y atento en este estudio, agotado por la fatiga, ha salido a dar un paseo; y, o mucho me equivoco, ya tiene impreso todo el discurso en la memoria, a menos que sea muy extenso. Y si ha salido fuera de las murallas ha sido para repetírselo a sí mismo. Y al dar con un hombre atormentado por la pasión de los discursos, tan pronto le ha echado la vista encima, se ha alegrado de tener a quién participar su entusiasmo, y le ha invitado a acompañarle. Y como el otro, el apasionado por los discursos, le pidiera que hablara, se ha hecho rogar, como si no estuviera ansioso de hacerlo. Se hallaba en estado de hacerse escuchar por la fuerza, si no se le oía de buen grado. Así, pues, mi querido Fedro, mejor es hacer por voluntad lo que habría de hacerse luego por voluntad o por fuerza.

FEDRO. Veo que el mejor partido que puedo tomar es repetirte el discurso como me sea posible, porque tú no eres de condición tal que me dejes marchar, sin que hable bien o mal.

SÓCRATES. Puedes estar convencido de ello.

FEDRO. Bien; procederé como he dicho. En verdad, Sócrates, no me he aprendido el discurso al pie de la letra. En lo que concierne a los razonamientos de Lisias sobre las diferencias entre el hombre que ama y el hombre frío, voy a repetírtelos de manera abreviada y en orden, comenzando por el primero.

SÓCRATES. Muy bien, querido amigo; pero enséñame, por lo pronto, lo que tienes en tu mano izquierda bajo la capa. Sospecho que sea el discurso. Si he adivinado, vive persuadido de lo mucho que te estimo; pero, supuesto que tenemos aquí a Lisias mismo, no puedo ciertamente consentir que seas tú materia de nuestra conversación. Veamos, presenta ese discurso.

FEDRO. No bromees, Sócrates; veo que debo renunciar a la esperanza que tenía de ejercitarme a tus expensas; pero ¿dónde quieres que nos sentemos para su lectura?

SÓCRATES. Apartémonos por este lado; sigamos el curso del Iliso. Más adelante escogeremos un sitio para sentarnos, un lugar apacible.

FEDRO. Tienes mucha razón, pues he salido sin calzado; en cuanto a ti, no sueles usarlo.[28] De este modo, podremos andar por el agua y bañarnos los pies, lo cual es agradable en esta estación y a esta hora del día.

SÓCRATES. Vamos, pues, y busca al mismo tiempo un lugar en el que podamos detenernos.

FEDRO. ¿Ves aquel plátano tan alto?

SÓCRATES. Sí, lo veo.

FEDRO. Allí encontraremos sombra, una brisa ligera, y hierba mullida para sentarnos, o echarnos, si queremos.

SÓCRATES. Adelante, pues.

---

[28] Sócrates andaba habitualmente descalzo, y sólo se ponía sandalias en ocasiones especiales.

FEDRO. Dime, Sócrates, ¿no fue aquí, en las orillas del Iliso, donde Bóreas, según dicen, robó a la ninfa Oritea?

SÓCRATES. Así se cuenta.

FEDRO. Pero ¿sería aquí mismo? Las olas parece que sonríen, las aguas son puras y transparentes, y estas riberas parecen prestarse a los juegos de las jóvenes.

SÓCRATES. No es precisamente aquí, sino un poco más abajo, a dos o tres estadios, donde está el paso del río para el templo de Diana Cazadora. Por este mismo rumbo hay un altar a Bóreas.

FEDRO. No lo recuerdo bien. Pero dime, Sócrates, ¿crees tú en esta maravillosa aventura?

SÓCRATES. Si yo fuera un incrédulo como los sabios, eso no me afectaría mucho. Diría que un viento boreal la hizo caer desde las rocas cercanas mientras jugaba con Farmaceo, y que las mismas circunstancias que rodearon su muerte dieron lugar a la leyenda de su rapto por Bóreas.[29] O podría transportar la escena a las rocas del Areópago; porque otra versión de la leyenda dice que fue raptada sobre aquella colina y no en el sitio en que nos encontramos. En cuanto a mí, querido Fedro, las explicaciones de este género me producen agrado, pero requieren un hombre muy hábil que no ahorre esfuerzo, pues has de saber que después tendrá que explicar la forma de los hipocentauros y la de la quimera; y henos así bajo el peso de una muchedumbre de gorgonas, pegasos y otros mil monstruos espantosos por su

[29] Es sabido que hay dos sistemas de exégesis religiosa: 1. El sistema de los racionalistas que acepta los hechos de la historia religiosa, reduciéndolas a las proporciones de la historia humana y natural; 2. El sistema de los mitológicos, que niega toda realidad histórica a estas historias, y no ve en estas otra cosa que mitos.

número y su rareza. Si nuestro incrédulo echa mano de su vulgar sabiduría para reducirlos a proporciones verosímiles, tendrá que disponer de mucha calma. Por lo que a mí toca, no dispongo del tiempo necesario para estas investigaciones, y te diré la razón. Aún no he podido cumplir el precepto de Delfos, es decir, conocerme a mí mismo, y, en esta ignorancia, me parecería ridículo querer conocer lo que me es extraño. Por eso renuncio a esas historias, y a propósito de ellas me atengo a la tradición;[30] como te he dicho antes, en vez de buscar la manera de explicarlas me examino a mí mismo; ¿no seré un monstruo más extraño y furioso que Tifón? ¿O un animal más manso y simple que participa de no sé qué destino divino? Pero, amigo mío, hablando, hemos llegado bajo el árbol al que me conducías.

FEDRO. Sí, éste es.

SÓCRATES. ¡Por Juno!, ¡precioso retiro! ¡Cuán grande y elevado es este plátano! Y este agnocasto, ¡qué magnificencia en su estirado tronco y en su frondosa copa!, parece como si floreciera con intención para perfumar estos preciosos sitios. ¿Hay nada más encantador que el arroyo que corre al pie de este plátano? Nuestros pies sumergidos en él acreditan su frescura. Este sitio retirado está sin duda consagrado a algunas ninfas y al río Aqueldo, si hemos de juzgar por las figurillas y estatuas que vemos. ¿No te parece que la brisa que aquí corre tiene cierta cosa de suave y perfumado? Se advierte en el canto de las cigarras un no sé qué de vivo, que hace presentir el estío. Pero lo que más me encanta son estas yerbas, cuya espesura nos permite descansar con delicia,

---

[30] Sócrates profesaba el mayor respeto a las leyes religiosas de su país, pero cuando la religión estaba en pugna con la moral, sacrificaba la religión.

acostados sobre un terreno suavemente inclinado. Mi querido Fedro, eres un guía excelente.

FEDRO. Y tú, admirable amigo, eres un hombre extraordinario; al escucharte se creería escuchar a un extranjero a quien se hacen los honores del país y no a un habitante de Ática. Al parecer, no has salido nunca de Atenas, ni para hacer un viaje fuera de sus fronteras, ni a dar un paseo por fuera de los muros.

SÓCRATES. Perdona, amigo mío. Así es, pero es porque quiero instruirme. Los campos y los árboles nada me enseñan, y sólo en la ciudad puedo sacar partido del roce con los demás hombres. Sin embargo, creo que tú has encontrado recursos para curarme de este humor casero. Se obliga a un animal hambriento a seguirnos, mostrándole alguna rama verde o algún fruto; y tú, enseñándome ese discurso y ese papel que lo contiene, podrías obligarme a dar una vuelta al Ática y a cualquier parte del mundo, si quisieras. Pero, en fin, puesto que hemos llegado, voy a tenderme sobre la hierba. Elige, pues, la posición que te parezca más cómoda para la lectura y comienza.

FEDRO. Escucha.

"Conoces todos mis sentimientos; ya sabes que miro el cumplimiento de mis deseos como de provecho para ambos. No sería justo rehusar mis deseos por no ser tu amante. Los amantes, tan pronto quedan satisfechos, reniegan de cuanto han hecho por el objeto de su pasión. Pero los que no tienen amor no tienen nunca de qué arrepentirse, pues no es la fuerza de la pasión la que les ha arrastrado a hacer a su amigo todo el bien que hayan podido procurarle; sino que han obrado libremente, juzgando que de este modo servían sus más caros intereses. Los que aman, consideran el daño que su amor ha producido a sus asuntos; cuentan sus liberalidades; añaden todas las penas que han sufrido, y creen que desde largo tiempo han testimoniado lo bastante su agradecimiento al objeto amado. Pero los que no han sido víctimas del amor no pueden alegar esta mala razón de haber descuidado sus asuntos, ni llevar cuenta de las penas que han sufrido, ni quejarse de las querellas que han tenido con su familia; no pudiendo pretextar todos esos males, que no han conocido, no tienen sino que apresurarse en buscar todas las ocasiones que se les presentan para ser agradables a su amigo.

"Se alegará quizá en favor del amante, que su amor es más vivo que una amistad ordinaria, que está siempre dispuesto a decir o hacer lo que puede ser agradable a la persona que ama, y arrostrar por ella el odio de todos; pero es fácil conocer lo falaz de este elogio, puesto que, si su pasión llega a mudar de objeto, no dudará en sacrificar sus antiguos amores a los nuevos, y, si aquel a quien ama hoy lo exige, a causar molestias al que ayer amó.

"Razonablemente, no podemos conceder favores tan preciosos a un hombre atacado por un mal tan incurable que una persona sensata no trataría nunca de curar, pues los amantes mismos confiesan que su espíritu se encuentra enfermo y que no gozan de su buen sentido; dicen que saben muy bien que se encuentran como fuera de sí, y que no pueden adueñarse de su voluntad. Y entonces si llegan a entrar en sí mismos, ¿cómo pueden aprobar las resoluciones que han tomado en un estado de delirio?

"Por otra parte, si entre tus amantes quisieras conceder la preferencia al más digno, no podrías escoger sino entre un pequeño número; por el contrario, si buscas entre todos los hombres aquel cuya amistad desees, puedes elegir entre millares, y es probable que en toda esta multitud encuentres uno que merezca tu amistad.

"Si temes a la opinión pública, si temes sufrir afrenta a causa de tu conducta ante tus conciudadanos, medita que es muy natural que el que ama y que desea que le envidien su suerte tanto cuanto la cree digna de envidia, sea indiscreto por vanidad, y ponga gloria en publicar por todas partes que no ha perdido el tiempo y sus esfuerzos. Aquel que, dueño de sí mismo, no se deja extraviar por el amor, preferirá la seguridad de su amistad al placer de alabarse de ella. Añade a esto que todo el mundo reconoce a un amante al ver que sigue los pasos de su bien amado; y llegan al punto de no poder hablarse sin que se sospeche que han sido atraídos uno hacia el otro, debido a algún lazo formado ya o que pronto les unirá. Pero los que no están enamorados pueden vivir en la mayor familiaridad, sin que jamás induzcan a sospecha; porque se sabe que son lícitas estas asociaciones, formadas amistosamente por la necesidad, para encontrar alguna distracción.

"¿Tienes algún otro motivo de temor? ¿Crees que las amistades duran raramente, y que la ruptura, que siempre es una desgracia para ambos, te será sobre todo funesta después del sacrificio de aquello que más preciado consideras? Si así fuera, lo que más debes temer es al amante. Una nada le incomoda; cree que se obra solamente para molestarle. También desea prohibir al objeto de su amor todo lazo de unión con las demás personas; teme le venzan las riquezas de uno, el talento del otro; siempre se encuentra en guardia contra el ascendiente de todos aquellos que tienen sobre él alguna ventaja. Él te cizañará para ponerte mal con todo el mundo y reducirte a no tener un amigo; o si pretendes manejar tus intereses y ser más entendido que tu celoso amante, acabarás por un rompimiento. Pero el que no esté enamorado, y que debe a la estima que inspiran sus virtudes los favores que desea, no siente celos contra aquellos que viven familiarmente con su amigo; antes bien, odiaría a los que huyeran de sus conversaciones, pues vería en aquel alejamiento un signo de desprecio, mientras aplaude los lazos cuyas ventajas reconoce. Parece, pues, que en estas condiciones la complacencia fortalece la amistad y no podría producir el odio. Desde luego, la mayor parte de los amantes se enamoran de la belleza del cuerpo antes de reconocer la inclinación del espíritu y haber experimentado el carácter; y no se puede asegurar que su amistad sobrevivirá a la satisfacción de sus deseos. Los que no se ven arrastrados por el amor y están ligados por la amistad antes de obtener los mayores favores, no podrán ver en estas complacencias un motivo de enfriamiento, sino más bien un gaje de nuevos favores para lo sucesivo.

"¿Quieres ser más virtuoso a medida que pasan los días? Fíate de mí antes que de un amante; pues un amante alabará palabras y actos sin preocuparse del bien ni de la verdad que encierran, ya por temor a contrariarte, ya porque la pasión le ciega. Tales son los efectos del amor: el amor desgraciado siente aflicción ante lo que no debiera conmover a nadie; cuando es afortunado, todo le parece digno de alabanza. De aquí se saca que el que es amado es más digno de lástima que de envidia. Por el contrario, si cedes a mis deseos, no verás que busque en tu intimidad un placer efímero, sino que sabré procurar por tus intereses duraderos, pues no dominado por el amor, seré dueño de mí mismo; no me abandonaré a una violenta enemistad por frívolos motivos, sino que dudaré antes de concebir una ligera sospecha; me hallarás lleno de indulgencia ante las faltas involuntarias, esforzándome por evitar las ofensas voluntarias; ésos son los signos de la amistad que el tiempo no puede debilitar.

"Quizá crees tú que la amistad sin el amor es débil y flaca; y, si fuera así, seríamos indiferentes con nuestros hijos y con nuestros padres y no podríamos estar seguros de la felicidad de nuestros amigos, a quienes un dulce hábito, y no la pasión, nos liga con estrecha amistad. En fin, si es justo conceder sus favores a los que los desean con más ardor, sería preciso en todos los casos obligar, no a los más dignos, sino a los más indigentes, porque libertándolos de los males más crueles, se recibirá por recompensa el más vivo reconocimiento. Así pues, cuando quieras dar una comida, deberás convidar, no a los amigos, sino a los mendigos y a los hambrientos, porque ellos te amarán, te acompañarán a todas partes, se agolparán a tu puerta experimentando la mayor alegría, vivirán agradecidos y harán votos por tu prosperidad.

"Pero parece que, por el contrario, se ha de favorecer, no a aquellos cuyos deseos son más vehementes, sino a los que mejor sepan testimoniarte su agradecimiento; no a los que más aman, sino a los más dignos; no a quienes sólo aspiran a tomar la flor de tu juventud, sino a quienes en tu vejez te harán compartir todos sus bienes; no a quienes se vanaglorien en todo lugar de su triunfo, sino a quienes el pudor haga callar ante todo el mundo; no a los que se muestren entusiastas durante algunos días, sino a aquellos cuya amistad inalterable perdure durante toda su vida; no a los que, una vez terminada su pasión, busquen un pretexto para enemistarse, sino a aquellos que, pasada la flor de la juventud, muestren la calidad de sus virtudes.

"Acuérdate, pues, de mis palabras, y considera que los amantes están expuestos a los consejos severos de sus amigos, que rechazan pasión tan funesta. Considera, también, que nadie es reprensible por no ser amante, ni se le acusa de imprudente por no serlo.

"Tal vez me preguntes si te aconsejo conceder tus favores a todos los que no te amen; y te responderé que un hombre enamorado no te aconsejará tampoco la misma complacencia para con todos los que te aman, pues por los favores prodigados de este modo, no disfrutarían de los mismos derechos al agradecimiento, y, si quisieras ocultar tus amistades, no podrías hacerlo. Precisa, pues, que nuestra amistad, lejos de perjudicarnos, nos sea útil a ambos.

"Creo haber dicho bastante; pero si aún te queda alguna duda, si es cosa que no he resuelto todas tus objeciones, habla; yo te responderé".

FEDRO. ¿Qué te parece, Sócrates? ¿No es admirable este discurso bajo todo punto de vista y sobre todo por la elección de las frases?

SÓCRATES. Maravilloso, amigo mío; me ha encantado y transportado. Pero has de saber que tú tienes parte en la impresión que me ha causado. Mientras leías te he estado mirando y me ha parecido que el discurso iluminaba tu rostro; y convencido de que en esta clase de asuntos eres más entendido que yo, me he dejado llevar de tu entusiasmo.

FEDRO. ¡Vamos, te burlas de mí!

SÓCRATES. ¿Crees que me burlo, y no te hablo con seriedad?

FEDRO. De ningún modo, Sócrates. Pero, dime francamente, en nombre de Júpiter, que preside la amistad, ¿crees que hay entre los griegos un orador capaz de tratar el mismo asunto con más nobleza y mayor abundancia de frases?

SÓCRATES. ¿Qué dices?, quieres que me una a ti para alabar un orador por haber dicho todo lo que puede decirse, o sólo por haberse expresado en un lenguaje claro, preciso y sabiamente aplicado. Si reclamas mi admiración por el fondo mismo del discurso, sólo por consideración a ti puedo concedértelo; porque la debilidad de mi espíritu no me ha dejado apercibir este mérito, y sólo me he fijado en el lenguaje. Ahora bien, desde este punto de vista, no creo que el mismo Lisias esté satisfecho de su obra. Me parece, mi querido Fedro, a menos que no juzgues de otro modo, que repite dos o tres veces las mismas cosas, como hombre falto de fecundidad y abundancia; pero tal vez no se haya inquietado por ese defecto, y haya querido dar muestras de su talento al expresar una misma cosa de muchas diferentes maneras y siempre con igual fortuna.

FEDRO. ¿Qué dices, Sócrates? Lo que de más admirable hay en su discurso es precisamente haber dicho todo lo que exige el asunto, de manera que nadie podría hablar sobre la misma materia con mayor abundancia y verdad.

SÓCRATES. En ese punto yo no soy de tu opinión. Los sabios de los tiempos antiguos, hombres y mujeres, que han hablado y escrito sobre esta materia, me convencerían de impostura, si tuviera la debilidad de ceder sobre este punto.

FEDRO. Y, ¿quiénes son esos sabios? ¿Dónde has escuchado un discurso más perfecto?

SÓCRATES. En este momento no podría decírtelo; sin embargo, tengo la seguridad de haberlo escuchado. ¿Acaso la hermosa Safo, el sabio Anacreonte, o tal vez en algún prosista? Y lo que me hace conjeturar de este modo, es que mi corazón desborda y me siento capaz de pronunciar un discurso sobre el mismo asunto, aunque en términos diferentes, tan bueno como ese de Lisias. Sé muy bien que no he sido capaz de hallar por mis propias fuerzas todas esas ideas, pues conozco la mediocridad de mi genio. Luego los pensamientos que rebosan de mi espíritu debo haberlos bebido en fuentes extrañas. Pero mi espíritu es tan indolente que no puedo recordar dónde y de quién he oído tales cosas.

FEDRO. Verdaderamente, mi noble amigo, me agrada lo que dices. Te dispenso de que me digas quiénes son esos sabios, ni de dónde aprendiste sus lecciones. Pero cumple lo que me acabas de prometer; pronuncia un discurso tan largo como el de Lisias, que sostenga la comparación, sin tomar nada de él. Por mi parte me comprometo, como los nueve arcontes, a consagrar en el templo de Delfos mi estatua en oro de talla natural, y también la tuya.[31]

SÓCRATES. Eres muy amable, Fedro, y vales tanto oro como pesas si te figuras que en mi opinión Lisias ha fracasado en su intento, y que yo podría hablar sobre el mismo asunto en manera diferente sobre todos los puntos. En verdad eso sería imposible, aun en el más ínfimo escritor. Puesto que se trata de establecer la tesis de que precisa favorecer al amigo frío antes que al amante apasionado, si me prohíbes alabar la prudencia

[31] Cada uno de los arcontes juraba, al posesionarse del cargo, consagrar a Delfos su propia estatua, si se dejaba corromper.

del uno y vituperar el delirio del otro, ¿qué podré decir? Es necesario sufrir esos lugares comunes en el orador y permitírselos; en ese caso, a él toca suplir la pobreza de invención por medio del arte de la composición. Únicamente cuando se trate de algo menos evidente, y por ello mismo más difícil de hallar, habrá lugar a alabar la invención.

FEDRO. Hablas en razón. Puedes sentar por principio que el que no ama tiene sobre el que ama la ventaja de conservar su buen sentido, y esto te lo concedo. Pero si en otra parte puedes encontrar razones más numerosas y más fuertes que los motivos alegados por Lisias, quiero que tu estatua de oro macizo figure en Olimpia cerca de la ofrenda de Cipsesides.[32]

SÓCRATES. Fedro, si tomas la cosa tan en serio, tal vez sea porque al contrariarte me he atrevido a atacar a quien amas. ¿Crees en verdad que alimente la pretensión de celebrar un torneo de elocuencia con un escritor tan hábil como ese?

FEDRO. He aquí, mi querido Sócrates, que has incurrido en los mismos defectos que yo; pero tú hablarás, quieras o no quieras, en cuanto alcances. Ten cuidado de hacernos representar una escena de comedia, y no me fuerces a echarte en cara tus burlas y a que te repita tus mismas palabras: "Sócrates, si crees que no conozco a Sócrates, es que no me conozco a mí mismo"; y aquello otro: "se ha hecho rogar, como si no estuviera ansioso por hablar". Has de saber que no saldremos de aquí sin que hayas dicho todo lo que tienes en el alma, que

[32] Estatua de Júpiter, que los descendientes de Cipselos consagraron a Olimpo, conforme al voto que habían hecho, si recobraban el poder soberano en Corinto.

desborda, como tú mismo lo has declarado. Estamos solos, el sitio es retirado, y soy el más joven y más fuerte de los dos. Ya me entiendes; no me obligues a hacerte violencia y habla a las buenas.

SÓCRATES. Amigo mío, ridículo sería si pretendiera oponer a la obra maestra de un sabio la improvisación de un ignorante.

FEDRO. Basta ya de cumplidos, o te forzaré a hablar con una sola palabra.

SÓCRATES. Entonces, no la pronuncies.

FEDRO. No, no. Escucha. Esa mágica palabra es un juramento. Juro, pero ¿por qué dios?, por este plátano, que si no hablas inmediatamente, no te leeré ni recitaré en lo sucesivo ningún discurso.

SÓCRATES. ¡Oh!, ¡qué astuto!, ¡cómo ha sabido comprometerme a que le obedezca, valiéndose de mi debilidad, de mi cariño a los discursos!

FEDRO. Bien; ¿has encontrado algún otro pretexto?

SÓCRATES. No; después de oírte ese juramento, ante el temor de sufrir tan cruel privación, esto ha terminado.

FEDRO. ¡Habla, pues!

SÓCRATES. ¿Sabes lo que voy a hacer antes?

FEDRO. Veamos.

SÓCRATES. Voy a cubrirme la cabeza para concluir lo más pronto posible, porque el mirar a tu semblante me llena de turbación y de confusión.

FEDRO. Habla, y haz lo que quieras.

SÓCRATES. Vengan, musas ligias, que deben este nombre a la suavidad de sus cantos, o a la pasión de los ligios,[33] por sus divinas melodías, yo les invoco, sostengan mi debilidad en este discurso que me arranca mi

[33] Los ligurienses, pueblo de la alta Italia.

bello amigo, sin duda para añadir un nuevo título a la gloria de su querido Lisias, que tantos tiene.

"Había un niño, más bien dicho, un joven que gozaba aún del encanto de la flor de su belleza infantil. Tenía innumerables adoradores. Uno de ellos, más astuto, pero no menos enamorado que los demás, había logrado persuadirle de que no le tenía amor. Un día en que solicitaba sus favores, emprendió la tarea de probarle que debía concedérselo todo a su indiferencia antes que a la pasión de los demás. Y habló así:

"En todas las cosas, querido mío, para tomar una sabia resolución es preciso comenzar por averiguar sobre qué se va a tratar, porque de no ser así se incurriría en mil errores. La mayor parte de los hombres ignoran la esencia de las cosas, y en su ignorancia, de la que apenas se aperciben, desprecian desde el principio plantear la cuestión. Así es que, avanzando en la discusión, les sucede necesariamente no entenderse, ni con los demás, ni consigo mismos. Evitemos este defecto, que echamos en cara a los demás; y puesto que se trata de saber si debe uno entregarse al amante o al que no lo es, comencemos por fijar la definición del amor, su naturaleza y sus efectos, y refiriéndonos sin cesar a estos principios y estrechando a ellos la discusión, examinemos si es útil o dañoso.

"Que el amor es un deseo es algo evidente para todo el mundo; también es evidente que el deseo de las cosas bellas no es siempre amor. ¿Por qué signo distinguiremos al que ama del que no ama? Cada uno de nosotros debe reconocer que hay en él dos principios que lo gobiernan y dirigen, cuyo impulso le determina: uno es el deseo instintivo del placer, el otro el gusto reflexivo del bien. Algunas veces estos dos principios se armonizan, otras están en pugna y la victoria pertenece unas veces al uno, otras al otro. Cuando el gusto por el bien, inspirado por nuestra razón, se hace dominante, este dominio se denomina templanza; cuando el deseo irreflexivo que nos arrastra hacia el placer llega a dominar, recibe el nombre de desenfreno. Pero el desenfreno cambia de nombre según los diferentes objetos sobre los que se ejerce y las diversas formas que afecta; y el hombre, dominado por la pasión, según la forma particular bajo la cual se manifieste en él, recibe un nombre que no es bello ni honroso. Así, cuando el deseo por la buena comida predomina al mismo tiempo sobre él, sobre el gusto del bien inspirado por la razón y los demás deseos, se denomina gula, y aquellos que son atacados por ella reciben el epíteto de glotones. Cuando es el deseo de la bebida el que ejerce esta tiranía, ya se sabe el nombre que se da a quien a ella se abandona. Lo mismo sucede con todos los deseos de esta clase y todos conocen los nombres que trae aparejados su tiranía. Se adivina, sin duda, a lo que quiero llegar después de este preámbulo; pero mejor será que lo diga claramente. Cuando el deseo irracional, sofocando en nuestra alma este gusto del bien, se entrega por entero al placer que promete la belleza, y cuando se lanza con todo el enjambre de deseos de la misma clase sólo a la belleza corporal, su poder se hace irresistible, y sacando su nombre de esta fuerza omnipotente, se le llama amor".

SÓCRATES. ¿No te parece, mi querido Fedro, que estoy inspirado por alguna divinidad?

FEDRO. En efecto, Sócrates; tus palabras corren con abundancia inusitada.

SÓCRATES. Silencio, y escúchame, porque en verdad este lugar tiene algo de divino, y si en el curso de mi exposición las ninfas de estas riberas me inspiran algunos rasgos entusiastas, no te sorprendas. Poco alejado me encuentro del tono del ditirambo.

FEDRO. Nada más cierto.

SÓCRATES. Tú eres la causa, pero presta atención al resto de mi discurso, pues podría abandonarme la inspiración; aunque esto atañe al dios que me posee; continuemos hablando de nuestro adolescente.

"De modo, amigo mío, que ya hemos determinado el objeto que nos ocupa. Avancemos, y sin perder de vista lo dicho, examinemos las ventajas o los inconvenientes que pueden resultar para uno que otorga sus favores a un hombre enamorado y a uno que no ama. Aquel que se encuentra poseído por el deseo, dominado por la voluptuosidad, debe necesariamente buscar en el objeto de su amor el mayor placer posible. Una inclinación enfermiza encuentra su placer en un entero abandono a sus caprichos, mientras que todo lo que la vence o la contradice le es insoportable. De esta manera, el hombre enamorado verá con impaciencia a un superior o un igual en el objeto de su pasión, y trabajará sin descanso para rebajarle y colocarle por debajo de su propio nivel. Pero el ignorante es inferior al sabio, el cobarde al hombre valeroso, el que no sabe hablar al orador brillante y fácil, aquel cuya inteligencia es tarda al hombre que la tiene brillante. Esos defectos, y otros más, regocijan al amante si llega a encontrarlos en el objeto de su amor; y, en el caso contrario, buscará la manera de engendrarlos, sin lo cual no se procurará los goces efímeros. Pero sobre todo será celoso; prohibirá al que él ama toda clase de relación que pueda perfeccionarle y hacerle más hombre; de esta manera le causará un gran perjuicio y un mal irreparable alejándole de lo que podría iluminar su alma; quiero decir, la divina filosofía; el amante querrá necesariamente desviar de ella a aquel a quien ama, por temor de llegar a convertirse en objeto de desprecio. Finalmente, se esforzará en todo y por todo en mantenerle en la ignorancia, con objeto de forzarle a que sus ojos no se dirijan más que hacia él; tanto, que el objeto de su amor le será tanto más agradable cuanto mayor daño se haga a sí mismo. De manera que, en el aspecto moral, no hay peor guía y compañero más funesto que el hombre enamorado.

"Veamos ahora lo que los cuidados de un amante, cuya pasión precisa a sacrificar lo bello y lo honesto a lo agradable, harán del cuerpo que posee. Se le verá rebuscar un joven delicado y sin vigor, educado a la sombra y no a la claridad del sol, extraño a los varoniles trabajos y a los ejercicios gimnásticos, acostumbrado a una vida muelle de delicias, supliendo con perfumes y artificios la belleza que ha perdido, y en fin, no teniendo nada en su persona y en sus costumbres que no corresponda a este retrato. Todo esto es evidente, y es inútil insistir más en ello. Observaremos solamente, resumiendo, antes de pasar a otras consideraciones, que en la guerra y en las demás ocasiones peligrosas, este joven afeminado sólo podrá inspirar audacia a sus enemigos y temor a sus amigos y a sus amantes. Pero, repito, dejemos estas reflexiones, cuya verdad es manifiesta.

"Debemos examinar ahora en qué pueden ser útiles o nocivas la sociedad e influencia de un amante, no ya al alma o al cuerpo, sino a los bienes del objeto amado. Claro es para todo el mundo, y sobre todo para el mismo amante, que nada le interesa tanto como ver al que él ama privado de lo que más precioso posee, de lo más querido y sagrado. Con gusto verá la pérdida de su padre, su madre, sus parientes, sus amigos, a quienes considera como censores y obstáculos a su dulce comercio. Si ese joven posee grandes bienes en dinero o en tierras, sabe que le seducirá con menor facilidad y no le hallará tan dócil después de haberle seducido. La fortuna de aquel a quien ama le incomoda, y se alegrará de su ruina. En fin, deseará verle todo el tiempo posible sin mujer, sin hijos, sin hogar doméstico, para alargar el momento en que habrá de cesar de gozar de sus favores.

"Un dios ha mezclado a la mayor parte de los males que afligen a la humanidad un goce fugitivo. Así la adulación, esta bestia cruel, este funesto azote, nos hace gustar algunas veces un placer delicado. El comercio con una cortesana, tan expuesto a peligros, y todas las demás relaciones y hábitos semejantes no carecen de ciertas dulzuras pasajeras. Pero no basta que el amante dañe al objeto amado, sino que la asidua comunicación en todos los momentos debe llegar a ser desagradable. Un antiguo proverbio dice que los que son de una misma edad se atraen naturalmente. En efecto, cuando las edades son las mismas, la conformidad de gustos y de humor, que de ello resulta, predispone la amistad, y, sin embargo, semejantes relaciones tienen también sus disgustos. En todas las cosas, se dice, la necesidad es un yugo pesado, pero lo es sobre todo en la sociedad de un amante, cuya edad se aleja de la de la persona amada. Si es un viejo que se enamora de uno más joven, no le dejará día y noche; una pasión irresistible, una especie de furor, le arrastrará hacia aquel, cuya presencia le encanta sin cesar por el oído, por la vista, por el tacto, por todos los sentidos, y encuentra un gran placer en servirse de él sin tregua, ni descanso; y en compensación del fastidio mortal que causa a la persona amada por su importunidad, ¿qué goces, qué placeres, esperan a este desgraciado? El joven tiene a la vista un cuerpo gastado y marchitado por los años, afligido de los achaques de la edad, de que no puede librarse; y con más razón no podrá sufrir el roce, a que sin cesar se verá amenazado, sin una extrema repugnancia. Vigilado con suspicaz celo en todos sus actos, en todas sus conversaciones, oye de boca de su amante, tan pronto imprudentes y exageradas alabanzas, como reprensiones insoportables, que le dirige, cuando está en su buen sentido; porque cuando la embriaguez de la pasión llega a extraviarle, sin tregua y sin miramiento le llena de ultrajes, que le cubren de vergüenza.

"El amante, mientras dura su pasión, será un objeto tan desagradable como funesto; cuando se extinga, se mostrará infiel; traicionará a aquel a quien ha seducido con sus magníficas promesas, juramentos y ruegos, y a quien sólo la esperanza de los bienes prometidos pudo hacer soportar un comercio tan pesado y penoso. Cuando llega el momento de dejarle, ya obedece a otro dueño, sigue a otro guía: es la razón y la sabiduría las que imperan sobre él, y no el amor y la locura; se ha convertido en otro muy distinto sin que se diera cuenta aquel de quien estaba enamorado. El joven exige el precio de los favores pasados, le recuerda todo hecho, todo lo dicho, como si hablara al mismo hombre. Éste, en su confusión, no se atreve a confesar su transformación, no sabe cómo pagar y librarse de sus juramentos y promesas que ha prodigado bajo el imperio de su loca pasión; sin embargo, se ha reconcentrado en sí, y es ya bastante sabio para no dejarse llevar por los mismos extravíos, y por no querer volver a ser como era antes.

Entonces se ve obligado a evitar a aquel a quien amaba anteriormente, y, vuelta la suerte, de perseguidor se convierte en fugitivo. No queda entonces al joven otro remedio sino abrumarse de reproches de indignación, imprecaciones por haber ignorado, desde un principio, que más le hubiera valido conceder sus favores a un amigo frío y dueño de sí mismo que a un hombre cuyo amor debía necesariamente perturbar su razón; y que obrando de otro modo, se abandonaba a un dueño pérfido, incómodo, celoso, desagradable, perjudicial para su fortuna, para su cuerpo, y, sobre todo, al perfeccionamiento de su alma, que es y será en todo tiempo la cosa más preciada ante el juicio de los hombres y de los dioses. He ahí, hijo mío, las verdades que debes meditar, sin olvidar que no son las buenas intenciones las que impulsan a un enamorado, sino un apetito grosero que busca saciarse: con la ternura del lobo para el cordero, así ama el amante a su amado".

He aquí todo lo que tenía que decirte, mi querido Fedro; no me oirás más, porque mi discurso está terminado.

Fedro. Creí que no era más que la primera parte y que luego hablarías del hombre sin amor, para probar que se le debe favorecer preferentemente y para demostrar las ventajas que presenta su comercio. ¿Por qué te detienes en la mitad de tu discurso, Sócrates?

Sócrates. ¿No has notado, mi querido amigo, que, sin remontarme al tono del ditirambo, ya mi lenguaje ha sido poético, cuando sólo se trata de criticar? ¿Qué será si yo emprendo el hacer el panegírico del amigo sabio? ¿Quieres, después de haberme expuesto a la influencia de las ninfas, acabar de extraviar mi razón? Digo, pues, resumiendo, que en el trato del hombre sin amor se encuentran tantas ventajas, como inconvenientes en el del hombre apasionado. ¿Habrá necesidad de largos discursos? Bastante me he explicado sobre ambos aspirantes. Nuestro hermoso joven hará de mis consejos lo que quiera, y yo repasaré el Illiso, como quien dice, huyendo, antes que se te ocurra exponerme a mayor violencia.

FEDRO. No te marches aún, Sócrates; espera que haya pasado el calor. ¿No ves que apenas es mediodía, cuando parece que el sol se detiene en lo alto del cielo? Quedémonos aquí un poco hablando sobre lo que acabamos de decir; tan pronto vuelva el fresco, partiremos.

SÓCRATES. Tienes una afición incomparable por los discursos, Fedro, y, a la verdad, te admiro. Estoy pensando que entre todos los hombres de tu generación, ninguno hay que haya producido más discursos que tú, ya por haberlos pronunciado tú mismo, ya por haber obligado a los demás a componerlos.

Sin embargo, exceptúo a Simias el Tebano; pero no hay otro que pueda compararse contigo. Y ahora mismo me temo que me vas a arrancar un nuevo discurso.

FEDRO. Te muestras tan rebelde como antes; ¿de qué discurso se trata?

SÓCRATES. Al disponerme a pasar el agua, he sentido esa divina señal que a menudo se manifiesta en mí. Es siempre para que me detenga cuando estoy por ejecutar alguna resolución; he creído oír una voz venida de este lado que me prohibía partir antes de haber ofrecido a los dioses una expiación, como si hubiera cometido alguna impiedad. Lo que prueba que soy adivino, no de los más hábiles, si he de confesar la verdad, sino como aquellos cuya mal formada escritura sólo para ellos es legible; pero con ella me basta para mi uso. Sé que he incurrido en alguna falta. En el alma humana, mi querido amigo, hay un poder adivinatorio. Al hablarte sentía desde hace unos instantes una gran turbación y un vago espanto; y me parecía, como dice Ibico, el poeta, que los dioses iban a considerar crimen lo que constituye un honor para mí a los ojos de los hombres. Sí, ya sé cuál es mi falta.

FEDRO. ¿Qué quieres decir?

SÓCRATES. Tú eres doblemente culpable, mi querido Fedro, por el discurso que leíste, y por el que me has obligado a pronunciar.

FEDRO. ¿Cómo es eso?

SÓCRATES. Tanto el uno como el otro no pasan de ser necedades e impiedad, si se quiere. Siendo así, son discursos espantables.

FEDRO. No, eso es imposible, a poco que haya una parte de verdad en lo que dices.

SÓCRATES. ¿No crees que el amor es un dios e hijo de Venus?

FEDRO. Así se dice.

SÓCRATES. Pues bien, Lisias no ha hablado de él, ni tú mismo, en este discurso que has pronunciado por mi boca, mientras estaba yo encantado con tus sortilegios. Sin embargo, si el amor es un dios o alguna cosa divina, como así es, no puede ser malo, pero nuestros discursos le han representado como tal, y por lo tanto son culpables de impiedad para con el amor; además, los considero como una graciosa necedad, pues aunque en ellos no haya razón ni verdad, se jactan de valer algo, porque podrán seducir a jóvenes aturdidos y sorprender su admiración. Ya ves que debo someterme a una expiación; para los que pecan en cosas de mitología hay una antigua expiación que Homero no conoció, pero sí Estesícore. Privado de la vista, por haber hablado mal de Helena, no desconoció, como Homero, el sacrilegio que había cometido, sino que como hombre verdaderamente inspirado por las Musas comprendió la causa de su desgracia, y se apresuró a componer estos versos: "No, este relato no es verídico; no, tú no subiste a los barcos de buenas cubiertas; jamás entraste en la ciudadela de Troya, jamás entrarás en Pérgamo".

Y, después de haber compuesto todo su poema, que conocemos con el nombre de *Palinodia*, recobró la vista inmediatamente. Instruido por este ejemplo, seré más prudente que esos dos poetas, pues antes de que me alcance alguna desgracia por haber hablado mal del Amor, me esforzaré por ofrecerle mi "palinodia" con la cara descubierta, y la vergüenza no me obligará a tapar mi rostro, como hice antes.

FEDRO. No puedes, mi querido Sócrates, anunciarme una cosa que más me satisfaga.

SÓCRATES. Se ve, Fedro, que sientes lo que había de imprudente tanto en mi discurso como en el que has leído. Si los hubiera escuchado un hombre de carácter noble y bondadoso, que ama o hubiera amado en su juventud, al oírnos sostener que los amantes conciben odios violentos por frívolos motivos, que atormentan a sus amados con sus sospechas celosas y no hacen más que perjudicarles, ¿no crees que nos hubiera tomado por personas criadas entre marineros, que no oyeron hablar nunca del amor entre personas honradas? Se hubiera hallado muy alejado de reconocer la verdad de los reproches que hemos dirigido al amor.

FEDRO. ¡Por Júpiter! Sócrates, bien podría suceder.

SÓCRATES. Por eso, por respeto a ese hombre y temiendo la venganza del amor, quiero que un discurso más dulce venga a templar el amargor del primero.

También aconsejo a Lisias componga cuanto antes un segundo discurso para probar que es propio de un corazón agradecido conceder sus favores al amante antes que a quien no ama.

FEDRO. Puedes estar convencido de que así será: si pronuncias el elogio del amante apasionado, preciso será que Lisias se deje influir por mí y escriba sobre el mismo asunto.

SÓCRATES. En eso creo poder contar contigo, a menos que dejes de ser quien eres.

FEDRO. Habla, pues, con confianza.

SÓCRATES. Pero ¿dónde está el joven a quien me dirigía? Es preciso que oiga también este nuevo discurso, y que, escuchándome, aprenda a no apurarse a conceder sus favores al hombre sin amor.

FEDRO. Está junto a ti y siempre estará a tu lado mientras así te plazca.

SÓCRATES. Figúrate, mi querido joven, que el primer discurso era de Fedro, hijo de Pitocles, del barrio de Mirrinos, y que el que voy a pronunciar es de Stesícore de Himero, hijo de Eufemos. He aquí, cómo es preciso hablar. No, nada hay de cierto en ese discurso; no, no hay que desdeñar a un amante apasionado y abandonarse al hombre sin amor, por la razón de que uno de ellos delira y el otro está en su sano juicio. Bien estaría eso si fuera evidente que el delirio es un mal; pero, por el contrario, al delirio inspirado por los dioses es a lo que debemos nuestros más grandes bienes. En el delirio fue cuando la profetisa de Delfos y las sacerdotisas de Dodona prestaron señalados servicios a la Grecia y a los particulares; mientras que cuando conservaron su sano juicio hicieron poco o nada. No quiero hablar de la Sibila y de todos los que, al recibir de los dioses el don de la profecía, señalaron a muchos hombres el porvenir y el recto camino a seguir, pues eso sería extenderme inútilmente sobre lo que nadie ignora. Puedo invocar el testimonio de los antiguos que formaron los nombres: ellos no consideraron el delirio "manía" como afrentoso y deshonesto; pues no hubieran atribuido este nombre a la más noble de todas las artes, a la que nos da a conocer el porvenir, y no lo hubieran denominado "maniké", el arte de delirar; porque si le han dado ese nombre ha sido por creer que el delirio es un don magnífico, puesto que de los dioses viene.

Los hombres de los presentes tiempos, introduciendo erróneamente una "t" en esa palabra, han formado "mantiké", el arte adivinatoria. Por el contrario, la investigación de lo porvenir efectuada por los hombres sin inspiración que observaban el vuelo de los pájaros y demás signos se denominó "oionohistiké", porque esos adivinos buscaban, con ayuda del razonamiento, procurar al pensamiento humano ("oiésis") la inteligencia ("nous") y el conocimiento ("istoria"). Los modernos lo llaman "oionistiké", con una o larga a fin de hacer más imponente el nombre. Por lo tanto, todo lo que la profecía tiene de perfección y de dignidad sobre el arte augural, tanto respecto del nombre como respecto de la cosa, otro tanto el delirio, que viene de los dioses, es más noble que la sabiduría que viene de los hombres; y los antiguos nos lo atestiguan.

Cuando las epidemias o las terribles plagas caían sobre los pueblos como castigo de algún antiguo crimen, el delirio se apoderó de algunos mortales y, llenos del espíritu profético, buscaron un remedio para esos males y un refugio contra la cólera divina en las plegarias y ceremonias expiatorias. Al delirio, pues, se debieron los ritos de iniciación y purificación que preservan al que de ellos participa de los males presentes y futuros, dándole un medio de librarse de tales males.

Hay una tercera clase de delirio y de posesión, que es la inspirada por las musas; cuando se apodera de un alma inocente y virgen aún, la trasporta y le inspira odas y otros poemas que sirven para la enseñanza de las generaciones nuevas, celebrando las proezas de los antiguos héroes. Pero todo el que intente aproximarse al santuario de la poesía, sin estar agitado por este delirio que viene de las musas, o que crea que el arte sólo basta para hacerle poeta, estará muy distante de la perfección; y la poesía de los sabios se verá siempre eclipsada por los cantos que respiran un éxtasis divino.

Tales son las maravillosas ventajas que procura a los mortales el delirio enviado por los dioses, y podría citar otras muchas. Por eso debemos guardarnos muy bien de temerlo y dejarnos perturbar por una doctrina que pretende debemos preferir un amigo frío al amante agitado por la pasión. Para que nos diéramos por vencidos por sus razones, sería preciso que nos demostrara que los dioses que inspiran el amor no quieren el mayor bien tanto para el amante como para el amado. Por el contrario, probaremos que los dioses nos envían esa especie de delirio para nuestra mayor felicidad. Nuestras pruebas seguramente no convencerán a los descreídos, pero serán convincentes para los sabios verdaderos.

Por lo pronto es preciso determinar exactamente la naturaleza del alma divina y humana por medio de la observación de sus facultades y propiedades.

Partiremos, pues, de este principio: Toda alma es inmortal. En efecto; todo lo que se mueve siempre, es inmortal; en cambio, lo que mueve a una cosa, y es, a su turno, movido por otra, al cesar en su movimiento, deja también de existir. Sólo lo que por sí mismo se mueve, no pudiendo dejar de ser lo que es, no cesa de moverse; y aun más, es el principio del movimiento para todo lo que se mueve. Ahora bien: un principio no puede producirse, pues todo lo que llega a la existencia debe necesariamente tener un principio, mientras que éste no proviene de nada. Si empezara a ser a partir de otra cosa, no sería ya principio. Por otra parte, puesto que no es engendrado, debe ser necesariamente incorruptible; si un principio fuera una vez destruido, no podría jamás empezar a ser a partir de otra cosa, ni cosa alguna a partir de él, si fuera verdad que todas las cosas deben comenzar a existir por un principio. Por eso el ser que se mueve por sí es el principio del movimiento, y no puede ni nacer, ni perecer, pues de no ser así, el cielo todo y los seres que han sido engendrados se fijarían en una triste inmovilidad, no teniendo ya principio que les devolviera ese movimiento una vez destruido. Hemos demostrado, pues, que lo que se mueve a sí mismo es inmortal; y nadie temerá afirmar que tal es la esencia del alma. En efecto, todo cuerpo movido por un impulso extraño es inanimado y aquel que se mueve desde dentro teniendo en sí el principio del movimiento, es cuerpo animado; puesto que en eso consiste la naturaleza del alma. Si es cierto que lo que se mueve por sí no es sino el alma, de ello se deduce necesariamente que el alma, a la vez que no engendrada, es inmortal. Pero ya hemos dicho lo bastante sobre su inmortalidad.

Ocupémonos ahora del alma en sí misma. Para decir lo que ella es, sería preciso una ciencia divina y desenvolvimientos sin fin. Para hacer comprender su naturaleza por una comparación, basta una ciencia humana y algunas palabras. Digamos, pues, que el alma se parece a las fuerzas combinadas de un tronco de caballos y un cochero; los corceles y los cocheros de las almas divinas son excelentes y de buena raza, pero, en los demás seres, su naturaleza está mezclada de bien y de mal. Por esta razón, en la especie humana, el cochero dirige dos corceles, el uno excelente y de buena raza, y el otro muy diferente del primero y de un origen también muy diferente; y un tronco semejante no puede dejar de ser penoso y difícil de guiar. ¿Pero cómo, entre los seres animados, unos son llamados mortales y otros inmortales? Esto es lo que conviene esclarecer. El alma universal rige la materia inanimada, y hace su evolución en el universo, manifestándose bajo mil formas diversas. Cuando es perfecta y alada, campea en lo más alto de los cielos, y gobierna el orden universal. Pero cuando ha perdido sus alas, rueda en los espacios infinitos, hasta que se adhiere a alguna cosa sólida, y fija allí su estancia; y cuando ha revestido un cuerpo terrestre, que desde aquel acto, movido por la fuerza, que le comunica, parece moverse por sí mismo, esta reunión de alma y cuerpo se llama un ser vivo, con el aditamento de ser mortal. En cuanto al nombre de inmortal, el razonamiento no puede definirlo, pero nosotros nos lo imaginamos; y sin haber visto jamás la sustancia a la que este nombre conviene, y sin comprenderla suficientemente, conjeturamos que un ser inmortal es el formado por la reunión de un alma y de un cuerpo unido de toda eternidad. Pero sea lo que Dios quiera, y se diga lo que se quiera, para nosotros basta que expliquemos cómo las almas pierden sus alas. He aquí quizá la causa.

La virtud de las alas consiste en llevar lo que es pesado hacia las regiones superiores donde habita la raza de los dioses; y participan de lo que es divino más que todas las cosas corporales. Ahora bien; lo divino es lo que es bello, sabio, bueno, y todo lo que posee análogas cualidades; eso es también lo que nutre y fortifica las alas del alma; y todas las cualidades contrarias, como la fealdad y la maldad, las degradan y arruinan definitivamente. Ahora bien, el gran jefe del cielo, Júpiter, avanza en primer lugar conduciendo su carro alado, ordenándolo todo y velando sobre todo. El ejército de los dioses y de los demonios le sigue, dividido en once secciones, pues Vesta se queda en el palacio celeste; en cuanto a los otros, los que en el cielo han obtenido el título de dios conductor, son jefes en el orden que se le ha asignado a cada uno. ¡Cuántos arrebatadores espectáculos nos ofrece la inmensidad del cielo cuando los inmortales dichosos efectúan sus revoluciones, cumpliendo las funciones asignadas a cada uno de ellos! Tras ellos marcha quienquiera pueda y quiera seguirles, pues la envidia está desterrada del coro celeste. Cuando se dirigen al banquete que les espera, avanzan por un camino escarpado hasta la cumbre más elevada de la bóveda de los cielos. Los carros de los dioses, sostenidos siempre en equilibrio por sus corceles, dóciles al freno, suben sin esfuerzo; los otros caminan trabajosamente, porque el caballo reacio pisa pesadamente y arrastra hacia la tierra al cochero que no supo adiestrarlo. Entonces es cuando el alma está frente a la prueba y combate supremos. Las almas llamadas inmortales, cuando han subido a lo más encumbrado de los cielos, se elevan sobre la convexidad de la bóveda celeste, y las arrastra su movimiento circular mientras contemplan las realidades que están fuera del cielo.

Ninguno de los poetas de este mundo ha celebrado nunca la región que se extiende por encima del cielo; ninguno la celebrará jamás dignamente. He aquí, sin embargo, lo que es, porque no hay temor de publicar la verdad, sobre todo, cuando se trata de la verdad. La esencia sin color, sin forma, impalpable, no puede contemplarse sino por la guía del alma, la inteligencia; en torno de la esencia está la estancia de la ciencia perfecta que abraza la verdad toda entera. El pensamiento de los dioses, que se alimenta de inteligencia y de ciencia sin mezcla, como el de toda alma ávida del alimento que la conviene, gusta ver la esencia divina de que hacía tiempo estaba separado, y se entrega con placer a la contemplación de la verdad, hasta el instante en que el movimiento circular la lleve al punto de su partida. Durante esta revolución, contempla la justicia en sí, la sabiduría en sí, no esta ciencia que está sujeta a cambio y que se muestra diferente según los distintos objetos, que nosotros, mortales, queremos llamar seres, sino la ciencia, que tiene por objeto el ser de los seres. Y cuando ha contemplado las esencias y está completamente saciado, se sume de nuevo en el cielo y entra en su estancia. Apenas ha llegado, el cochero conduce los corceles al establo, en donde les da ambrosía para comer y néctar para beber. Tal es la vida de los dioses.

Entre las otras almas, la que sigue a las almas divinas con paso más igual y más se les parece, eleva la cabeza de su cochero a las regiones superiores y se encuentra arrastrada por el movimiento circular; pero, conturbada por sus corceles, apenas puede entrever las esencias. También las hay de aquellas que unas veces se elevan, otras descienden, y llevadas de aquí para allá por sus corceles, que no pueden regir, perciben ciertas esencias y no pueden contemplarlas todas. Finalmente, las otras almas las siguen, puesto que aspiran a elevarse; pero sus esfuerzos son impotentes, y ruedan por los espacios inferiores, chocando y atropellándose entre sí por ocupar el primer lugar; entonces no hay más que confusión, combate, lucha desesperada; y, debido a la torpeza de sus conductores, muchas de ellas quedan mutiladas, otras ven las plumas de sus alas maltratadas; todas, después de inútiles esfuerzos, se alejan sin haberse iniciado en la contemplación de la realidad, y en su caída sólo disponen de la opinión como alimento. Lo que mueve a las almas a realizar tan grande esfuerzo para descubrir dónde se halla la planicie de la Verdad, es que únicamente en esa planicie pueden hallar un alimento capaz de nutrir la parte más noble de sí mismas y desarrollar las alas que dan al alma su ligereza. Hay una ley de Adrastea que dice que toda alma que, formando en el cortejo de un dios, ha contemplado en alguna medida las esencias, queda exenta de todos los males hasta un nuevo viaje, y que si es capaz de cumplir siempre esta condición, no conocerá jamás el sufrimiento. Pero cuando a raíz de alguna desgracia, llena de olvido y de vicio, se torna pesada, y en virtud de esta pesadez pierde sus alas y yace por tierra, es ley entonces que no vaya a animar, en la primera generación, el cuerpo de ningún animal; pero que el alma que mejor haya visto las esencias deberá formar un hombre consagrado a la sabiduría, a la belleza, a las Musas y al amor; la que ocupa la segunda categoría, un rey justo o un guerrero hábil en el mando; la que ocupa la tercera jerarquía, un político, un financiero, un negociante; la que ocupa la cuarta, un atleta infatigable o un médico; la de la quinta, un adivino o un iniciado; la de la sexta, un hacedor de poemas u otro de los que se dedican a imitar; la de la séptima, un artesano o un labrador; la de la octava, un sofista o un demagogo; la de la novena, un tirano. En todos esos estados, el que practicó la justicia es llamado después de su muerte a un destino más elevado; y el que la violó cae en una condición inferior. Pues cada alma no vuelve al lugar de donde vino sino al cabo de diez mil años; antes de ese tiempo no recibe las alas, a menos que haya cultivado la filosofía con un corazón sincero o amado a los jóvenes con un amor filosófico. Esta clase de alma, si tres veces seguidas escogió ese género de vida, habiéndose por tal modo dado alas, a los tres mil años se aleja hacia los dioses. En cuanto a las otras almas, después de haber vivido su primera existencia, son sometidas a juicio, y, ya juzgadas, unas descienden hasta las entrañas de la tierra para sufrir su pena; las otras, que han obtenido un veredicto favorable, son ascendidas hasta cierto lugar del cielo, donde reciben las recompensas por las virtudes que practicaron durante su vida terrestre. Transcurridos mil años, unas y otras son llamadas a elegir su segundo género de existencia. En esa circunstancia un alma de hombre puede pasar a animar una existencia de bestia, del mismo modo que de una existencia de bestia vuelve a revestir la condición humana aquel que una vez fue hombre. El alma que nunca entrevió la Verdad no puede pasar a revestir la forma humana. En efecto, el hombre debe esforzarse por lo que se llama Idea, elevándose de la multiplicidad de las sensaciones a una unidad cuya reunión es un acto de reflexión. Ahora bien; esta facultad no es sino el recuerdo de lo que nuestra alma vio cuando se asociaba a la marcha de un dios, cuando, dirigiendo una mirada de desdén sobre lo que llamamos seres, se elevaba hasta la contemplación del ser verdadero. Por eso es justo que sólo tenga alas el pensamiento del filósofo, pues se aplica constantemente con el recuerdo, en la medida de sus fuerzas, a esas esencias a las que un dios debe su divinidad. El hombre que sabe servirse de estas reminiscencias se inicia sin cesar en los misterios de la perfección infinita, y es el único que verdaderamente se perfecciona. Libre de los cuidados que agitan a los hombres, y no teniendo otra preocupación que las cosas divinas, la multitud pretende curarle de su locura sin ver que está poseído por un dios.

A esto tiende todo este discurso sobre la cuarta especie de delirio. Cuando un hombre apercibe las bellezas de este mundo y recuerda la belleza verdadera, su alma toma alas y desea volar; pero, sintiendo su impotencia, levanta, como el pájaro, sus miradas al cielo, desprecia las ocupaciones de este mundo, y se ve tratado como insensato. De todos los géneros de entusiasmo este es el más magnífico en sus causas y en sus efectos para el que lo ha recibido en su corazón, y para aquel a quien ha sido comunicado; y el hombre que tiene este deseo y que se apasiona por la belleza toma el nombre de amante. En efecto, como ya hemos dicho, toda alma humana ha debido necesariamente contemplar las esencias, pues de no ser así no hubiera podido entrar en el cuerpo de un hombre. Pero los recuerdos de esta contemplación no se despiertan en todas las almas con la misma facilidad; una no ha hecho más que entrever las esencias; otra, después de su descenso a la tierra, ha tenido la desgracia de verse arrastrada hacia la injusticia por asociaciones funestas, y olvidar los misterios sagrados que en otro tiempo había contemplado. Un pequeño número de almas son las únicas que conservan con alguna claridad este recuerdo. Estas almas, cuando aperciben alguna imagen de las cosas del cielo, se llenan de turbación y no pueden contenerse, pero no saben lo que experimentan, porque sus percepciones no son bastante claras. Y es que la justicia, la sabiduría y todos los bienes del alma han perdido su brillantez en las imágenes que vemos en este mundo. Entorpecidos nosotros mismos con órganos groseros, apenas pueden algunos, aproximándose a estas imágenes, reconocer ni aun el modelo que ellas representan. Nos estuvo reservado contemplar la belleza del todo radiante, cuando, mezclados con el coro de los bienaventurados, marchábamos con las demás almas en la comitiva de Júpiter y de los demás dioses, gozando allí del más seductor espectáculo; e iniciados en los misterios, que podemos llamar divinos, los celebrábamos exentos de la imperfección y de los males, que en el porvenir nos esperaban, y éramos admitidos a contemplar estas esencias perfectas, simples, llenas de calma y de beatitud, y las visiones que irradiaban en el seno de la más pura luz; y, puros nosotros, nos veíamos libres de esta tumba que llamamos nuestro cuerpo, y que arrastramos con nosotros, como la ostra sufre la prisión que la envuelve.

Pero advierto que el pesar que nos causa el recuerdo de ese pasado ha alargado la extensión de este discurso. Se trataba de la belleza. Entonces brillaba, como he dicho, entre todas las demás esencias, y en nuestra morada terrestre, donde aún brilla intensamente, la hemos reconocido por medio del más luminoso de nuestros sentidos. En efecto, la vista es el más sutil de todos los órganos del cuerpo. Sin embargo, no podría percibir la sabiduría, pues experimentaríamos increíbles amores, si su imagen y las imágenes de las demás esencias dignas de nuestro amor se ofrecieran a nuestra vista. Pero ahora sólo la belleza disfruta del privilegio de ser al mismo tiempo el más atrayente y amable de los objetos. El alma que no conserva un recuerdo reciente de los divinos misterios, o que se ha dejado corromper, encuentra trabajoso elevarse desde las cosas de este mundo hasta la perfecta belleza por la contemplación de los objetos terrestres que llevan su nombre; tan es así, que en vez de sentir respeto ante su vista, se deja dominar por la atracción del placer, y, como bestia salvaje, violando el orden natural, se abandona a un deseo brutal; y en su grosero comercio no teme, no se avergüenza de perseguir un deleite contra natura. Pero el hombre que ha sido perfectamente iniciado, que contempló en otro tiempo las esencias, cuando percibe un rostro de aspecto divino, imitación lograda de la belleza, o un cuerpo igualmente bien constituido, experimenta ante todo un estremecimiento y algo de los antiguos terrores; luego, fijando sus miradas en el objeto amable, lo venera como a un dios; y, si no temiera ver criticado de locura su entusiasmo, inmolaría sus víctimas al objeto amado como a un ídolo, como a un dios. Al verlo, semejante a un hombre atacado por la fiebre, altera su rostro, y un fuego insólito se desliza por sus venas: tan pronto como ha recibido a través de sus ojos la emanación de la belleza, siente aquel calor que da fuerzas a las alas del alma; esta llama funde la envoltura cuya dureza impedía a esta vitalidad desarrollarse desde largo tiempo. La afluencia de este alimento hace que se hinche el tallo de sus plumas, y arden en deseos de extenderse por toda el alma: pues en otro tiempo el alma era completamente alada. Ahora está en efervescencia y agitación; y sus impresiones se parecen a las del niño cuyas encías se encuentran irritadas y excitadas por sus primeros dientes. A medida que las plumas se desarrollan, le hacen sentir una irritación y un escozor del mismo género. En presencia del objeto bello, recibe partículas que de él se desprenden y emanan, y que han hecho que se diera a esa ola el nombre de "ola del deseo". El alma siente estimulada su vitalidad, recibe un tibio calor, se siente aliviada y vive en la alegría. Pero cuando se ve separada del objeto amado, se consume; los poros por donde las plumas brotan se desecan y se cierran de modo que ya no tienen salida. Presas del deseo y encerradas en su cárcel, se agitan, como la sangre que hincha nuestras venas; chocan contra todas las salidas, y el alma, aguijoneada por todas partes, enfurece y enloquece debido al sufrimiento, mientras que el recuerdo del objeto bello la inunda de gozo. Estos dos sentimientos la dividen y alteran; y en la confusión a que la arrojan tan extrañas emociones, se encuentra sumergida en la angustia, y en su frenesí no puede ni descansar de noche, ni disfrutar durante el día de tranquilidad; sino que impulsada por su pasión se dirige a todo lugar en donde cree poder hallar a aquel que posee la belleza. En cuanto la descubre, tan pronto como ha recibido de nuevo sus emanaciones, se abren sus poros, obstruidos hasta entonces; finalmente respira, ya no siente el aguijón del dolor, y goza durante algunos instantes, demasiado breves, la más encantadora voluptuosidad. Así, no quiere en manera alguna separarse del objeto amado, pues nada es tan preciado para él como aquel objeto bello; olvida a su madre, a su hermano, a sus amigos; su fortuna descuidada se pierde, y no se conmueve por ello; los deberes, las conveniencias, que antes consideraba honroso respetar, nada contienen en sí que le interese; consiente en esclavizarse, y dormir donde le permitan hacerlo, siempre que así se encuentre lo más cerca posible del objeto de sus deseos. Es que, además de venerar al ser que posee la belleza, sólo en él, el alma ha hallado remedio a los mayores tormentos. Los hombres, hermoso niño a quien este discurso se dirige, llaman amor a este estado, pero si te dijera cómo lo llaman los dioses, sin duda te reirías.

Algunos homerianos nos citan, según creo, dos versos de su poeta, que han conservado, uno de los cuales es muy injurioso al amor y verdaderamente poco conveniente. "Los mortales le llaman Eros, el dios alado; los inmortales le llaman el Pteros, el que da alas". Se puede admitir o desechar la autoridad de estos dos versos; siempre es cierto que la causa y la naturaleza de la afección de los amantes son tales como yo las he descrito.

Si el hombre apresado por el amor fue en otro tiempo uno de los que seguían a Júpiter, tiene más fuerza para soportar al dios alado que ha caído sobre él; los que han sido servidores de Marte y le han seguido en su revolución alrededor del cielo, cuando son presa del amor y se creen ultrajados por el objeto amado, son atacados por una rabia mortífera que les lleva a inmolarse juntamente con su amado. Así, cada uno honra al dios cuyo cortejo siguió, y le imita durante su vida mientras puede; al menos durante su primera generación, y mientras no esté completamente corrompido, procura esa imitación en sus relaciones amorosas y con los hombres en general. Cada uno elige un amor de acuerdo con su carácter; de él hace su dios, le eleva una estatua en su corazón y se complace en adornarla, para rendirle un culto secreto. Los servidores de Júpiter buscan un alma de Júpiter en el que aman; examinan, pues, si es naturalmente filósofo y tiene aptitud para mandar y, cuando lo han encontrado tal cual lo desean, cuando le han dedicado su amor, hacen cuanto pueden por desarrollar en él esas nobles inclinaciones. Si no se han dedicado antes a tal género de ocupaciones, tratan de instruirse de la mejor manera, prosiguiendo por sí mismos estos estudios; buscan la manera de descubrir por sus propios medios el carácter de su dios y lo logran, por verse forzados a dirigir sin descanso sus miradas hacia ese dios; cuando alcanzan ese término, valiéndose del recuerdo, y el dios de que se trata los posee, imitan sus hábitos y costumbres, en la medida en que el hombre es capaz de participar de la naturaleza divina. Como atribuyen ese feliz resultado a la influencia de su amado, su cariño aumenta, y si Júpiter es la fuente divina de donde toman su inspiración, la derraman sobre el objeto de su amor, como las Bacantes, y le hacen semejante a su dios. Aquellos que siguieron a Juno en su viaje buscan un alma regia y, tan pronto la han hallado, proceden en todo respecto de ella de la misma manera. Finalmente, aquellos que siguieron a Apolo y a los otros dioses, imitando en todo a la divinidad escogida, buscan un joven de la misma naturaleza, y cuando lo logran, imitando a su divino modelo, se esfuerzan por persuadir a su amado a que haga otro tanto; le amoldan de acuerdo con el carácter de su dios, en cuanto de ellos depende.

Lejos de concebir contra él sentimientos de envidia o de baja malevolencia, todos sus deseos, todos sus esfuerzos tienden a hacerle semejante a sí mismos y al dios a quien honran. Tal es el celo que anima a los verdaderos amantes; y, si consiguen hacer compartir su amor, su victoria es una iniciación; y tal es la felicidad del amado que se abandona a un amante en delirio que para realizar sus aspiraciones sigue el camino que he dicho. Pero la conquista del amado se verifica del siguiente modo.

Hemos distinguido en cada alma tres partes diferentes por medio de la alegoría de los corceles y del cochero. Sigamos, pues, con la misma figura. Uno de los dos corceles, decíamos, es de buena raza, el otro es vicioso. Pero ¿de dónde nace la excelencia del uno y el vicio del otro? Esto es lo que no hemos dicho, y lo que vamos a explicar ahora. El primero tiene soberbia planta, formas regulares y bien desenvueltas, cabeza erguida y carnerada; es blanco con ojos negros; ama la gloria con sabio comedimiento; tiene pasión por el verdadero honor; obedece, sin que se le castigue, a las exhortaciones y a la voz del cochero. El segundo tiene los miembros contrahechos, toscos, desaplomados, la cabeza gruesa y aplastada, el cuello corto: es negro, y sus ojos verdes y ensangrentados; no respira sino furor y vanidad; sus oídos velludos están sordos a los gritos del cochero, y con dificultad obedece a la espuela y al látigo.

A la vista del objeto amado, cuando el cochero siente el fuego que penetra su alma entera, cuando el aguijón del deseo irrita su corazón, el caballo que obedece dócilmente al cochero, dominado sin cesar y en este mismo momento por las leyes del pudor, se contiene para no atropellar al amado; pero el otro caballo no conoce ya ni fusta ni espuela, se encabrita y, dificultando al mismo tiempo al cochero y a su compañero, los arrastra violentamente hacia el objeto amado para disfrutar a su lado los placeres del amor. Al principio, aquéllos resisten y se indignan contra la violencia odiosa y culpable, pero, finalmente, cuando el mal no tiene remedio, se dejan arrastrar, cediendo al corcel furioso y prometen consentir en todo. Se aproximan al objeto amado, contemplando aquella aparición esplendorosa. Ante aquella vista, el recuerdo del conductor se reporta a la esencia de la belleza, y le parece volverla a ver, acompañada de la sabiduría, sobre su zócalo sagrado. Esta visión le llena de un terror religioso, se echa atrás y esto le obliga a tirar de las riendas con tal violencia que los dos caballos se encabritan al mismo tiempo, el uno de buen grado, pues no está acostumbrado a oponer resistencia; el otro contra su voluntad, porque es todo violencia y rebeldía. Mientras retroceden, el uno lo hace con pudor y espanto, con el alma inundada de sudor; pero el otro, pasado ya el dolor del freno y la caída, tomando alientos, relincha con furor, y llenando de injurias al cochero y a su compañero les reprocha hayan abandonado su puesto por cobardía y falta de corazón, traicionando su juramento. Les obliga a volver a la carga, a pesar de ellos, concediendo a sus ruegos unos momentos de plazo. Cuando expira esta tregua, fingen no pensar más en ello, pero él, recordándoles su compromiso, violentándolos, relinchando furiosamente, los arrastra y los fuerza a renovar sus tentativas cerca del objeto amado. Tan pronto llega hasta él, agita la cola, mordiendo el freno y tirando con violencia. Entonces el cochero experimenta más fuertemente la impresión que antes sintiera; se echa atrás como el jinete que va a dar contra la meta, tirando hacia él, el bocado del caballo indómito; rompe sus dientes, magulla su lengua insolente, ensangrienta su boca, le derriba y le inflige mil dolores. Cuando el corcel vicioso ha visto abatido su furor a fuerza de sufrimientos, baja la cabeza y sigue la decisión reflexiva del cochero, y cuando vuelve a ver al objeto bello siente un terror mortal. Entonces solamente sigue el alma del amante con recato y temor a aquel a quien ama.

Sin embargo, el joven que se ve servido y honrado al igual de un Dios por un amante que no finge amor, sino que está sinceramente apasionado, siente despertarse en él la necesidad de amar. Si antes sus camaradas u otras personas han denigrado en su presencia este sentimiento, diciendo que es cosa fea tener una relación amorosa, y si semejantes discursos han hecho que rechazara a su amante, el tiempo trascurrido, la edad, la necesidad de amar y de ser amado le obligan bien pronto a recibirle en su intimidad. Porque no puede estar en los decretos del destino que se amen dos hombres malos, ni que dos hombres de bien no puedan amarse. Cuando la persona amada ha acogido al que ama y ha gozado de la dulzura de su conversación y de su sociedad, se ve como arrastrado por esta pasión, y comprende que la afección de todos sus amigos y de todos sus parientes no es nada, cotejada con la que le inspira su amante. Cuando han mantenido esta relación por algún tiempo y se han visto y han estado en contacto en los gimnasios o en otros puntos, la corriente de estas emanaciones que Júpiter, enamorado de Ganimedes, llamó deseo, se dirige a oleadas hacia el amante, entra en su interior en parte, y cuando ha penetrado así, lo demás se manifiesta al exterior; y, como el aire o un sonido reflejado por un cuerpo liso o sólido, las emanaciones de la belleza vuelven al alma del bello joven por el canal de los ojos, y abriendo a las alas todas sus salidas, las nutren y las desprenden y llenan de amor el alma de la persona amada. Ama, pues, pero no sabe qué; no comprende lo que experimenta, ni tampoco podría decirlo; se parece al hombre que por haber contemplado por mucho tiempo en otros ojos enfermos, sintiera que su vista se oscurecía; no conoce la causa de su turbación, y no se apercibe de que se ve en su amante como en un espejo. Cuando está en su presencia, siente en sí mismo que se aplacan sus dolores; cuando ausente, le echa de menos cuanto puede echarse; y siente una afección que es como la imagen del amor, y a la cual no da el nombre de amor sino que la llama amistad. Sin embargo, desea como su amante, aunque con menos ardor, verle, tocarle, abrazarle y participar de su lecho, y sin duda no tardará en satisfacer este deseo. Mientras duermen en un mismo lecho, al corcel indócil le ocurre mucho que decir al cochero, y por premio de tantos sufrimientos pide un instante de placer. El corcel del joven amado no tiene nada que decir, pero experimentando algo que no comprende, estrecha a su amante entre sus brazos, y le prodiga los más expresivos besos, y mientras permanezcan tan inmediatos el uno al otro no tendrá fuerza para rehusar los favores que su amante exija. Pero el otro corcel y el cochero lo resisten en nombre del pudor y de la razón.

Si la parte mejor del alma es la más fuerte y les guía hacia una vida ordenada y de amor a la sabiduría, pasan sus días en este mundo felices y unidos; dueños de sí mismos, viven como hombres honrados, porque han subyugado lo que llevaba el vicio a su alma y dado rienda suelta a lo que en ella engendra la virtud. Cuando mueren, alados y aliviados de toda carga grosera, salen vencedores de uno de los tres combates que se pueden llamar verdaderamente olímpicos, y esto es un bien tan grande, que ni la sabiduría humana ni el delirio que proviene de los dioses podrían procurar al hombre. Si, por el contrario, han adoptado un género de vida más vulgar sustituyendo el honor a la sabiduría, podría suceder que en medio de la embriaguez, en un momento de olvido y desvío, los caballos indómitos, arrastrando a las almas por sorpresa, las conduzcan al mismo fin, haciéndoles escoger el género de vida más envidiable a los ojos del vulgo, y se precipitarán en el placer. Cuando se han satisfecho, continúan gozando de los mismos placeres, pero más raramente, porque no han sido aprobados por el alma entera.

Tienen el uno para el otro una afección verdadera, pero menos fuerte que la de los puros amantes, y cuando su delirio ha cesado, creen haberse dado las prendas más preciosas de una fe recíproca; y creerían cometer un sacrilegio si rompieran los lazos que les ligan, para abrir sus corazones al aborrecimiento. Al fin de su vida, sin alas aún, pero ya impacientes por tomarlas, sus almas abandonan sus cuerpos, de suerte que su delirio amoroso recibe una gran recompensa. Porque la ley divina no permite que los que han comenzado su viaje celeste sean precipitados en las tinieblas subterráneas, sino que pasan una vida brillante y dichosa en eterna unión, y, cuando reciben alas, las obtienen juntos, a causa del amor que les ha unido sobre la tierra.

Tales son, hijo mío, los maravillosos y divinos bienes que te procurará el afecto de un enamorado; pero la amistad de un hombre sin amor, que posee una sabiduría mortal solamente y se inclina por completo a los vanos cuidados del mundo, no puede engendrar en el alma del amado sino una prudencia de esclavo que el vulgo alaba como si fuera un mérito, pero que le obligará a errar privado de razón alrededor de la tierra y bajo la tierra durante nueve mil años.

Aquí tienes, ¡oh amor!, la mejor y más bella palinodia que he podido cantarte en expiación de mi crimen. Si mi lenguaje ha sido demasiado poético, Fedro es el responsable de tales extravíos. Perdóname por mi primer discurso y recibe éste con indulgencia; echa sobre mí una mirada de benevolencia y benignidad; no me arrebates ni disminuyas en mí, por cólera, este arte de amar, cuyo presente me has hecho tú mismo; concédeme que, ahora más que nunca, esté ciegamente apasionado por la belleza. Si Fedro y yo te hemos ultrajado al principio groseramente, no acuses más que a Lisias, origen de este discurso; haz que renuncie a esas composiciones frívolas, y llámale hacia la filosofía, que su hermano Polemarco ha abrazado ya, con el fin de que su amante, que me escucha, libre de la incertidumbre que ahora le atormenta, pueda consagrar, sin miras secretas, su vida entera al amor dirigido por la filosofía.

FEDRO. A tus votos uno los míos, mi querido Sócrates, para que así sea, porque considero que es lo mejor para él y para mí. Verdaderamente, no puedo admirar lo bastante tu último discurso, cuya belleza me ha hecho olvidar el primero. Temo que ahora sea Lisias para mí un orador flojo, si intenta luchar contra ti componiendo una nueva obra. Por lo demás, hace poco, querido amigo, uno de nuestros primeros hombres de Estado le reprochaba en términos ofensivos haber escrito mucho, y durante el curso de su diatriba le llamaba fabricante de discursos, "logógrafo". Tal vez su amor propio le impida contestarte.

SÓCRATES. Ésa es una idea muy singular, joven; poco conoces a tu amigo, si crees que es hombre que se deje intimidar por tan poco ruido. ¿Crees que quien así le reprochaba hablaba en serio?

FEDRO. Así me pareció, Sócrates; y bien sabes tú que los hombres más poderosos y considerados en nuestras ciudades se avergüenzan de componer discursos y dejar escritos, pues temen pasar por sofistas a los ojos de la posteridad.

SÓCRATES. No entiendes nada, mi querido Fedro, de los repliegues de la vanidad; y no ves que los más entonados de nuestros hombres de Estado son los que más ansían componer discursos y dejar obras escritas. Desde el momento en que han dado a luz alguna cosa están tan deseosos de adquirir aura popular, que se apuran a inscribir en su publicación los nombres de sus admiradores.

FEDRO. ¿Qué dices?; no te comprendo.

SÓCRATES. ¿No has visto que en el encabezamiento de los escritos de un hombre de Estado figuran siempre los nombres de quienes los aprobaron?

FEDRO. ¿Cómo?

SÓCRATES. El senado o el pueblo o ambos, en vista de la proposición de tal..., han tenido a bien... Y aquí se nombra a sí mismo, y hace su propio elogio. En seguida, para demostrar su ciencia a sus adoradores, hace de todo esto un verdadero comentario. Y dime, ¿no es éste un verdadero escrito?

FEDRO. No es otra cosa; al menos para mí.

SÓCRATES. Si la obra alcanza el éxito, el autor sale del teatro muy regocijado; de no alcanzarlo, ve que se le arrebata el honor de contarle entre los escritores y hacedores de discursos, siente desolación y se afligen con él sus amigos.

FEDRO. No hay duda.

SÓCRATES. Es, pues, evidente que, lejos de desdeñar este oficio, lo tienen en gran estima.

FEDRO. Estamos de acuerdo.

SÓCRATES. Pero cuando un orador o un rey, revestido del poder de un Licurgo, un Solón, un Darío, se inmortaliza en un Estado como autor de discursos, ¿no se considera a sí mismo como un semidiós durante el resto de su vida? ¿Y no tiene la posteridad la misma opinión al considerar sus escritos?

FEDRO. Seguramente.

SÓCRATES. ¿Crees que un hombre así, cualquiera sea su malevolencia respecto a Lisias, le hará precisamente el reproche de ser un escritor?

FEDRO. No es probable, conforme a lo que dices, porque sería a mi parecer difamar su propia pasión.

SÓCRATES. Por lo tanto, es evidente que nadie puede sentir afrenta por componer discursos.

FEDRO. Estamos de acuerdo.

SÓCRATES. Pero me parece que lo vergonzoso comienza cuando no se habla ni escribe bellamente, sino todo lo contrario.

FEDRO. Es claro.

SÓCRATES. Pero ¿en qué consiste el escribir bien o el escribir mal? ¿Deberemos, mi querido Fedro, interrogar sobre esto a Lisias o a alguno de los que han escrito o escribirán sobre un objeto político o sobre materias privadas en verso, como un poeta, o en prosa, como el común de los escritores?

FEDRO. ¿Y me preguntas si debemos? ¿Valdría la pena vivir, si no se gustaran semejantes placeres? Los cuales no son de aquellos a los que debe preceder un dolor para poder existir. Es lo que ocurre con casi todos los placeres que conciernen al cuerpo, a los que justamente se los ha calificado de serviles.

SÓCRATES. En todo caso, a lo que parece, aun tenemos tiempo. Las cigarras cantan y conversan entre ellas sobre nuestras cabezas, como ocurre siempre cuando el calor es sofocante, y me parece que nos están mirando. Si ellas nos ven, como el pueblo, en lugar de conversar, doblar la cabeza al mediodía, cediendo a sus encantos por inercia intelectual, con razón se reirán de nosotros; en nosotros verían esclavos que han venido a dormir en este retiro, como ovejas que en pleno día se duermen alrededor de una fuente. Si, por el contrario, nos ven conversar y evitarlas con nuestro bote como si fueran sirenas, no cediendo a sus encantamientos, nos admirarán y tal vez nos hagan partícipes del beneficio que los dioses les han permitido conceder a los hombres.

FEDRO. ¿Qué beneficio es ése? Pues me parece que nunca he oído hablar de él.

SÓCRATES. No parece bien que un amigo de las musas ignore estas cosas. Se dice que las cigarras eran hombres antes del nacimiento de las musas. Cuando estas nacieron y el canto con ellas, hubo hombres, que de tal manera se arrebataron al oír sus acentos, que la pasión de cantar les hizo olvidar la de comer y beber, y pasaron de la vida a la muerte, sin apercibirse de ello. De estos hombres nacieron las cigarras, y las musas les concedieron el privilegio de no tener necesidad de ningún alimento, sino que, desde que nacen hasta que mueren, cantan sin comer ni beber; y además de esto van a anunciar a las musas, cuál es, entre los mortales, el que rinde homenaje a cada una de ellas. Así es que, haciendo conocer a Terpsícore los que la honran en los coros, hacen que esta divinidad sea más propicia a sus favorecidos. A Erato, le repiten los nombres de los que cultivan la poesía erótica; y lo mismo a las otras musas según la manera en que cada una es venerada. A Calíope, la más anciana, y a Urania, la más joven, les indican los hombres que pasan la vida filosofando y honran la música propia de esas dos musas, porque ellas son las que, entre todas, teniendo el cielo por objeto principal y las cuestiones que conciernen al orden divino y humano, producen los acentos más bellos. Como ves, tenemos muchas razones para hablar en pleno mediodía en vez de dormir.

FEDRO. Pues bien, hablemos.

SÓCRATES. Nos hemos propuesto hace unos momentos examinar las características de un buen discurso, lo mismo que de un buen escrito, y las de los que no lo son.

FEDRO. Muy bien.

SÓCRATES. ¿No es una cualidad de lo que se aspira a decir bien y bellamente que el que habla conozca la verdad del asunto tratado?

FEDRO. Sobre este punto, Sócrates, he oído decir que al futuro orador no le es necesario instruirse en lo que es verdaderamente justo, sino más bien sobre lo que parece tal a la multitud, que es la que debe decidir; ni tampoco sobre lo que en verdad es bueno y bello, sino de lo que la multitud tiene por tal. Eso, se dice, y no la verdad, es lo que produce la persuasión.

SÓCRATES. No se deben rechazar las palabras de los sabios, Fedro, sin antes examinar lo que hay de verdadero en lo que dicen. Y esto se aplica especialmente a lo que acabas de decir.

FEDRO. Tienes razón.

SÓCRATES. Vamos a proceder de la siguiente manera.

FEDRO. ¿Cómo?

SÓCRATES. Si te aconsejara comprar un caballo para ir a la guerra, si ignoráramos ambos lo que es un caballo; pero si yo supiera que, a juicio de Fedro, el caballo es el animal doméstico que tiene las orejas más grandes...

Fedro. Eso sería ridículo, Sócrates.

Sócrates. Aguarda. La cosa sería mucho más ridícula, si, queriendo persuadirte seriamente, compusiera un discurso en el que hiciera el elogio del asno, dándole el nombre de caballo, y si dijera que es un animal muy útil para la casa y para el ejército, que puede cualquiera defenderse montando en él, y que es muy cómodo para la conducción de efectos y cargas...

Fedro. ¡Eso sería el colmo del ridículo!

Sócrates. Pero ¿no es preferible el ridículo en un amigo al poder temible en un enemigo?

Fedro. Evidentemente.

Sócrates. Cuando un orador de talento que ignora la naturaleza del bien y del mal, encuentra a sus conciudadanos en la misma ignorancia y emprende persuadirlos, no de tomar la "sombra de un asno" por un caballo, sino el mal por el bien; cuando, después de estudiar detenidamente las opiniones de la multitud, la persuade para que haga el mal en lugar del bien ¿qué frutos crees tú deberá recoger el arte oratoria de lo que ha sembrado?

Fedro. Frutos muy malos.

Sócrates. Pero quizá, mi querido amigo, hemos tratado el arte oratorio con poco respeto, y quizá nos podría responder que de nada sirven todos nuestros razonamientos, que él no fuerza a nadie a aprender a hablar, sin conocer la naturaleza de la verdad, pero que si se le da crédito, es conveniente conocerla antes de recibir sus lecciones, si bien no duda en proclamar muy alto que, sin sus lecciones de bien hablar, de nada sirve el conocimiento de la verdad para persuadir.

FEDRO. ¿Y no tendrá razón hablando de ese modo?

SÓCRATES. Estaría de acuerdo contigo si las voces que se elevan de distintas partes se unieran para reconocer que la retórica es un arte. Pero creo escuchar algunas que protestan contra ello y afirman que no es un arte, sino una grosera rutina. "De la palabra —dice el Lacedemonio— no ligada a la Verdad, no hay arte ni podrá haberlo jamás."

FEDRO. También yo oigo esos rumores, mi querido Sócrates. Haz comparecer estos adversarios de la retórica, y veamos lo que dicen.

SÓCRATES. Acudan, nobles criaturas, y prueben a Fedro, padre de hermosos hijos, que si no ha profundizado en filosofía no será digno tampoco de hablar sobre ningún asunto. Que ahora Fedro les responda…

FEDRO. Vamos, interróguenme.

SÓCRATES. Y bien, en general, ¿no es el arte oratoria el arte de conducir a las almas por medio de la palabra, no solamente en los tribunales y otras asambleas públicas, sino también en las reuniones particulares, ya se trate de asuntos triviales, ya de grandes intereses, sin que por eso su ejercicio sea más o menos honorable? ¿No es eso lo que se dice?

FEDRO. No, ¡por Júpiter!, no es precisamente eso; el arte de hablar y de escribir sirve, sobre todo, en las defensas del foro, y también en las arengas políticas. Pero no he oído que se extienda a más.

SÓCRATES. Entonces solamente conoces los tratados de retórica de Néstor y Ulises, que los compusieron en sus ratos de ocio durante el asedio de Ilión; ¿no oíste hablar nunca de la retórica de Palámedes?

FEDRO. No, ¡por Júpiter!, ni de las de Néstor y Ulises tampoco, a no ser que tu Néstor sea Gorgias, y tu Ulises Trasimaco o Teodoro.

SÓCRATES. Puede ser, pero dejémoslos. Dime, ¿qué hacen en los tribunales las partes contrarias? ¿No sostienen una controversia?

FEDRO. Nada más cierto.

SÓCRATES. ¿Pelean y abogan por lo justo y lo injusto?

FEDRO. Sin duda.

SÓCRATES. De manera que el que lo haga con arte hará que una misma cosa aparezca a las mismas personas justa o injusta, según su voluntad.

FEDRO. ¿Y qué?

SÓCRATES. Y cuando hable al pueblo, sus conciudadanos juzgarán las mismas cosas ventajosas o funestas a gusto de su elocuencia.

FEDRO. Sí.

SÓCRATES. ¿No sabemos que el Palámedes de Elea hablaba con tanto arte que hacía aparecer las mismas cosas, a los ojos de sus oyentes, como semejantes y desemejantes, unas y múltiples, en reposo y en movimiento?

FEDRO. Lo sé.

SÓCRATES. Así que los tribunales y las asambleas populares no son el único dominio de la controversia; sino que, al parecer, si hay un arte de la palabra, comprende toda clase de discursos, ese arte que consiste en hacer confundir a todo el que pueda ser confundido, y en distinguir y clasificar lo que el adversario quiere confundir con disimulo.

FEDRO. ¿Qué piensas tú sobre eso?

SÓCRATES. Creo que aclararemos la cuestión si sigues este razonamiento. ¿Se produce la ilusión más fácilmente a propósito de cosas muy diferentes o de las que difieren poco?

FEDRO. En las últimas, evidentemente.

SÓCRATES. Para alejarte sin ser notado ¿deberás apartarte poco a poco o a grandes pasos?

FEDRO. La respuesta es clara.

SÓCRATES. El que se propone engañar a los demás, sin tenerse él mismo por engañado, ¿será capaz de reconocer exactamente las semejanzas y diferencias de las cosas?

FEDRO. Necesariamente.

SÓCRATES. Pero ¿es posible que cuando se desconoce la verdad de cada cosa se conozca lo que en las demás cosas se parece más o menos a lo que se ignora?

FEDRO. Eso es imposible.

SÓCRATES. Por tanto, cuando víctima de una ilusión, uno juzga falsamente, es evidente que es efecto de ciertas semejanzas.

FEDRO. Seguramente.

SÓCRATES. El arte de hacer pasar a los oyentes poco a poco, de semejanza en semejanza, de la verdadera naturaleza de las cosas a su contrario, evitando por nuestra cuenta parecido error, no sería posible si no se sabe a qué atenerse sobre la esencia de cada cosa.

FEDRO. Ciertamente, no podríamos.

SÓCRATES. Así que el que no conoce la verdad y sólo se ha preocupado de simples opiniones, exhibirá un arte ridículo, o mejor, ningún arte.

FEDRO. Corre gran riesgo de eso.

SÓCRATES. ¿Quieres ver la diferencia que establecemos entre lo que es arte y lo que no lo es en el discurso de Lisias que tienes en la mano y en los que yo he pronunciado?

FEDRO. Con mucho gusto; con tanta mayor razón que estamos hablando un poco en el aire, sin apoyarnos en ningún ejemplo positivo.

SÓCRATES. En verdad es una fortuna la casualidad de haber pronunciado dos discursos muy acomodados para probar que el que posee la verdad puede, mediante el juego de palabras, deslumbrar a sus oyentes. Yo, mi querido Fedro, no dudo en achacarlos a las divinidades que habitan estos sitios; quizá también los cantores inspirados por las musas[34] que habitan por cima de nuestras cabezas, nos han comunicado su inspiración; porque he sido siempre absolutamente extraño al arte oratorio.

FEDRO. Admitamos que tienes razón; pero es preciso probar lo que afirmas.

SÓCRATES. Lee, pues, el comienzo del discurso de Lisias.

FEDRO. "Conoces todos mis sentimientos; ya sabes que miro el cumplimiento de mis deseos como de provecho para ambos. No sería justo rehusar mis deseos por no ser tu amante. Los amantes, tan pronto quedan satisfechos…"

SÓCRATES. No sigas. Debemos examinar si Lisias es defectuoso y si su composición carece de arte. ¿No es cierto?

FEDRO. Sí.

SÓCRATES. ¿No es cierto que estamos siempre de acuerdo sobre ciertas cosas, y que sobre otras estamos siempre discutiendo?

FEDRO. Creo comprender lo que me dices, pero explícate con mayor claridad.

SÓCRATES. Por ejemplo, si se pronuncia ante nosotros las palabras hierro o plata, ¿no pensamos todos en la misma cosa?

---

[34] Se refiere a las cigarras.

Fedro. Sin duda.

Sócrates. Pero cuando se trata de lo justo y lo bueno, ocurre que cada uno piensa de una manera diferente, y estamos en desacuerdo con los demás y con nosotros mismos.

Fedro. Seguramente.

Sócrates. Por tanto, hay cosas sobre las que todo el mundo está de acuerdo y otras sobre las cuales todo el mundo disputa.

Fedro. Es cierto.

Sócrates. ¿En qué caso, pues, somos más fácilmente presa de la ilusión, y en cuál de ellos ejerce la retórica más poder?

Fedro. Evidentemente en las cosas inciertas y dudosas.

Sócrates. Aquel que se proponga, pues, abordar el arte de la oratoria deberá, ante todo, haber establecido metódicamente esta distinción y haber aprendido a reconocer en sus propios caracteres las cosas sobre las que el pensamiento de la multitud es naturalmente impreciso y aquellas otras sobre las cuales no hay duda posible.

Fedro. Hábil habrá de ser, en todo caso, Sócrates, quien haga semejante distinción.

Sócrates. Hecho esto, yo creo que antes de tratar un objeto particular, debe ver con ojo penetrante, y evitando toda confusión, a qué especie pertenece este objeto.

Fedro. Sin duda.

Sócrates. Y el amor ¿pertenece a la clase de cosas sobre las cuales se disputa?

Fedro. Seguramente es de aquéllas sobre las que se discute. De no ser así, ¿crees que hubieras podido hablar como lo acabas de hacer, sosteniendo ya que es un mal para el que ama como para el que es amado, ya que es el mayor de los bienes?

SÓCRATES. Perfectamente. Pero dime, (porque en el furor divino que me poseía he perdido el recuerdo), ¿comencé mi discurso definiendo el amor?

FEDRO. Sí, ¡por Júpiter!, y con mucho rigor.

SÓCRATES. ¡Cómo! ¿Qué dices? ¿Será que a las Ninfas, hijas de Aqueloo, y Pan, hijo de Hermes,[35] son más hábiles en el arte de la elocuencia que Lisias, hijo de Céfalo? ¿O es que me equivoco, y Lisias, al comenzar su discurso sobre el amor, nos ha hecho aceptar una concepción del mismo conforme con la cual desarrolló y llevó a término su discurso? ¿Quieres que volvamos a leer el comienzo de su discurso?

FEDRO. Como quieras; no obstante, lo que buscas no se halla allí.

SÓCRATES. Lee sin parar; quiero oír sus mismas palabras.

FEDRO. "Conoces todos mis sentimientos, y sabes que miro la realización de mis deseos como provechosa a ambos. No sería justo rechazar mis votos, porque no soy tu amante. Porque los amantes, apenas se ven satisfechos, cuando sienten ya todo lo que han hecho por el objeto de su pasión".

SÓCRATES. Sin duda que está lejos de poner en práctica lo que buscamos, pues ni siquiera toma el tema desde su comienzo, sino por el fin, como el que nada de espaldas y contra la corriente. ¿No comienza por donde debiera terminar el amante que se dirige al amado? ¿O es que yo, Fedro, mi querido amigo, estoy confundido?

FEDRO. Ten presente, Sócrates, que no ha querido hacer más que el final de un discurso.

---

[35] Los griegos dicen que Pan es hijo de Penélope y de Hermes. (Heródoto, lib. II, núm. 145.)

Sócrates. Así sea, pero ¿no te parece que sus ideas sobre el tema están hacinadas y confusas? Lo que dice en segundo lugar, ¿debe estar precisamente en este lugar antes que en otro de su discurso? Yo, que confieso mi ignorancia, he tenido la impresión de que el autor iba diciendo las cosas según se le iban presentando. ¿Has descubierto en su composición un plan, según el cual ha debido disponer las partes en el orden en que se encuentran?

Fedro. Me haces demasiado favor al creerme en estado de penetrar todos los artificios de la elocuencia de un Lisias.

Sócrates. Pero al menos me concederás que todo discurso debe, como un ser vivo, tener un cuerpo que le sea propio, con pies y cabeza, medio y extremidades debidamente proporcionadas entre sí y con el conjunto.

Fedro. Evidentemente.

Sócrates. Pues examina un poco el discurso de tu amigo y dime si reúne todas esas condiciones; caerás entonces en la cuenta de que no difiere del epitafio que, según se dice, compuso Midas, rey de Frigia.

Fedro. ¿Qué epitafio es ése? ¿Qué de particular tiene?

Sócrates. Hele aquí:

Soy una virgen de bronce, colocada sobre la tumba de Midas;
Mientras las aguas corran y los árboles reverdezcan,
De pie sobre esta tumba, regada de lágrimas,
Anunciaré a los pasajeros, que Midas reposa en este sitio.[36]

[36] El autor de la *vida de Homero* atribuye este epitafio a este poeta. Pero Diógenes Laercio se apoya en el testimonio de Simónides para achacarlo a Cleóbulo.

Comprendes que se puede leer indiferentemente este epitafio comenzando por su primer verso o por el último.

FEDRO. Te burlas de nuestro discurso, Sócrates.

SÓCRATES. Dejémoslo, pues, para que no te molestes, aunque según mi modo de entender contiene muchos ejemplos en los que convendría fijarse a fin de no caer en la tentación de imitarlos. Hablemos de los otros discursos. Ellos contienen, en mi opinión, algo que conviene tener presente cuando se examina la cuestión del arte oratoria.

FEDRO. ¿Qué quieres decir?

SÓCRATES. Estos dos discursos se contradicen; porque el uno tendía a probar que se deben conceder sus favores al hombre enamorado, y el otro al no enamorado.

FEDRO. ¡Y con qué ardor!

SÓCRATES. Creía que ibas a decir la palabra que mejor sienta, que es la de delirio. Ésa es la palabra que yo esperaba. ¿No hemos afirmado que el amor es una especie de delirio?

FEDRO. Sí.

SÓCRATES. Pero hay dos clases de delirio: uno es debido a una enfermedad del alma; el otro, a un estado divino que nos saca de nuestro género corriente de vida.

FEDRO. Estamos de acuerdo.

SÓCRATES. Hemos distinguido cuatro especies de delirio divino, según los dioses que le inspiran, atribuyendo la inspiración profética a Apolo, la de los iniciados a Baco, la de los poetas a las musas y, en fin, la de los amantes a Venus y a Eros; y hemos dicho, que el delirio del amor es el más divino de todos. Inspirados nosotros por el soplo del Dios del amor, tan pronto aproximándonos como alejándonos de la verdad, y formando un discurso plausible, yo no sé cómo hemos llegado a componer, como por vía de diversión, un himno, decoroso sí, pero mitológico al amor, mi dueño, como lo es tuyo, Fedro, que es el Dios que preside a la belleza.

FEDRO. Un himno en verdad; y lo he escuchado con placer.

SÓCRATES. Sirvámonos, pues, de ese discurso a fin de sacar de él la lección de la manera en que se puede pasar del vituperio al elogio.

FEDRO. Veámoslo.

SÓCRATES. Con todo lo demás, a mi manera de entender, no hemos hecho sino jugar. Pero en las cosas que hemos dicho por un feliz azar, hay dos procedimientos cuya función sería interesante comprender técnicamente.

FEDRO. ¿Cuáles son?

SÓCRATES. El primero consiste en abrazar en una visión de conjunto lo que se halla esparcido en muchas partes y reunirlas bajo una idea general, a fin de que por la definición de cada una de éstas se vea claramente, en cada caso, el asunto que se quiere tratar. Así es como hace un momento dimos una definición del amor, que pudiera ser buena o mala, pero que al menos ha servido para dar a nuestro discurso la claridad y la coherencia consigo mismo.

FEDRO. ¿Cuál es el otro procedimiento, Sócrates?

SÓCRATES. Consiste en saber dividir la idea general en sus especies, respetando las articulaciones naturales, cuidando de no mutilar ninguno de esos elementos, como suele hacer un trinchador poco diestro. Lejos de eso, es preciso proceder como en nuestros dos discursos que nos han dado una idea general del delirio; luego, de la misma manera que la unidad de nuestro cuerpo comprende bajo una misma denominación los miembros de la derecha y los de la izquierda, así nuestros discursos han sacado de la definición general del delirio dos nociones distintas: uno de ellos ha distinguido todo cuanto figuraba a la izquierda y no ha descansado hasta que, dividiendo de nuevo, ha hallado por ese lado una clase torcida de amor a quien colmó de merecidas injurias; el otro discurso, llevándonos por el lado derecho del delirio, ha encontrado una especie de amor divino y, tomándolo como materia de sus elogios, lo ha ensalzado como el origen de los mayores bienes.

FEDRO. Dices verdad.

SÓCRATES. Yo, mi querido Fedro, gusto mucho de esta manera de descomponer y componer de nuevo por su orden las ideas;[37] es el medio de aprender a hablar y a pensar. Cuando creo hallar un hombre capaz de abarcar a la vez el conjunto y los detalles de un objeto, sigo sus pasos como si fueran los de un dios.[38] Los que tienen este talento, sabe dios si tengo o no razón para darles este nombre, pero en fin, yo les llamo dialécticos. Pero los que se han formado en tu escuela y en la de Lisias ¿cómo los llamaremos? Nos acogeremos a ese arte de la palabra, mediante el que Trasímaco y otros se han hecho hábiles parlantes, y que enseñan, recibiendo dones, como los reyes, por precio de su enseñanza.[39]

FEDRO. Y son reyes en efecto, pero no por el conocimiento de lo que estás investigando. Pero si a este género lo llamas dialéctica, con razón, de la retórica en cambio, estamos lejos.

[37] El método analítico, como dice Platón, comprende el análisis, como punto de partida, y la síntesis, como término.

[38] Homero, *Odissea,* 1. V, 193. L. VII, 38.

[39] Los reyes de Persia y Lacedemonia.

SÓCRATES. ¿Qué dices? ¿Crees que en el arte de la palabra existe alguna parte importante distinta de la dialéctica? Mucho debemos guardarnos de desdeñarla; y veamos en qué consiste esa retórica de la que no hemos hablado aún.

FEDRO. No es poco, mi querido Sócrates, lo que se encuentra en los libros de retórica.

SÓCRATES. Me los recuerdas oportunamente. Ante todo está el exordio que hay que pronunciar al comienzo del discurso. En eso consiste uno de los refinamientos del arte.

FEDRO. Sin duda.

SÓCRATES. Después la narración,[40] luego las deposiciones de los testigos, en seguida las pruebas, y por fin las presunciones. Creo que un entendido discursista, que nos ha venido de Bizancio, habla también de la confirmación y de la subconfirmación.

FEDRO. ¿Te refieres al ilustre Teodoro?

SÓCRATES. Según él, además, después de la refutación, se puede proceder a un suplemento de refutación, tanto en la acusación como en la defensa. Concedamos también audiencia al hábil Eveno de Paros, que ha inventado la insinuación y el elogio indirecto. Hasta se ha llegado a afirmar que ha puesto en versos mnemónicos la teoría de los ataques indirectos, ¡qué sabio! ¿Dejaremos en el olvido a Tisias y a Gorgias? Ellos, que han descubierto que la verosimilitud vale más que la verdad, y saben, por medio de su poderosísima palabra, hacer aparecer como grandes las cosas pequeñas, y pequeñas las cosas grandes; dar un aire de novedad a lo que es antiguo y de antigüedad a lo que es nuevo; y finalmente,

---

[40] Aristóteles, *Retórica*, III, 16.

han encontrado el medio de hablar indiferentemente sobre el mismo asunto de un modo conciso o con gran extensión.

Un día que yo hablaba a Prodico, se echó a reír, y me aseguró que sólo él estaba, en posesión del buen método, que era preciso evitar la concisión y los desenvolvimientos ociosos, conservándose siempre en un término medio.

FEDRO. ¡Bien dijo Pródico![41]

SÓCRATES. ¿Qué diremos de Ripias? Pues supongo que el extranjero de Elea será de la misma opinión.

FEDRO. ¿Por qué no?

SÓCRATES. ¿Qué diremos de Polo con sus repeticiones, su abuso de sentencias y metáforas, y de esas palabras que ha aprendido en las lecciones de Licimnio para adornar con ellas sus discursos?

FEDRO. Protágoras,[42] querido Sócrates, enseña por medio de artificios del mismo género, ¿no es así?

SÓCRATES. Su manera, joven, era notable, debido a cierta propiedad de expresión junto a otras bellas cualidades.

En el arte de excitar a la compasión, en favor de la ancianidad o de la pobreza, por medio de exclamaciones patéticas, nadie se puede comparar con el poderoso retórico de Calcedonia.[43] Es un hombre que lo mismo

---

[41] Discípulo de Protágoras, condenado a beber la cicuta algún tiempo después de la muerte de Sócrates.

[42] Protágoras de Abdera, discípulo de Demócrito (489-408 a. C.), acusado de impiedad por los atenienses, huyó en un barquichuelo y pereció en las aguas.

[43] Aristóteles en su *Retórica* (III, 1) habla de la habilidad de Trasimaco de Calcedonia para conmover a los jueces, y del libro que escribió para excitar a la compasión.

agita que aquieta a la multitud, a manera de encantamiento, de lo que él mismo se alaba. Es tan capaz para acumular acusaciones, como para destruirlas, sin importarle el cómo. En cuanto al final del discurso, todos están de acuerdo, y lo llaman recapitulación o bien le dan otro nombre.

FEDRO. Te referirás al resumen que se hace de él al terminarlo para recordar al auditorio lo que se ha dicho.

SÓCRATES. Eso mismo... Pero, tal vez, tú también tienes algo que decir sobre el arte oratorio.

FEDRO. Tan poco queda, que no vale la pena nos ocupemos de ello.

SÓCRATES. Bien, no hablemos de ello y procuremos ahora ver claramente lo que valen esos artificios y el poder que revisten desde el punto de vista del arte.

FEDRO. Verdaderamente, es un arte todopoderosa, Sócrates, al menos en las asambleas populares.

SÓCRATES. Verdad es. Pero vamos a ver, mi excelente amigo, si encuentras como yo que esas composiciones en muchos sitios dejan ver la trama.

FEDRO. Explícate más.

SÓCRATES. Dime, si alguno encontrara a tu amigo Erixímaco o a su padre Acumenos, y les dijera: yo sé, mediante la aplicación de ciertas sustancias, calentar o enfriar el cuerpo a mi voluntad, provocar evacuaciones por todos los conductos, y producir otros efectos semejantes; y con esta ciencia puedo pasar por médico, y me creo capaz de convertir en médicos a las personas a quienes comunique mi ciencia. A tu parecer ¿qué dirían ellos a esto?

FEDRO. No deberían sino preguntarle si no sabe algo más, a quiénes se puede curar de esa manera y qué casos y qué medida se debe usar para cada tratamiento.

SÓCRATES. Supongamos ahora que él les respondiera así: "Yo no sé absolutamente nada de eso; pero creo que aquel que junto a mí se instruyera sobre todas esas cosas sabría contestar su pregunta".

FEDRO. Dirían que nuestro hombre está loco, y que por haber abierto al azar algún libro o habiendo oído hablar de algunos remedios, imaginaba por eso ser médico, aunque no entendiera absolutamente nada de esa arte.

SÓCRATES. Y si alguno, dirigiéndose a Sófocles o a Eurípides, les dijera: "yo sé presentar, sobre el objeto más mezquino, los desenvolvimientos más extensos, y tratar brevemente la más vasta materia; sé hacer discursos indistintamente patéticos, terribles o amenazadores, poseo además otros conocimientos semejantes, y me comprometo, enseñando este arte a alguno, a ponerle en estado de componer una tragedia".

FEDRO. También éstos se reirían, Sócrates, de nuestro hombre que se imagina que se puede componer una tragedia sin organizar esos elementos, tanto en sus mutuas relaciones como respecto del todo.

SÓCRATES. Pero se guardarían muy bien de burlarse de él groseramente, sino que más bien imitarían al músico que se encontrara en el camino con un hombre que cree saber perfectamente la armonía, porque sabe sacar de una cuerda el sonido más agudo o el más grave. No le diría brutalmente: "¡Desgraciado, has perdido la cabeza!", sino que, como músico que es, le hablaría dulcemente, diciéndole: "Querido, precisa saber lo que sabes para conocer bien la armonía; no obstante, se puede estar a tu altura sin saber nada de armonía; posees las nociones preliminares del arte, pero no el arte mismo".

FEDRO. Eso sería hablar muy sensatamente.

Sócrates. Lo mismo diría Sófocles a su hombre, que posee los elementos del arte trágico, pero no el arte mismo; y Acumenos diría al suyo que conocía las nociones preliminares de la medicina, pero no la medicina misma.

Fedro. Eso es seguro.

Sócrates. Mas, ¿qué dirían Adrasto, de elocuencia dulce como la miel, o Pericles, si nos hubieran oído hace poco hablar de esos hermosos preceptos del arte oratorio, del estilo conciso y figurado, y de todos esos otros artificios que nos proponíamos examinar a la luz del sol? ¿Cometerían, como nosotros, la grosería de dirigir injurias de mal tono a los que han imaginado esos preceptos y los dieron a sus discípulos como la retórica? O bien, más sabios, como lo son, que nosotros, nos dijeran: "Fedro y Sócrates, en vez de incomodarlos, lo que debieran hacer es perdonar a los que ignorando la dialéctica no han podido, a causa de esa misma ignorancia, definir la retórica; poseen las nociones preliminares de la retórica e imaginan por eso haber encontrado la retórica misma; y, cuando enseñan todos esos detalles a sus discípulos, creen enseñarles la retórica a la perfección; y les dejan el cuidado, en su concepto fácil, de usar todos esos elementos para producir la persuasión, y organizarlos, cuando se vean en el caso de componer una arenga".

Fedro. Podrá suceder que tal sea el arte de la retórica que estos hombres tan célebres enseñan en sus lecciones y en sus tratados, y creo que en este punto tú tienes razón. Pero la verdadera retórica, el arte de persuadir, ¿cómo y dónde puede adquirirse?

Sócrates. En las luchas de la palabra creo que la perfección está sometida a las mismas condiciones que la perfección en las otras cosas. Si la naturaleza te ha hecho orador y cultivas tus buenas disposiciones por la ciencia y el ejercicio, serás ilustre algún día; pero si careces de alguna de esas condiciones serás sólo un orador imperfecto. En cuanto al arte, claro es que hay un método que debe seguirse; pero Lisias y Trasimaco no me parecen buenos guías.

FEDRO. ¿Cuál es ese método?

SÓCRATES. Bien pudiera haber sido Pericles el hombre más consumado en el arte oratorio.

FEDRO. ¿Cómo?

SÓCRATES. Todas las grandes artes se inspiran en estas especulaciones ociosas e indiscretas, que pretenden penetrar los secretos de la naturaleza;[44] sin ellas no puede elevarse el espíritu ni perfeccionarse en ninguna ciencia, cualquiera que sea.[45] Pericles desenvolvió mediante estos estudios trascendentales su talento natural; tropezó, yo creo, con Anaxágoras, que se había entregado por entero a los mismos estudios y se nutrió cerca de él con estas especulaciones. Anaxágoras le enseñó la distinción de los seres dotados de razón y de los seres privados de inteligencia, materia que trató muy por extenso, y Pericles sacó de aquí para el arte oratorio todo lo que le podía ser útil.

FEDRO. ¿A qué te refieres?

SÓCRATES. Sucede con la retórica lo mismo que con la medicina.

FEDRO. Explícate.

SÓCRATES. Esas dos artes piden un análisis exacto de la naturaleza; una de la del cuerpo y la otra del alma; si

[44] Platón emplea con intención como elogios las injurias que el vulgo dirigía a Sócrates y sus adversarios los sofistas.

[45] Séneca, *Cartas a Lucilio*, 65.

no quieres tomar a secas por guía la rutina y la experiencia, sino pedir al arte sus luces para procurar al cuerpo la salud y la fuerza con los remedios y los regímenes, y hacer penetrar en las almas la persuasión y la virtud por medio de sabios discursos, de útiles enseñanzas.

FEDRO. Es por lo menos verosímil, Sócrates, que sea así.

SÓCRATES. ¿Crees que puede conocerse suficientemente la naturaleza del alma, sin conocer la naturaleza universal?

FEDRO. Si hemos de creer a Hipócrates, el descendiente de los hijos de Esculapio, no es posible conocer ni siquiera la naturaleza del cuerpo, si no se sigue tal método.

SÓCRATES. Muy bien, amigo mío; pero precisa también, después de haber consultado la opinión a Hipócrates, consultar a la razón, y ver si está de acuerdo con ella.

FEDRO. Soy de tu opinión.

SÓCRATES. Examina, pues, lo que dicen acerca de la naturaleza Hipócrates y la recta razón. ¿No es así como debemos proceder en las reflexiones sobre la naturaleza de cada cosa? Ante todo, examinaremos si el objeto que queremos conocer y pretendemos dar a conocer a los demás es simple o compuesto; luego, si es simple, cuáles son sus propiedades, cómo y sobre qué obra, cómo y por qué puede ser afectado; si, por el contrario, comporta una multiplicidad de formas, sobre cada una de ellas efectuaremos el mismo examen que hayamos efectuado del objeto considerado como unidad, para determinar todas sus propiedades activas y pasivas.

FEDRO. Ese procedimiento quizá sea el mejor.

SÓCRATES. Todo el que siga otro, caminará a ciegas. Pero ni el ciego ni el sordo pueden tratar un asunto cualquiera de acuerdo con las reglas del método. La enseñanza de la elocuencia, en cambio, si se hace con arte, mostrará al discípulo exactamente la verdadera naturaleza del objeto a que el discurso se refiere. Este objeto no será sino el alma.

FEDRO. Sin duda.

SÓCRATES. ¿No deben, en efecto, dirigirse todos sus esfuerzos en ese sentido? ¿No es al alma a quien debe llevarse la persuasión? ¿Lo crees así?

FEDRO. Sí.

SÓCRATES. Es evidente, pues, que Trasímaco y todos los que quieran enseñar seriamente la oratoria describirán por lo pronto el alma con exactitud, y procurarán hacer ver si es una sustancia simple e idéntica, o si es compuesta, como el cuerpo; pues eso es mostrar la naturaleza de una cosa, según dijimos.

FEDRO. Exactamente.

SÓCRATES. Luego describirán sus facultades y las diversas maneras en que puede ser afectada.

FEDRO. Sin duda.

SÓCRATES. Finalmente, después de haber clasificado las diferentes especies de discursos y de almas, establecerán las relaciones causales, señalando la correspondencia entre cada especie de discurso con cada clase de alma, y mostrarán cómo ciertos discursos producen necesariamente la persuasión en ciertas almas y no ejercen acción sobre otras.

FEDRO. Tu método me parece maravilloso.

SÓCRATES. Digamos, pues, que de seguro no habrá nunca otra manera de hablar o de escribir, sea cualquiera el asunto sobre que verse el discurso. Pero los que en nuestros días escriben Artes oratorias y de quienes tanto has oído hablar, son unos arteros que disimulan el exacto conocimiento de lo que concierne al alma. Y mientras no hablen o escriban de este modo, guardémonos de creer que poseen el verdadero arte de escribir.

FEDRO. ¿Cuál es esa manera?

SÓCRATES. Difícil es encontrar términos exactos para exponerlo; pero consiento en hablarte sobre el orden que se debe seguir en un tratado redactado con arte.

FEDRO. Habla.

SÓCRATES. Puesto que el arte oratorio no tiene otra misión que la de conducir o guiar a las almas, es preciso que el que quiera llegar a ser orador conozca cuántas formas el alma puede presentar. Hay cierto número de ellas y tienen determinadas cualidades; de donde se sigue que los hombres tienen caracteres diferentes. Una vez establecida esta división, precisa distinguir también cada una de las especies de discurso con sus cualidades particulares. Así es que hay hombres a quienes persuadirán ciertos discursos en determinadas circunstancias por tal o cual razón, mientras que los mismos argumentos moverán muy poco a otros espíritus. Enseguida es preciso que el orador, que ha profundizado suficientemente estos principios, sea capaz de hacer la aplicación de ellos en la práctica de la vida, y de discernir con una ojeada rápida el momento en que es preciso usar de ellos; de otra manera nunca sabrá más de lo que sabía al lado de los maestros. Cuando esté en posición de poder decir mediante qué discursos se puede llevar la convicción a las almas más diversas; cuando, puesto en presencia de un individuo, sepa leer en su corazón y pueda decirse a sí mismo: "he aquí el hombre, he aquí el carácter que mis maestros me han pintado; él está delante de mí; y para persuadirle de tal o cual cosa deberé usar de tal o cual lenguaje"; cuando él posea todos estos conocimientos; cuando sepa distinguir las ocasiones en que es preciso hablar y en las que es preciso callar; cuando sepa emplear o evitar con oportunidad el estilo conciso, las quejas lastimeras, las amplificaciones magníficas y todos los demás giros que la escuela le haya enseñado, sólo entonces poseerá el arte de la palabra. Pero cualquiera que en sus discursos, sus lecciones o sus obras, olvide alguna de estas reglas, nosotros no le creeremos si pretende que habla con arte. ¡Y bien! Sócrates, ¡y bien!, Fedro, nos dirá, quizá el autor de nuestra retórica, ¿es así o de otra manera, a juicio de ustedes, como debe concebirse el arte de la palabra?

FEDRO. Me parece difícil que pueda haber otra, Sócrates; pero no es poca cosa emprender tan largo estudio.

SÓCRATES. Es verdad, y por eso debemos buscar, examinando todas las teorías, si hay un camino más corto y más fácil que conduzca a este Arte, para no aventurarnos por uno difícil y tortuoso, lleno de inútiles dificultades. Si Lisias, o cualquier otro orador, nos puede servir de algo, ahora es cuando tienes que recordar sus lecciones.

FEDRO. Lo intento, pero nada recuerdo en este momento.

SÓCRATES. ¿Quieres que te repita algunas palabras que he oído de personas que se ocupan de estas cosas?

FEDRO. Te escucho.

SÓCRATES. Se dice, mi querido amigo, que es preciso saber defender hasta la causa de un lobo.

FEDRO. Pues bien; sigue ese proverbio.

SÓCRATES. Dicen, pues, que no debemos confiar demasiado en nuestra dialéctica, ni imponer a la gente una ascensión tan complicada. Añaden —y yo lo dije al comenzar esta conversación— que la verdad nada tiene que hacer cuando se trata de lo justo y lo bueno, de los negocios y de los hombres, que deben a la naturaleza y a su educación el ser como son; que hay que prescindir de ella si se quiere ser un orador hábil; que después de todo, en los tribunales, más que la verdad, puede lo convincente; que para hablar con arte ha de aplicarse más a lo verosímil; que hay casos en los que necesariamente debemos guardarnos de exponer los hechos tales como ocurrieron, si lo verdadero cesa de ser verosímil, para presentarlos de manera plausible, ya en la acusación, ya en la defensa; que, en una palabra, el orador no debe preocuparse más que de la apariencia, sin cuidarse en absoluto de la realidad. Es lo verosímil, presente a lo largo de todo el discurso, lo que constituye todo el arte.

FEDRO. Has expuesto muy bien, Sócrates, las opiniones de los que se suponen hábiles en el arte oratorio; recuerdo, en efecto, que precedentemente hemos hablado algo sobre esto; estos famosos maestros miran este sistema como el colmo del arte.

SÓCRATES. Conoces a fondo tú a Tisias; que nos diga si entiende por verosimilitud aquello que parece verdad a la multitud.

FEDRO. ¿Podría definirla de otra manera?

SÓCRATES. Habiendo descubierto esta regla tan sabia, que es el principio del arte, Tisias ha escrito que un hombre débil y valiente que es llevado ante el tribunal por haber apaleado a hombre fuerte y cobarde, y por haberle robado la capa o cualquiera otra cosa, no deberá decir palabra de verdad, lo mismo que hará el robado. El cobarde no confesará que ha sido apaleado por un hombre más valiente que él; el acusado probará que estaban solos, y se aprovechará de esta circunstancia para razonar así: débil como soy, ¿cómo era posible que yo me las hubiera con un hombre tan fuerte? Este último, al replicar, no confesará su cobardía, sino que buscará otro subterfugio que procurará tal vez a su adversario la ocasión para confundirle. El resto es como lo dicho, y eso es a lo que llaman hablar con arte. ¿No es así, Fedro?

FEDRO. Así es.

SÓCRATES. Verdaderamente para descubrir un arte tan misterioso ha sido preciso encontrar un hombre muy hábil, ya se llame Tisias o de otro modo, sea cual fuera su patria. Pero, amigo mío, ¿no podríamos dirigirle estas palabras?

FEDRO. ¿Qué palabras?

SÓCRATES. "Antes de que tomaras la palabra, ya sabíamos, Tisias, que la multitud se deja seducir por lo verosímil a causa de su parecido con la verdad, y ya hemos dicho antes que quien conoce la verdad, sabrá también hallar en toda ocasión aquello que se le parece. Si tienes, pues, algo más que decirnos sobre el arte oratorio, dispuestos estamos a escucharte; si no es así, nos atendremos a los principios que hemos sentado. Si el orador no ha hecho una enumeración exacta de los diferentes caracteres de sus oyentes, si no sabe distinguir los objetos de acuerdo con sus caracteres específicos, y reunirlos luego en una sola noción general, no podrá alcanzar la perfección del arte oratorio que es posible para un hombre. Pero no llegará a adquirir ese talento sin un gran trabajo, al que no se someterá el sabio para adaptar su lenguaje y su conducta a sus relaciones con los hombres, sino en la esperanza de agradar a los dioses en su lenguaje y acciones, en la medida de las fuerzas humanas. No, Tisias, y puedes creer a otros más sabios que nosotros, no es a sus compañeros de esclavitud a quienes el hombre dotado de razón debe esforzarse en complacer, como no sea de paso, sino a sus maestros buenos en sí y de origen celeste. Cesa, pues, de sorprenderte si el circuito es grande, porque el término a donde conduce es muy distinto que el que tú imaginas. Por otra parte, la razón nos dice que por un esfuerzo de nuestra libre voluntad podemos aspirar, por la senda que dejamos indicada, a resultado tan magnífico."

FEDRO. Muy bien, mi querido Sócrates; pero ¿nos será dado a todos tener esa fuerza?

SÓCRATES. Añadamos, pues, que para el que se aplica a lo que es bello, bello es también sufrir las consecuencias que le es preciso sufrir.

FEDRO. Ciertamente.

SÓCRATES. Así, pues, ya hemos hablado bastante sobre el arte y la falta de arte en el discurso.

FEDRO. Así es.

SÓCRATES. Pero nos resta examinar la conveniencia o inconveniencia que pueda haber en lo escrito. ¿No es cierto?

FEDRO. Sin duda.

SÓCRATES. ¿Sabes el medio que debes emplear para hacerte más agradable a la divinidad por tus discursos escritos o hablados?

FEDRO. No; ¿y tú?

SÓCRATES. Puedo referirte una antigua tradición de los antiguos que conocieron la verdad. Si pudiéramos descubrirla por nosotros mismos, ¿nos inquietaríamos por lo que la humanidad ha pensado antes que nosotros?

FEDRO. ¡Vaya una pregunta! Cuéntame esa antigua tradición.

Sócrates. Me contaron una vez que cerca de Naucratis[46] de Egipto hubo un dios, uno de los más antiguos de aquel país, precisamente aquel cuyo emblema sagrado es el pájaro que los egipcios llaman Ibis. Aquel dios se llamaba Teut.[47] Se dice que fue él quien inventó los números, el cálculo, la geometría, la astronomía, lo mismo que el juego de ajedrez y de los dados y, finalmente, la escritura.

El rey Tamus reinaba entonces en todo aquel país, y habitaba la gran ciudad del alto Egipto, que los griegos llaman Tebas egipcia, y que está bajo la protección del Dios que ellos llaman Ammon. Teut se presentó al rey y le manifestó las artes que había inventado, y le dijo lo conveniente que era extenderlas entre los egipcios. El rey le preguntó de qué utilidad sería cada una de ellas, y Teut le fue explicando en detalle los usos de cada una; y según que las explicaciones le parecían más o menos satisfactorias, Tamus aprobaba o desaprobaba. Se dice que el rey alegó al inventor, en cada uno de los inventos, muchas razones en pro y en contra, que sería largo enumerar. Cuando llegaron a la escritura:

"¡Oh, rey!, este invento hará que los egipcios sean más sabios, y aliviará su memoria; yo he descubierto un remedio contra la dificultad de aprender a retener[48] en la mente." "Ingenioso Teut —contestó el rey—, el genio que inventa las artes es algo muy diferente a la sabiduría que aprecia las ventajas e inconvenientes de su aplicación. Como padre de la escritura y apasionado de tu invención, le atribuyes un efecto completamente

[46] Ciudad del Delta sobre el brazo canópico del Nilo.

[47] Cicerón, *De natura deorum*, 22, 56.

[48] Eurípides, en el *Palámedes*, llama a las letras el remedio contra el olvido.

contrario al verdadero. Producirá el olvido en las almas que la conozcan, pues les hará despreciar la memoria; al fiarse de ese recurso extraño, dejarán al cuidado de los caracteres materiales el recuerdo de aquello cuyas huellas haya perdido su inteligencia. Lo que has hallado no es un medio de cultivar la memoria, sino de despertar las reminiscencias; y por dar a tus discípulos la ciencia, les das la sombra de ella, pues, cuando hayan aprendido muchas cosas sin maestro, creerán ser muy sabios, careciendo en general de juicio; y serán, además, insoportables, pues no serán hombres instruidos, sino simulacros de hombres instruidos".

FEDRO. Mi querido Sócrates, tienes especial gracia para pronunciar discursos egipcios, y lo mismo lo harías de todos los países del universo, si quisieras.

SÓCRATES. Amigo, los sacerdotes del santuario de Júpiter, en Dodona, decían que los primeros oráculos salieron de un roble. Los hombres de aquellos tiempos, que no poseían la sabiduría de ustedes, los jóvenes de ahora, accedían en su sencillez a escuchar a una encina o una piedra, con tal que dijeran la verdad. En cuanto a ti, necesitas saber el nombre y el país del que habla, antes que nada; no te basta con examinar si lo que dice es verdadero o falso.

FEDRO. Tienes razón en reprenderme, y creo que en lo de la escritura hay que juzgar como lo hizo el tebano.

SÓCRATES. Por eso, el que piensa transmitir un arte consignándola en un escrito y el que cree a su vez poder aprenderla en él, como si estos caracteres pudieran procurarle una instrucción clara y sólida, son en verdad muy ingenuos e ignoran la predicción de Ammón, si se imaginan que un tratado escrito puede ser otra cosa que un medio para el que ya sabe, de recordar las cosas de que trata el escrito.

FEDRO. Lo que acabas de decir es muy cierto.

SÓCRATES. Éste es, mi querido Fedro, el inconveniente, así de la escritura como de la pintura; las producciones de este último arte parecen vivas, pero interrógalas y verás que guardan un grave silencio. Lo mismo sucede con los discursos escritos; al oírlos o leerlos crees que piensan; pero pídeles alguna explicación sobre el objeto que contienen y te responden siempre la misma cosa. Lo que una vez está escrito rueda de mano en mano, pasando de los que entienden la materia a aquellos para quienes no ha sido escrita la obra, y no sabiendo, por consiguiente, ni con quién debe hablar, ni con quién debe callarse. Si un escrito se ve insultado o despreciado injustamente, tiene siempre necesidad del socorro de su padre; porque por sí mismo es incapaz de rechazar los ataques y de defenderse.

FEDRO. Tienes razón.

SÓCRATES. Vamos a considerar otra especie de discurso, hermana legítima de esa elocuencia bastarda: veamos cómo nace, y cuánto mejor y más poderosa es que la otra.

FEDRO. ¿A qué discurso te refieres y en qué condiciones se produce?

SÓCRATES. Es el discurso que, con el saber, se escribe en el alma del hombre que aprende, del que puede defenderse por sí mismo y sabe hablar y callar a su debido tiempo.

FEDRO. ¿Te refieres al discurso vivo y animado que reside en el alma que está en posesión de la ciencia, y del cual el discurso escrito no es sino un vano simulacro?

SÓCRATES. Precisamente. Dime: un jardinero inteligente que posea semillas que quiera ver fructificar ¿crees que irá a sembrarlas en pleno verano en los jardines de Adonis[49] para tener la satisfacción de verlas convertidas en hermosas plantas a los ocho días? ¿O si acaso lo hiciera, no sería por diversión y en ocasión de la fiesta? Pero si tiene un interés serio en ello, seguirá las reglas de la agricultura, sembrándolas en terreno apropiado, y se felicitará con verlas abrirse ocho meses después de la siembra.

FEDRO. Sin duda se ocuparía de las unas seriamente y de las otras por pura diversión.

SÓCRATES. Y, ¿crees que el que posee la ciencia de lo justo, de lo bello y de lo bueno tendrá menos sabiduría que el jardinero, tratándose de semillas que son suyas?

FEDRO. Yo no lo creo.

SÓCRATES. No irá ciertamente a escribir en la arena esas cosas, usando la tinta y la pluma, valiéndose de palabras incapaces de defenderse a sí mismas, e incapaces de enseñar suficientemente la verdad.

FEDRO. No es probable.

SÓCRATES. Seguramente; pero si escribe sin más fin que divertirse, sembrará sus conocimientos en los jardines de la escritura; y atesorando así recuerdos, cuando llegue a la edad en que se debilita la memoria, se regocijará al ver crecer aquellas tiernas plantas; y mientras los demás hombres se entregarán a otras diversiones, pasando su vida en orgías y otros placeres parecidos, aquél pasará sus días gozando como he indicado antes.

FEDRO. En efecto, Sócrates, es una noble diversión, comparada con esos vergonzosos placeres, la del hom-

[49] Véase la segunda parte de las *Siracusanas.* (Teócrito, XV idilio.)

bre capaz de disfrutar haciendo discursos sobre la justicia y demás cosas de que has hablado.

SÓCRATES. Sí, mi querido Fedro. Pero es aún más noble ocuparse seriamente, auxiliado por la dialéctica y tropezando con un alma bien preparada, en sembrar y plantar con la ciencia discursos capaces de defenderse por sí mismos y defender al que los ha sembrado, y que, en vez de ser estériles, germinarán y producirán en otros corazones otros discursos que, inmortalizando la semilla de la ciencia, darán a todos los que la posean la mayor de las felicidades de la tierra.

FEDRO. Sí, esa ocupación es más bella todavía.

SÓCRATES. Ahora que estamos de acuerdo sobre esos principios, podremos decidir la cuestión.

FEDRO. ¿Cuál?

SÓCRATES. Aquella cuyo examen nos ha conducido hasta donde hemos llegado; a saber, si los discursos de Lisias merecen nuestros reproches y cuáles son, en general, los discursos hechos con o sin arte. Me parece que nos hemos explicado suficientemente sobre la manera de seguir los preceptos del arte y la manera como nos apartamos de ellos.

FEDRO. Así lo creo; pero recuérdame las conclusiones.

SÓCRATES. Antes de conocer la verdadera naturaleza del objeto sobre el que se habla o escribe; antes de estar en condiciones de dar una definición general del objeto y de poder a su turno dividirla en sus especies, hasta la especie indivisible; antes de penetrar por el análisis en la naturaleza del alma y distinguir sus especies, y antes de haber dispuesto y ordenado el discurso de manera que se ofrezcan a un alma compleja discursos llenos de complejidad en modos y formas, y a un alma simple discursos simples, és imposible manejar con arte el género oratorio para enseñar o persuadir, según nos lo ha mostrado todo lo que precede.

FEDRO. En efecto, tales han sido nuestras conclusiones.

SÓCRATES. ¿Pero qué?, sobre la cuestión de si es lícito o vergonzoso pronunciar o escribir discursos, y bajo qué condiciones este título de autor de discursos puede convertirse en un ultraje, lo que hemos dicho hasta aquí, ¿no nos ha ilustrado suficientemente?

FEDRO. Explícate mejor.

SÓCRATES. ¿No hemos dicho que si Lisias, o cualquier otro, ha compuesto o llega a componer alguna vez un escrito sobre un asunto de interés público o privado, si ha redactado leyes que son escritos políticos, por decirlo así, y si pensó en haberles dado gran solidez y verdad, sólo redundará en afrenta para él, reconocida o no? Porque ignorar en sueños o en estado de vigilia lo que es justo o injusto, el bien y el mal, no puede escapar a la reprobación, por mucho que pueda obtener el elogio unánime de la multitud.

FEDRO. Sin duda.

SÓCRATES. Por el contrario, aquel que cree que en un escrito sobre un asunto cualquiera hay necesariamente algo de diversión; que ningún discurso escrito o pronunciado, ya en verso, ya en prosa, es digno de que se lo escriba o recite al modo de los rapsodas, si no supone un previo examen ni el deseo de instruir, y sólo sirve para persuadir; aquel para quien los discursos de esta última especie, incluso los mejores, no sirven sino para despertar el recuerdo de lo que ya saben, mientras que los discursos pronunciados para instruir a los oyentes y verdaderamente escritos en su alma, que tienen por asunto lo justo, lo bello y lo bueno, son los únicos que tienen claridad, solidez y seriedad; que esos discursos pueden pasar con justicia por hijos legítimos de su autor, primeramente el que haya extraído de su propio fondo, en segundo lugar, aquellos que, siendo hijos o hermanos del primero, han sido engendrados en otras almas sin desmentir su origen: el que dice adiós a todos los demás discursos, ese hombre podría muy bien ser aquel a quien Fedro y yo quisiéramos asemejarnos.

FEDRO. En cuanto a mí concierne, así lo deseo de todo corazón, y así lo pido a los dioses.

SÓCRATES. Basta de diversión sobre el arte de hablar; y tú vas a decir a Lisias que habiendo bajado al arroyo de las ninfas y al asilo de las musas, hemos oído discursos ordenándonos que fuéramos a decir a Lisias y a todos los autores de discursos, después a Homero y a todos los poetas líricos o no líricos, y, en fin, a Solón y a todos los que han escrito discursos del género político, bajo el nombre de leyes, que si, componiendo estas obras, alguno de ellos está seguro de poseer la verdad, y si es capaz de defender lo que ha dicho, cuando se le someta a un serio examen, y de superar sus escritos con sus palabras, no deberá llamarse autor de discursos, sino tomar su nombre de la ciencia a la que se ha consagrado por completo.

FEDRO. ¿Qué nombre quieres darle?

SÓCRATES. El nombre de sabio me parece, Fedro, demasiado grande, pues únicamente conviene a la divinidad; el de amigo de la sabiduría, filósofo, es más conveniente y más en armonía con la condición humana.

FEDRO. Tienes mucha razón.

SÓCRATES. Pero al que no dispone de nada más precioso que lo que haya compuesto y escrito ociosamente, atormentando su pensamiento, añadiendo y quitando sin cesar, lo saludaremos como poeta, componedor de discursos o redactor de leyes.

FEDRO. Sin duda.

SÓCRATES. Dile, pues, todo esto a tu amigo.

FEDRO. ¿Pero tú qué piensas hacer?, pues no debes olvidar tampoco al tuyo.

SÓCRATES. ¿A quién te refieres?

FEDRO. El bello Isócrates. ¿Qué le dirás, mejor dicho, qué diremos de él?

SÓCRATES. Isócrates es joven todavía, mi querido Fedro; sin embargo, te diré lo que espero de él.

FEDRO. Veamos.

SÓCRATES. Me parece que posee demasiado genio para comparar su elocuencia con la de Lisias, y que su naturaleza es más noble. No me extrañaría que al avanzar en años brillara en el género de elocuencia que cultiva hasta el punto que sus predecesores parecieran niños a su lado; y que, poco satisfecho de sus éxitos, se vea impulsado hacia ocupaciones más elevadas debido a divina inspiración. En su alma descubro una disposición natural para la filosofía. Eso es lo que tengo que anunciar a mi amado Isócrates de parte de las divinidades de estas riberas. Haz lo mismo en cuanto a tu querido Lisias.

FEDRO. Lo haré, pero marchémonos, porque el aire ha refrescado.

SÓCRATES. Antes de que nos alejemos, dirijamos una plegaria a las divinidades de este lugar.

FEDRO. Lo apruebo.

SÓCRATES. ¡Oh, Pan, y demás divinidades del lugar, concédanme la belleza interior del alma y hagan que mi exterior esté en armonía con esa belleza espiritual! ¡Que el sabio me parezca siempre rico; y que posea únicamente aquellas riquezas que un hombre sensato puede tener y emplear!

¿Tenemos que hacer algún otro ruego más? Yo no tengo más que pedir.

FEDRO. Haz para mí los mismos votos; todo es común entre amigos.

SÓCRATES. Partamos.

Sobre el amor

El banquete

Apolodoro y un amigo de Apolodoro

Sócrates — Agatón — Fedro — Pausanias — Erixímaco — Aristófanes — Alcibíades

Apolodoro. Me considero bastante preparado para referir respecto a lo que me pides. Pues precisamente anteayer, viniendo de mi casa de Falereo[50] a la ciudad, me divisó por la espalda uno de mis conocidos y, llamándome de lejos y jugando a la vez con la voz, me dijo: "¡Oh, Falereo!, Apolodoro en persona, ¿que no me aguardas?" Y yo, deteniéndome, aguardé. Y me dijo: "Por cierto, Apolodoro, que te he estado buscando no hace mucho con voluntad de enterarme acerca de la reunión de Agatón y Sócrates, Alcibíades y los demás que, con ocasión del convite, estuvieron presentes, y acerca de las razones que se dijeron sobre el amor; que no sé

[50] Puerto distante que quedaba como a veinte estadios de Atenas.

quién me las refirió de oídas, de habérselas oído a Fénix, el de Filipo; me dijo, con todo, que tú las sabías de vista". Por lo demás, nada bueno me supo decir. Cuéntamelas, pues, tú, que es justo de toda justicia difundir, cual buenas nuevas, las palabras del amigo. "Pero, ante todo, dime —añadió—, ¿estuviste personalmente en esta reunión o no?" Y yo le respondí: "Por cierto que bien parece no haberte referido nada bueno tu relator si crees que la reunión por la que preguntas ha tenido lugar hace poco, tan poco que haya podido estar presente". "Por mí que así lo creía", dijo Glaucón. "¿De dónde sacas tal cosa, Glaucón?", respondí a mi vez. ¿No sabes, por lo que se ve, que Agatón está, desde hace muchos años, lejos de su casa y de su pueblo, y que no son todavía tres años los que me trato con Sócrates y he hecho una de mis diarias preocupaciones saber qué dice o qué hace? Que antes andaba a lo que saliera; y, creyéndome hacer algo, no pasaba de ser un infeliz, más infeliz que ninguno y no menos infeliz de lo que tú eres ahora; ¡y pensaba que era preciso hacer todo menos filosofar!" "En vez de bromear —dijo Glaucón—, dime cuándo tuvo lugar esa reunión". Y yo le respondí: "Cuando nosotros éramos aún niños, allá cuando Agatón triunfó en su primera tragedia, al día siguiente de las fiestas que por tal motivo ofrecieron con sacrificios Agatón mismo y los coristas". "Hace, pues, muchísimo tiempo, según parece —dijo Glaucón—. Pero, entonces, ¿quién te la refirió? ¿Sócrates mismo?" "No, ¡por Júpiter! —repliqué—, sino el mismo que la refirió a Fénix. Fue un tal Aristodemo, de Cidatenas, esmirriado, siempre descalzo. Y estuvo presente en la reunión por andar enamorado de Sócrates y enamorado entre los que lo estaban más en aquellos días, a mi parecer. No sólo esto, que yo mismo pregunté ya a Sócrates sobre lo que oí decir a Aristodemo, y convino en que las cosas pasaron como Aristodemo me las refirió". "¿Por qué, pues —añadió Glaucón—, no me las cuentas por lo largo?, que, por cierto, el camino que nos falta andar de aquí a la ciudad viene como hecho para hablar y para escuchar". Caminando, pues, hicimos largas palabras sobre ello; de manera que, como les dije al principio, no me encuentro del todo desprevenido. Si es necesario, por lo tanto, que se las refiera también a ustedes, lo haré una vez más; que, por lo que a mí toca, cuando oigo a otros hacer palabra sobre filosofía o bien cuando yo mismo la hago, aun dejando aparte el provecho que creo sacar, me lleno de extraordinario júbilo. Bien al contrario cuando hablan ustedes, los ricos y los hombres de negocios: me pesa y me dan lástima ustedes y sus amigos, pues creen hacer algo y no hacen en realidad nada. Aunque tal vez piensen que soy un desventurado, y creo que en verdad ustedes lo creen así; empero, yo no creo que ustedes sean unos desventurados, sino sé que lo son, y lo sé muy bien.

COMPAÑERO. Tú siempre el mismo, Apolodoro; hablando mal siempre de ti y de los demás, y persuadido de que todos los hombres, excepto Sócrates, son unos miserables, comenzando por ti. No sé por qué te han dado el nombre de maniático; pero sé bien que algo de esto se advierte en tus discursos. Siempre se te encuentra desabrido contigo mismo y con todos, excepto con Sócrates.

APOLODORO. ¡Amigo del alma! Pero, ¿será tan evidente que, al pensar así sobre mí y sobre los demás, desvaríe como maniático?

COMPAÑERO. No vale la pena, Apolodoro, que discutamos ahora sobre este punto. Haz, más bien, lo que te hemos pedido y refiérenos cuáles fueron aquellas palabras.

Apolodoro. Fueron, más o menos estas; o mejor es que tomemos la historia desde el principio, como Aristodemo me la refirió.

Encontré a Sócrates, me dijo que salía del baño y se había calzado las sandalias contra su costumbre. Le pregunté a dónde iba tan apuesto.

—Al banquete de Agatón, que, por cierto, ayer, horrorizado de la muchedumbre, huí de encontrarlo en las fiestas por la victoria, pero convine en hacer hoy acto de presencia. Y por esto me arreglé de tan peripuesta manera para así ir bello a casa del bello. Pero tú —dijo Sócrates—, ¿cómo estás de ánimos y de voluntad para ir, sin invitación, al banquete?

—Como quieras —le dije.

—Sígueme, pues —contestó Sócrates—, y cambiemos el proverbio, probando que un hombre de bien puede ir a comer a casa de otro hombre de bien sin ser convidado. Que ya el mismo Homero no sólo se puso en peligro al haberlo cambiado, sino parece aun burlarse descaradamente de él, porque habiendo creado un Agamenón bueno por distinguida manera en cosas de guerra y un Menelao, flojo guerrero, con todo hizo que al sacrificio y al convite ofrecidos por Agamenón se presentara, sin invitación, Menelao, que así el varón peor fue al convite del mejor.

—Tengo temor —dije a Sócrates—, de no ser tal como tú querrías, sino más bien según Homero; es decir, una medianía que se sienta a la mesa de un sabio sin ser convidado. Por lo demás, tú eres el que me guías y a ti te toca salir a mi defensa, porque yo no confesaré que concurro allí sin que se me haya invitado, y diré que tú eres el que me convidas.

—Somos dos[51] —respondió Sócrates—, y sea a ti o a mí no faltará qué decir. Marchemos.

Nos dirigimos a la casa de Agatón durante esta plática, pero antes de llegar, Sócrates se quedó atrás entregado a sus propios pensamientos. Me detuve para esperar, pero me dijo que siguiera adelante. Cuando llegué a la casa de Agatón, encontré la puerta abierta, y me sucedió una aventura singular. Un esclavo de Agatón me condujo en el acto a la sala donde tenía lugar la reunión, estando ya todos sentados a la mesa y esperando sólo que les sirviera. Agatón, en el momento que me vio, exclamó:

—Aristodemo, si has venido por algún otro asunto, déjalo para otra ocasión, que ayer te busqué para invitarte y no hubo manera de verte. Pero, ¿cómo no traes a Sócrates?

Miré para atrás y vi que Sócrates no me seguía, y entonces dije a Agatón que yo mismo había venido con Sócrates, como que él era el que me había convidado.

—Haces en esto bien y bellamente —añadió Agatón—, ¿pero dónde está Sócrates?

—Hasta hace un momento venía siguiéndome; de manera que a mí mismo me sorprende dónde podrá estar.

—Esclavo —dijo Agatón—, acude a ver dónde está Sócrates y condúcele aquí. Y tú, Aristodemo, siéntate al lado de Erixímaco. Esclavo, lava sus pies para que pueda ocupar su puesto.

En este estado vino un esclavo a anunciar que había encontrado a Sócrates de pie en el umbral de la casa próxima, y que habiéndole invitado, no había querido venir.

[51] *Ilíada*, l. X, v. 224.

—¡Extraña cosa, por cierto! —dijo Agatón—. Llámalo una vez más y no lo dejes ir.

Empero, yo intervine:

—De ninguna manera; déjenlo en paz, que tiene esta costumbre. A veces le da por retirarse y allí se queda de pie. Con todo, no tardará en venir.

—Si a ti te parece así —dijo Agatón—, en buena hora. Ahora, ustedes, esclavos, sírvannos. Traigan lo que quieran como si no tuvieran que recibir órdenes de nadie, porque ése es un cuidado que jamás he querido tomarme. Mírenme a mí y a mis amigos como si fuéramos huéspedes convidados por ustedes mismos. Hagan lo mejor posible, que en ello va su crédito.

Comenzamos a comer, y Sócrates no aparecía. A cada instante Agatón quería que se le fuera a buscar, pero yo lo impedí constantemente. En fin, Sócrates entró después de habernos hecho esperar algún tiempo, según su costumbre, cuando estábamos ya a media comida. Agatón, que estaba solo sobre una cama al extremo de la mesa, le invitó a que se sentara junto a él.

—Ven, Sócrates —le dijo—, permite que esté lo más próximo a ti, para ver si puedo ser partícipe de los magníficos pensamientos que acabas de descubrir; porque tengo una plena certeza de que has descubierto lo que buscabas, pues de otra manera aun estuvieras allá en el dintel de la puerta.

Cuando Sócrates se sentó, dijo:

—¡Ojalá, Agatón, que la sabiduría fuera una cosa que pudiera pasar de un espíritu a otro, cuando dos hombres están en contacto, como corre el agua, por medio de una mecha de lana, de una copa llena a una copa vacía! Si el pensamiento fuera de esta naturaleza, sería yo el que me consideraría dichoso estando cerca de ti, y me vería, a mi parecer, henchido de esa buena y abundante sabiduría que tú posees; porque la mía es una cosa mediana y equívoca; o, por mejor decir, es un sueño. La tuya, por el contrario, es una sabiduría magnífica y rica en bellas esperanzas como lo atestigua el vivo resplandor que arroja ya en tu juventud, y los aplausos que más de treinta mil griegos acaban de prodigarte.

—Eres muy burlón —replicó Agatón—, pero ya examinaremos cuál es mejor, si la sabiduría tuya o la mía; y Baco será nuestro juez. Ahora de lo que se trata es de comer.

Sócrates se sentó, y cuando él y los demás convidados acabaron de comer, se hicieron libaciones, se cantó un himno en honor del dios, y después de todas las demás ceremonias acostumbradas, se habló de beber. Pausanias tomó entonces la palabra:

—Veamos —dijo—, cómo podremos beber sin que nos cause mal. En cuanto a mí, declaro que me siento aún incomodado de resultas de la francachela de ayer, y tengo necesidad de respirar un tanto, y creo que la mayor parte de ustedes está en el mismo caso; porque ayer eran todos de los nuestros. Prevengámonos, pues, para beber con moderación.

—Pausanias —dijo Aristófanes—, me das mucho gusto en querer que se beba con moderación, porque yo fui uno de los que se contuvieron menos por la noche.

—¡Cuánto celebro que estés de ese humor! —dijo Erixímaco, hijo de Acumenes—; pero falta por consultar el parecer de uno. ¿Cómo te encuentras, Agatón?

—Igual que ustedes —respondió.

—Tanto mejor para nosotros —replicó Erixímaco—, para mí, para Aristodemo, para Fedro y para los demás, si ustedes, que son los valientes, se dan por vencidos, porque nosotros somos siempre ruines bebedores. No hablo de Sócrates, que bebe siempre lo que le parece, y no le importa nada la resolución que se toma. Así, pues, ya que no veo a nadie aquí con deseos de excederse en la bebida, seré menos fastidioso, si les digo unas cuantas verdades sobre la embriaguez. Mi experiencia de médico me ha probado perfectamente que el exceso en el vino es funesto al hombre. Evitaré siempre este exceso, en cuanto pueda, y jamás lo aconsejaré a los demás; sobre todo, cuando su cabeza se encuentre resentida a causa de una orgía de la víspera.

—Sabes —le dijo Fedro de Mirrinos, interrumpiéndole—, que sigo con gusto tu opinión, sobre todo, cuando hablas de medicina; pero ya ves que hoy todos se presentan muy racionales.

No hubo más que una voz; se resolvió de común acuerdo beber por placer y no llevarlo hasta la embriaguez.

—Puesto que hemos convenido —dijo Erixímaco—, que nadie se exceda, y que cada uno beba lo que le parezca; soy de opinión que se despache desde luego a la que toca la flauta. Que vaya a tocar para sí, y si lo prefiere, para las mujeres allá en el interior. En cuanto a nosotros, si me creen, entablaremos alguna conversación general, y hasta les propondré el asunto si así les parece.

Todos aplaudieron el pensamiento, y le invitaron a que entrara en materia.

Erixímaco repuso entonces: Comenzaré por este verso de la Melanipa de Eurípides: este discurso no es mío sino de Fedro. Porque Fedro me dijo continuamente, con una especie de indignación: ¡Oh Erixímaco!, ¿no es cosa extraña, que de tantos poetas que han hecho himnos y cánticos en honor de la mayor parte de los dioses, ninguno haya hecho el elogio del amor, que sin embargo es un gran dios? Mira lo que hacen los sofistas que son entendidos; componen todos los días grandes discursos en prosa en alabanza de Hércules y los demás semidioses; testigo el famoso Pródico, y esto no es sorprendente. He visto un libro que tenía por título *El elogio de la sal,* donde el sabio autor exageraba las maravillosas cualidades de la sal y los grandes servicios que presta al hombre. En una palabra, apenas encontrarás cosa que no haya tenido su panegírico. ¿En qué consiste que en medio de este furor de alabanzas universales, nadie hasta ahora ha emprendido el celebrar dignamente al amor, y que se haya olvidado dios tan grande como este? Yo —continuó Erixímaco— apruebo la indignación de Fedro. Quiero pagar mi tributo al amor, y hacérmele favorable. Me parece, al mismo tiempo, que cuadraría muy bien a una sociedad como la nuestra honrar a este dios. Si esto les place, no hay que buscar otro asunto para la conversación. Cada uno improvisará lo mejor que pueda un discurso en alabanza del amor. Correrá la voz de izquierda a derecha. De esta manera Fedro hablará primero, ya porque le toca, y ya porque es el autor de la proposición, que les he formulado.

—No dudo Erixímaco —dijo Sócrates—, que tu dictamen será unánimemente aprobado. Por lo menos, no seré yo el que le combata, yo que hago profesión de no conocer otra cosa que el amor. Tampoco lo harán Agatón, ni Pausanias, ni seguramente Aristófanes, a pesar de estar consagrado por entero a Baco y a Venus. Igualmente puedo responder de todos los demás que se hallan presentes, aunque, a decir verdad, no sea partido igual para los últimos, que nos hemos sentado. En todo caso, si los que nos preceden, cumplen con su deber y agotan la materia, a nosotros nos bastará prestar nuestra aprobación. Que Fedro comience bajo los más felices auspicios y que rinda alabanzas al amor.

La opinión de Sócrates fue de manera unánime adoptada. Darte en este momento cuenta, palabra por palabra, de los discursos que se pronunciaron, es cosa que no puedes esperar de mí; pues no habiéndome Aristodemo, de quien los he tomado, referido tan perfectamente, ni retenido yo, algunas cosas de la historia que me contó, sólo les podré decir lo más esencial.

He aquí poco más o menos el discurso de Fedro, según me lo refirió.

"El amor es un gran dios, muy digno de ser honrado por los dioses y por los hombres por mil razones, sobre todo por su ancianidad; porque es el más anciano de los dioses. La prueba es que no tiene padre ni madre; ningún poeta ni prosador se lo ha atribuido. Según Hesíodo,[52] el caos existió al principio, y enseguida apareció la tierra con su vasto seno, base eterna e inquebrantable de todas las cosas, y el amor. Hesíodo, por consiguiente, hace que al caos sucedan la Tierra y el Amor. Parménides habla así de su origen: el amor es el primer dios que fue concebido.[53] Acusilao[54] ha seguido la opinión de Hesíodo. Así, pues, están de acuerdo en que el amor es el más antiguo de los dioses. También es de todos ellos el que hace más bien a los hombres; porque no conozco mayor ventaja para un joven, que tener un amante virtuoso; ni para un amante, que el amar un objeto virtuo-

---

[52] *Theogonia*, v. 116-117-120.

[53] Véanse los *Fragmentos de Parménides*, por Fulleborn.

[54] Antiguos historiadores: Eumelo y Acusilao, según dice Clemente de Alejandría, pusieron en prosa los versos de Hesíodo, y los publicaron como su propia obra.

so. Nacimiento, honores, riqueza, nada puede como el amor inspirar al hombre lo que necesita para vivir honradamente; quiero decir, la vergüenza del mal y la emulación del bien. Sin estas dos cosas es imposible que un particular o un Estado haga nunca nada bello ni grande. Me atrevo a decir que si un hombre, que ama, hubiera cometido una mala acción o sufrido un ultraje sin rechazarlo, más vergüenza le causaría presentarse ante la persona que ama, que ante su padre, su pariente, o ante cualquier otro. Vemos que lo mismo sucede con el que es amado, porque nunca se presenta tan confundido como cuando su amante le sorprende en alguna falta. De manera que si, por una especie de encantamiento, un Estado o un ejército pudieran componerse de amantes y de amados, no habría pueblo que llevara más allá el horror al vicio y la emulación por la virtud. Hombres unidos de este modo, aunque en corto número, podrían en cierta manera vencer al mundo entero; porque, si hay alguno de quien un amante no querría ser visto en el acto de desertar de las filas o arrojar las armas, es la persona que ama; y preferiría morir mil veces antes que abandonar a la persona amada viéndola en peligro y sin prestarle socorro; porque no hay hombre tan cobarde a quien el amor no inspire el mayor valor y no le haga semejante a un héroe. Lo que dice Homero[55] de que inspiran los dioses audacia a ciertos guerreros, puede decirse con más razón del amor que de ninguno de los demás dioses. Sólo los amantes saben morir el uno por el otro. Y no sólo hombres sino las mismas mujeres han dado su vida por salvar a los que amaban. La Grecia ha visto un brillante ejemplo en Alceste, hija de Pelias:

[55] *Ilíada*, l. XI, v. 472; l. XV, v. 262.

sólo ella quiso morir por su esposo, aunque éste tenía padre y madre. El amor del amante sobrepujó tanto a la amistad por sus padres, que los declaró, por decirlo así, personas extrañas respecto de su hijo, y como si fueran parientes sólo en el nombre. Y aun cuando se han llevado a cabo en el mundo muchas acciones magníficas, es muy reducido el número de las que han rescatado de los infiernos a los que habían entrado; pero la de Alceste ha parecido tan bella a los ojos de los hombres y de los dioses, que, encantados éstos de su valor, la volvieron a la vida. ¡Tan cierto es que un amor noble y generoso se hace estimar de los dioses mismos!

"No trataron así a Orfeo, hijo de Eagro, sino que le arrojaron de los infiernos, sin concederle lo que pedía. En lugar de volverle su mujer, que andaba buscando, le presentaron un fantasma, una sombra de ella, porque como buen músico le faltó el valor. Lejos de imitar a Alceste y de morir por la persona que amaba, se ingenió para bajar vivo a los infiernos. Así es que, indignados los dioses, castigaron su cobardía haciéndole morir a manos de mujeres. Por el contrario, han honrado a Aquiles, hijo de Tetis, y le recompensaron, colocándole en las islas de los bienaventurados, porque habiéndole predicho su madre que si mataba a Héctor moriría en el acto, y que si no le combatía volvería a la casa paterna, donde moriría después de una larga vejez, Aquiles no dudó, y prefiriendo la venganza de Patroclo a su propia vida, quiso no sólo morir por su amigo, sino también morir sobre su cadáver.[56] Por esta razón los dioses le han honrado más que a todos los hombres, mereciendo su admiración por el sacrificio que hizo en obsequio

[56] *Ilíada*, l. XVIII. v. 94.

de la persona que le amaba. Esquiles se burla de nosotros cuando dice que el amado era Patroclo. Aquiles era más hermoso, no sólo que Patroclo, sino que todos los demás héroes. No tenía aún pelo de barba y era mucho más joven, como dice Homero. Verdaderamente si los dioses aprueban lo que se hace por la persona que se ama, ellos estiman, admiran y recompensan mucho más lo que se hace por la persona por quien es uno amado. En efecto, el que ama tiene un no sé qué de más divino que el que es amado, porque en su alma existe un dios; y de aquí procede el haber sido tratado mejor Aquiles que Alceste, después de su muerte en las islas de los afortunados.

"Concluyo, pues, que de todos los dioses el amor es el más antiguo, el más augusto, y el más capaz de hacer al hombre feliz y virtuoso durante su vida y después de su muerte".

Así terminó Fedro. Aristodemo pasó en silencio algunos otros, cuyos discursos había olvidado, y se fijó en Pausanias, que habló de esta manera:

"Yo no apruebo, ¡oh Fedro!, la proposición de alabar el amor tal como se ha hecho. Esto sería bueno, si no hubiera más amor que uno, pero como no es así, hubiera sido mejor decir antes cuál es el que debe alabarse. Es lo que me propongo hacer ver. Por lo pronto diré cuál es el amor que merece ser alabado; y después lo alabaré lo más dignamente que me sea posible. Es indudable que no se concibe a Venus sin el amor, y si no hubiera más que una Venus, no habría más que un amor; pero como hay dos Venus, necesariamente hay dos amores. ¿Quién duda de que hay dos Venus? La una de más edad, hija del cielo, que no tiene madre, a la que llamaremos la Venus celeste; la otra más joven, hija de

Júpiter y de Dione, a la que llamaremos la Venus popular. Se sigue de aquí que de los dos amores, que son los ministros de estas dos Venus, es preciso llamar al uno celeste y al otro popular. Todos los dioses sin duda son dignos de ser honrados, pero distingamos bien las funciones de estos dos amores.

"Toda acción en sí misma no es bella ni fea; lo que hacemos aquí, beber, comer, discurrir, nada de esto es bello en sí, pero puede convertirse en tal mediante la manera como se hace. Es bello, si se hace conforme a las reglas de la honestidad; y feo, si se hace contra estas reglas. Lo mismo sucede con el amor. Todo amor, en general, no es bello ni laudable, si no es honesto. El amor de la Venus popular es popular también, y sólo inspira acciones bajas; es el amor que reina entre el común de las personas, que aman sin elección, lo mismo las mujeres que los jóvenes, dando preferencia al cuerpo sobre el alma. Cuanto más irracional es, tanto más les persiguen porque sólo aspiran al goce, y con tal que lleguen a conseguirlo les importa muy poco por qué medios. De aquí procede que sienten afección por todo lo que se presenta, bueno o malo, porque su amor no es el de la Venus más joven, nacida de varón y de hembra. Pero no habiendo nacido la Venus celeste de hembra, sino tan sólo de varón, el amor que la acompaña sólo busca los jóvenes. Ligado a una diosa de más edad, y que, por consiguiente, no tiene la sensualidad fogosa de la juventud, los inspirados por este amor sólo gustan del sexo masculino, naturalmente más fuerte y más inteligente. He aquí las señales, mediante las que pueden conocerse los verdaderos servidores de este amor; no buscan los demasiado jóvenes, sino aquellos cuya inteligencia comienza a desenvolverse, es decir, que ya les apunta el bozo. Pero su objeto no es, en mi opinión, sacar provecho de la imprudencia de un amigo demasiado joven, y seducirlo para abandonarlo después y, cantando victoria, dirigirse a otro; sino que se unen sí ellos en relación con el propósito de no separarse y pasar toda su vida con la persona que aman. Sería verdaderamente de desear que hubiera una ley que prohibiera amar a los demasiado jóvenes, para no gastar el tiempo en una cosa tan incierta; porque, ¿quién sabe lo que resultará un día de tan tierna juventud; qué giro tomarán el cuerpo y el espíritu, y hacia qué punto se dirigirán, si hacia el vicio o si hacia la virtud? Los sabios ya se imponen ellos mismos una ley tan justa; pero sería conveniente hacerla observar rigurosamente por los amantes populares de que hablamos, y prohibirles esta clase de compromisos, como se les impide, en cuanto es posible, amar a las mujeres de condición libre. Estos son los que han deshonrado el amor hasta tal punto que han hecho decir que era vergonzoso conceder sus favores a un amante. Su amor intempestivo e injusto por la juventud demasiado tierna es lo único que ha dado lugar a semejante opinión, siendo así que nada de lo que se hace según principios de sabiduría y de honestidad puede ser reprendido justamente.

"No es difícil comprender las leyes que arreglan el amor en otros países, porque son precisas y sencillas. Sólo las costumbres de Atenas y de Lacedemonia necesitan explicación. En la Elides, por ejemplo, y en la Beocia, donde se cultiva poco el arte de la palabra, se dice sencillamente que es bueno conceder sus amores a quien nos ama, y nadie encuentra malo esto, sea joven o viejo. Es preciso creer que en estos países está autorizado así el amor para allanar las dificultades y para hacerse amar sin necesidad de recurrir a los artificios del lenguaje, que desconoce aquella gente. Pero en la Jonia y en todos los países sometidos a la dominación de los bárbaros se tiene este comercio por infame; se proscriben igualmente allí la filosofía y la gimnasia, y es porque los tiranos no gustan ver que entre sus súbditos se formen grandes corazones o amistades y relaciones vigorosas, que es lo que el amor sabe crear muy bien. Los tiranos de Atenas hicieron en otro tiempo la experiencia. La pasión de Aristogitón y la fidelidad de Harmodio trastornaron su dominación. Es claro que en estos Estados, donde es vergonzoso conceder sus amores a quien nos ama, esta severidad nace de la iniquidad de los que la han establecido, de la tiranía de los gobernantes y de la cobardía de los gobernados; y que en los países, donde simplemente se dice que es bueno conceder sus favores a quien nos ama, esta indulgencia es una prueba de grosería.

"Todo esto está más sabiamente ordenado entre nosotros. Pero, como ya dije, no es fácil comprender nuestros principios en este concepto. Por una parte, se dice que es mejor aunar a la vista de todo el mundo que amar en decreto, y que es preciso amar con preferencia a los más generosos y más virtuosos, aunque sean menos bellos que los demás.

"Es sorprendente cómo se interesa todo el mundo por el triunfo del hombre que ama; se le anima, lo cual no se haría si el amar no se tuviera por cosa buena; se le aprecia cuando ha triunfado su amor, y se le desprecia cuando no ha triunfado. La costumbre permite al amante emplear medios maravillosos para llegar a su objeto, y no hay ni uno sólo de estos medios que no le haga perder la estimación de los sabios, si se sirve de él para otra cosa que no sea para hacerse amar. Porque si un hombre con el objeto de enriquecerse o de obtener un empleo o de crearse cualquiera otra posición de este género, se atreviera a tener por alguno la menor de las complacencias que tiene un amante para con la persona que ama; si empleara las súplicas, si se valiera de las lágrimas y los ruegos, si hiciera juramento, si durmiera en el umbral de su puerta, si se rebajara a bajezas que un esclavo se avergonzaría de practicar, ninguno de sus enemigos o de sus amigos dejaría de impedir que se envileciera hasta este punto. Los unos le echarían en cara que se conducía como un adulador y como un esclavo; otros se ruborizarían y se esforzarían por corregirlo.

"Sin embargo, todo esto sienta maravillosamente a un hombre que ama; no sólo se admiten estas bajezas sin tenerlas por deshonrosas, sino que se mira como un hombre que cumple muy bien con su deber; y lo más extraño es que se quiere que los amantes sean los únicos perjuros que los dioses dejen de castigar, porque se dice que los juramentos no obligan en asuntos de amor. Tan cierto es que en nuestras costumbres los hombres y los dioses todo se lo permiten a un amante. No hay en esta materia nadie que no esté persuadido de que es muy laudable en esta ciudad amar y recíprocamente hacer lo mismo con los que nos aman.

"Por otra parte, si se considera con qué cuidado un padre pone un pedagogo cerca de sus hijos para que los vigile, y que el principal deber de éste es impedir que hablen a los que los aman; que sus camaradas mismos, si les ven sostener tales relaciones, los hostigan y molestan con burlas; que los de más edad no se oponen a tales burlas, ni reprenden a los que las usan; al ver este cuadro, ¿no se creerá que estamos en un país donde es una vergüenza el mantener semejantes relaciones? He aquí por qué es preciso explicar esta contradicción. El amor, como dije al principio, no es de suyo ni bello ni feo. Es bello, si se observan las reglas de la honestidad; y es feo, si no se tienen en cuenta estas reglas. Es poco honesto conceder sus favores a un hombre vicioso o por malos motivos. Es honesto, si se conceden por motivos justos a un hombre virtuoso. Llamo hombre vicioso al amante popular que ama el cuerpo más bien que el alma; porque su amor no puede tener duración, puesto que ama una cosa que no dura. Tan pronto como la flor de la belleza de lo que amaba ha pasado, vuela a otra parte, sin acordarse ni de sus palabras ni de sus promesas. Pero el amante de un alma bella permanece fiel toda la vida, porque lo que ama es durable.

"Así, pues, la costumbre entre nosotros quiere que uno se mire bien antes de comprometerse; que se entregue a los unos y huya de los otros; ella anima a ligarse a aquellos y huir de estos, porque discierne y juzga de qué especie es así el que ama como el que es amado. Por esto se mira como vergonzoso el entregarse ligeramente, y se exige la prueba del tiempo, que es el que hace conocer mejor todas las cosas. Y también es vergonzoso entregarse a un hombre poderoso y rico, ya se sucumba por temor, ya por debilidad; o que se deje alucinar por el dinero o la esperanza de optar a empleos; porque además de que estas razones no pueden engendrar nunca una amistad generosa, descansa por otra parte sobre fundamentos poco sólidos y durables. Sólo resta un motivo por el que en nuestras costumbres se puede decentemente favorecer a un amante; porque así como la servidumbre voluntaria de un amante para con el objeto de su amor no se tiene por adulación, ni puede echársele en cara tal cosa; en igual forma hay otra especie de servidumbre voluntaria, que no puede nunca ser reprendida y es aquella en la que el hombre se compromete en vista de la virtud. Hay entre nosotros la creencia de que si un hombre se somete a servir a otro con la esperanza de perfeccionarse mediante él en una ciencia o en cualquiera virtud particular, esta servidumbre voluntaria no es vergonzosa y no se llama adulación. Es preciso tratar al amor como a la filosofía y a la virtud, y que sus leyes tiendan al mismo fin, si se quiere que sea honesto favorecer a aquel que nos ama; porque si el amante y el amado se aman mutuamente bajo estas condiciones, a saber: que el amante, en reconocimiento de los favores del que ama, esté dispuesto a hacerle todos los servicios que la equidad le permita; y que el amado, a su vez, en recompensa del cuidado que su amante hubiera tomado para hacerle sabio y virtuoso, tenga con el todas las consideraciones debidas; si el amante es verdaderamente capaz de dar ciencia y virtud a la persona que ama, y la persona amada tiene un verdadero deseo de adquirir instrucción y sabiduría; si todas estas condiciones se verifican, entonces únicamente es decoroso conceder sus favores al que nos ama. El amor no puede permitirse por ninguna otra razón, y entonces no es vergonzoso verse engañado. En cualquier otro caso es vergonzoso, véase o no engañado; porque si con una esperanza de utilidad o de ganancia se entrega uno a un amante, que se creía rico, que después resulta pobre, y que no puede cumplir su palabra, no es menos indigno, porque es ponerse en evidencia y demostrar que mediando el interés se arroja a todo, y esto no tiene nada de bello. Por el contrario, si después de haber favorecido a un amante, que se le creía hombre de bien, y con la esperanza de hacerle uno mejor por medio de su amistad, llega a resultar que este amante no es tal hombre de bien y que carece de virtudes, no es deshonroso verse uno en este caso engañado; porque ha mostrado el fondo de su corazón; y ha puesto en evidencia que por la virtud y con la esperanza de llegar a una mayor perfección, es uno capaz de emprenderlo todo, y nada más glorioso que este pensamiento. Es bello amar cuando la causa es la virtud. Este amor es el de la Venus celeste; es celeste por sí mismo; es inútil a los particulares y a los Estados, y digno para todos de ser objeto de principal estudio, puesto que obliga al amante y al amado a vigilarse a sí mismos y a esforzarse en hacerse mutuamente virtuosos. Todos los demás amores pertenecen a la Venus popular. He aquí, Fedro, todo lo que yo puedo decirte de improviso sobre el amor".

Habiendo hecho Pausanias aquí una pausa (y he aquí un juego de palabras que nuestros sofistas enseñan), correspondía a Aristófanes hablar, pero no pudo hacerlo por un hipo que le sobrevino, no sé si por haber comido demasiado, o por otra razón. Entonces se dirigió al médico Erixímaco que estaba sentado junto a él y le dijo:

—Es preciso Erixímaco, que me libres de este hipo o hables en mi lugar hasta que haya cesado.

—Lo haré —dijo Erixímaco—, y lo hizo de esta manera:

"Pausanias ha empezado muy bien su discurso, pero pareciéndome que a su final no lo ha desenvuelto suficientemente, creo que estoy en el caso de completarlo. Apruebo la distinción que ha hecho de los dos amores, pero creo haber descubierto por mi arte, la medicina, que el amor no reside sólo en el alma de los hombres, donde tiene por objeto la belleza, sino que hay otros objetos y otras mil cosas en que se encuentra; en los cuerpos de todos los animales, en las producciones de la tierra; en una palabra, en todos los seres; y que la grandeza y las maravillas del dios brillan por entero, lo mismo en las cosas divinas que en las cosas humanas. Tomaré mi primer ejemplo de la medicina, en honor a mi arte.

"La naturaleza corporal contiene los dos amores; porque las partes del cuerpo que están sanas y las que están enfermas constituyen necesariamente cosas desemejantes, y lo desemejante ama lo desemejante. El amor, que reside en un cuerpo sano, es distinto del que reside en un cuerpo enfermo, y la máxima, que Pausanias acaba de sentar: que es cosa bella conceder sus favores a un amigo virtuoso, y cosa fea entregarse al que está animado de una pasión desordenada, es una máxima aplicable al cuerpo. También es bello y necesario ceder a lo que hay de bueno y de sano en cada temperamento, y en esto consiste la medicina; por el contrario, es vergonzoso complacer a lo que hay de depravado y de enfermo, y es preciso combatirlo, si ha de ser uno un médico hábil. Porque, para decirlo en pocas palabras, la medicina es la ciencia del amor corporal en relación con la repleción y evacuación; el médico, que sabe discernir mejor en este punto el amor arreglado del vicioso, debe ser tenido por más hábil; y el que dispone de tal manera de las inclinaciones del cuerpo, que puede mudarlas según sea necesario, introducir el amor donde no existe y hace falta, y quitarlo del punto donde es perjudicial, un médico de esta clase es un excelente práctico; porque es preciso que sepa crear la amistad entre los elementos más enemigos, e inspirarles un amor recíproco. Los elementos más enemigos son los más contrarios, como lo frío y lo caliente, lo seco y lo húmedo, lo amargo y lo dulce y otros de la misma especie. Por haber encontrado Esculapio, jefe de nuestra familia, el medio de introducir el amor y la concordia entre estos elementos contrarios, se le tiene por inventor de la medicina, como lo cantan los poetas y como yo mismo creo. Me atrevo a asegurar que el amor preside a la medicina, lo mismo que a la gimnasia y a la agricultura. Sin necesidad de fijar mucho la atención, se advierte su presencia en la música, y quizá fue esto lo que Heráclito quiso decir, si bien no supo explicarlo. La unidad, dice, que se opone a sí misma, concuerda consigo misma; produce, por ejemplo, la armonía de un arco o de una lira. Es un absurdo decir que la armonía es una oposición, o que consiste en elementos opuestos, sino que lo que Heráclito al parecer entendía es que de elementos, al pronto opuestos, como lo grave y lo agudo, y puestos después de acuerdo, es de donde el arte musical saca la armonía.

"En efecto, la armonía no es posible en tanto que lo grave y lo agudo permanecen en oposición; porque la armonía es una consonancia; la consonancia un acuerdo, y no puede haber acuerdo entre cosas opuestas, mientras permanecen opuestas; y así las cosas opuestas, que no concuerdan, no producen armonía. De esta manera también las sílabas largas y las breves, que son opuestas entre sí, componen el ritmo, cuando se las ha puesto de acuerdo. Y aquí es la música, como antes era la medicina, la que produce el acuerdo, estableciendo la concordia o el amor entre las contrarias. La música es la ciencia del amor en relación con el ritmo y la armonía. No es difícil reconocer la presencia del amor en la constitución misma del ritmo y de la armonía. Aquí no se encuentran dos amores, sino que, cuando se trata de poner el ritmo y la armonía en relación con los hombres, sea inventando, lo cual se llama composición músical, sea sirviéndose de los aires y compases ya inventados, lo cual se llama educación, se necesitan entonces atención suma y un artista hábil. Aquí corresponde aplicar la máxima establecida antes: que es preciso complacer a los hombres moderados y a los que están en camino de serlo, y fomentar su amor, el amor legítimo y celeste, el de la musa Urania. Pero respecto al de Polimnia, que es el amor vulgar, no se le debe favorecer sino con gran reserva y de modo que el placer que procure no pueda conducir nunca al desorden. La misma circunspección es necesaria en nuestro arte para arreglar el uso de los placeres de la mesa, de modo que se goce de ellos moderadamente, sin perjudicar a la salud.

"Debemos, pues, distinguir cuidadosamente estos dos amores en la música, en la medicina y en todas las cosas divinas y humanas, puesto que no hay ninguna en que no se encuentren. También se hallan en las estaciones que constituyen el año, porque siempre que los elementos, de que hablé antes, lo frío y lo caliente, lo húmedo y lo seco, contraen los unos para con los otros un amor ordenado y componen una debida y templada armonía, el año es fértil y es favorable a los hombres, a las plantas y a todos los animales, sin perjudicarles en nada. Pero cuando el amor intemperante predomina en la constitución de las estaciones, casi todo lo destruye y arrasa; engendra la peste y toda clase de enfermedades que atacan a los animales y a las plantas; y las heladas, los hielos y las nieblas provienen de este amor desordenado de los elementos. La ciencia del amor, en el movimiento de los astros y de las estaciones del año, se llama astronomía. Además los sacrificios, el uso de la adivinación, es decir, todas las comunicaciones de los hombres con los dioses, sólo tienen por objeto entretener y satisfacer al amor, porque todas las impiedades nacen de que buscamos y honramos en nuestras acciones, no el mejor amor, sino el peor, faz a faz de los vivos, de los muertos y de los dioses. Lo propio de la adivinación es vigilar y cuidar de estos dos amores. La adivinación es la creadora de la amistad, que existe entre los dioses y los hombres, porque sabe todo lo que hay de santo o de impío en las inclinaciones humanas. Por lo tanto, es cierto decir, en general, que el amor es poderoso, y que su poder es universal; pero que cuando se consagra al bien y se ajusta a la justicia y a la templanza, tanto respecto de nosotros como respecto de los dioses, es cuando manifiesta todo su poder y nos procura una felicidad perfecta, estrechándonos a vivir en paz los unos con los otros, y facilitándonos la benevolencia de los dioses, cuya naturaleza se halla tan por cima de la nuestra. Omito quizá muchas cosas en este elogio del Amor, pero no es por falta de voluntad. A ti te toca, Aristófanes, suplir lo que yo haya omitido. Por lo tanto, si tienes el proyecto de honrar al dios de otra manera, hazlo y comienza, ya, que tu hipo ha cesado".

Aristófanes respondió:

—Ha cesado, en efecto, y sólo lo achaco al estornudo; y me admira que para restablecer el orden en la economía del cuerpo haya necesidad de un movimiento como éste, acompañado de ruidos y agitaciones ridículas; porque realmente el estornudo ha hecho cesar el hipo sobre la marcha.

—Mira lo que haces, mi querido Aristófanes —dijo Eriximaco—, estás a punto de hablar y parece que te burlas a mi costa; pues cuando podías discurrir en paz, me precisas a que te vigile, para ver si dices algo que se preste a la risa.

—Tienes razón Erixímaco —respondió Aristófanes sonriéndose—. Haz cuenta que no he dicho nada, y no hay necesidad de que me vigiles, porque temo no el hacer reír con mi discurso, de lo que se alegraría mi musa para la que sería un triunfo, sino el decir cosas ridículas.

—Después de lanzar la flecha —replicó Erixímaco—, ¿crees que te puedes escapar? Fíjate bien en lo que vas a decir, Aristófanes, y habla como si tuvieras que dar cuenta de cada una de tus palabras. Quizá, si me parece el caso, te trataré con indulgencia.

—Sea lo que quiera, Erixímaco, me propongo tratar el asunto de una manera distinta que lo han hecho Pausanias y tú.

"Porque, me parece, los hombres no han llegado aún en manera alguna a sentir en sí la potencia del amor, que de haberla sentido le hubieran levantado magnificentes templos y altares y hecho sacrificios grandiosos; y no como ahora, que nada de esto se le hace, siendo así que se le debe todo ello y aun más, y en grande. Que es el amor, de entre los dioses, el más amable para con los hombres, solícito ayudador de ellos y remediador de aquellas cosas precisamente que, una vez remediadas, al género humano llevaran a suprema felicidad. Intentaré, pues, descubrirles, a manera de introductor, el poder del amor; ustedes, en retorno, harán de maestros para los demás. Primero, con todo, es necesario que conozcan cuál fue en su nacimiento la naturaleza humana y qué cosas le han pasado; que nuestra prístina naturaleza no fue la misma que es ahora, sino otra y diversa. Tres fueron, al principio, las clases de hombres y no dos, como ahora, macho y hembra; que había, además, una clase común de ambas, de la que no queda sino el nombre, que ella, en su realidad, ha desaparecido. Porque lo machi-hembra fue, en su tiempo, una realidad visible, y con nombre común formado de ambos: de macho y de hembra, mientras que ahora no queda sino el nombre y aun lo es de oprobio.

"Además: el aspecto que a la vista presentaba cada hombre era, en total, redondo, con espalda y pechos dispuestos en círculo, con cuatro manos, con dos rostros perfectamente iguales sobre un solo cuello circular, una sola cabeza sobre ambos y opuestos rostros, cuatro orejas, dos vergüenzas y todo lo demás a tenor y por semejanza con lo dicho. Caminaba recto, como ahora y en cualquiera de las dos direcciones, a voluntad; pero si le daba alguna vez por correr a toda prisa, podían los hombres —cual ahora los acróbatas, que, levantando las piernas en alto, dan circulares volteretas—, apoyándose sobre los ocho miembros que tenían, moverse velozmente en círculo. Por estas razones tres eran las clases de hombres: lo varón, por nacimiento y por principio engendro del Sol; lo hembra, de la Tierra; lo común de ambos, engendro de la Luna, que la Luna participa también de ambos. Por esto las tres clases eran circulares y circular era su marcha, por ser semejantes a sus progenitores. Eran terribles por su robustez y por su fuerza, y con pensamientos tan grandiosos en sus mentes que la emprendieron con los dioses, y lo que cuenta Homero sobre Efialtes y Otto[57], eso mismo se cuenta de ellos: que pusieron manos a la obra de escalar el Cielo para encumbrarse aun sobre los mismos dioses. Deliberaban, pues, entre sí Júpiter y los demás dioses sobre

[57] *Odisea*, l. XI, v. 307.

qué tenían que hacer y no daban con la salida; porque no lo era la de exterminarlos y extinguir tal linaje a rayos, cual el de los gigantes —puesto que con ello se les acababan los honores y con los hombres desaparecían los sacrificios—, ni había manera tampoco de permitir semejante desacato. Y, después de mucho pensarlo, habló Júpiter y dijo de esta manera: "Me parece haber dado con una traza para que haya hombres y cese, con todo, su insolencia: debilitarlos. Voy, dijo, a dividir a cada uno en dos, con lo que resultarán más débiles y a la vez más útiles para nosotros, por haber crecido en número. Andarán rectos sobre dos piernas. Y si les da aún por insolentarse y no quieren llevar las cosas en paz, los dividiré, dijo, una vez más en dos, de modo que anden a saltos, sobre una sola pierna".

"Y, diciendo y haciendo, cortó a cada hombre en dos, y la hizo lo mismo que cuando se cortan huevos para salarlos, o como cuando con un cabello se los divide en dos partes iguales. Y a medida que los iba cortando ordenaba a Apolo que diera media vuelta hacia el corte al rostro y a la mitad del cuello, para que, viendo cada hombre el espectáculo de su sajadura, se volviera más compuesto; y le mandó que lo demás lo curara simplemente. Apolo dio media vuelta al rostro y, recogiendo de todas partes piel hacia lo que ahora llamamos vientre, cual se cierran con cordel las bolsas, unió la piel hacia la mitad del vientre, dejando esa abertura que se llama ombligo. Alisó casi todos los demás pliegues y enderezó el pecho, sirviéndose de instrumento parecido al que emplean los zapateros para suavizar las asperezas de las pieles, ajustándose a horma bella para el pie. Dejó, con todo, algunos pliegues —alrededor del vientre y el ombligo mismo— para memoria de este prístino suceso.

Cortada, pues, así en dos la humana naturaleza, se iba la una mitad hacia su otra mitad con ansias de unión, rodeándose los brazos en abrazo y en mutuo entrelazamiento, deseando nacerse otra vez en uno; y se morían de hambre y perecían de inanición por no querer una parte hacer nada sin su otra. Y cuando una de las partes moría, abandonando a la otra, la así abandonada buscaba a la primera, se enlazaba con ella, tanto que fuera tal mitad de una mujer entera, mitad que ahora llamamos mujer, o mitad de varón; y así perecían. Compadecido Júpiter, aprestó otra traza, y fue que de traseras cambió de lugar las vergüenzas y las puso delanteras —que hasta entonces las tenían los hombres por fuera y engendraban y parían no los unos en los otros, sino en tierra, cual las cigarras; cambiándolas, pues, al lugar delantero, hizo que la generación la hicieran los unos en los otros, el varón en la hembra. Y precisamente por estos fines: para que, si se encontraban varón con mujer, en su unión engendraran y por ella renaciera la raza; y si varón con varón, llegara su unión a una cierta saciedad, hicieran en ella una pausa y volvieran sus manos a otras obras y sus cuidados a otra vida.

"Y desde este suceso es el amor entre los hombres innato y perenne recordatorio de nuestra prístina naturaleza, que ha tomado por empresa de sus manos hacer de dos uno y sanar la naturaleza humana. Es, pues, cada uno de nosotros gajo de hombre; y, de uno que era, cortado en dos como las platijas. Y así va cada uno en busca de su gajo: los varones que sean cortes de aquel todo que en otros tiempos se llamó Andrógino o Machi-hembra son amantes de mujeres y de ellos salen los más de los adúlteros y, a su vez, todas las mujeres amantes de varones y adúlteras proceden de este mismo tipo; mientras que las mujeres que sean cortes de mujer no hacen gran caso de los varones, les da más bien por las mujeres, y de este tipo salen las etairistrias. Empero, los que son cortes de varón van tras los varones; y mientras son jóvenes, por ser nada más recorte de varón, se dan al amor de los varones y les es un placer dormir juntos y abrazarse con ellos; y son éstos los jóvenes mejores y los mejores mozos, puesto que son de naturaleza superlativamente varonil. Podrían llamarlos algunos desvergonzados, mas falsamente; que no obran así por desvergüenza; que, más bien, se abrazan con sus homosexuales por valientes, por viriles, por machos. Gran testimonio es de esto el que ellos solos, de entre los varones, son los que, llegados a pubertad, descienden al palenque de la política. Y, ya de hombres, se dan al amor de los mancebos y les viene de natural no parar de mentir en lo de hacerse con mujer e hijos, a no ser que a ello les fuerce la ley, pues a ellos les bastara con vivir, solteros de mujer, los unos con los otros. Y quien así sea resultará sin más amante de mancebos y amado de mancebos, con sus homosexuales en perennemente indisoluble abrazo. Cuando, empero, tienen la buena suerte de dar con aquella mitad que es la suya, todos —pederastas o no— quedan por golpe maravilloso tocados de amistad, de intimidad, de amor, que ya no querrían, por decirlo así, separarse unos de otros ni por un breve punto de tiempo. Y estos son los que se enamoran de por vida, aunque no supieran por cierto decirnos de qué tienen mutua gana los unos y los otros, porque si encuentran tanto gusto en vivir de esta suerte, no es de creer que sea la causa de esto el placer de los sentidos. Evidentemente su alma desea otra cosa, que ella no puede expresar, pero que adivina y da a entender. Y si cuando están el uno en brazos del otro, Vulcano se apareciera con los instrumentos de su arte, y les dijera: «¡Oh, hombres!, ¿qué es lo que exigen recíprocamente?», y si viéndolos perplejos, continuara interpelando de esta manera: «lo que quieren, ¿no es estar de tal manera unidos, que ni de día ni de noche estén el uno sin el otro? Si es esto lo que desean, voy a fundirlos y mezclarlos de tal manera que no serán ya dos personas, sino una sola; y que mientras vivan, lo hagan en una vida común como una sola persona, y que cuando hayan muerto, en la muerte misma los reúnan de manera que no sean dos personas sino una sola. Vean ahora si es esto lo que desean, y si esto los puede hacer completamente felices».

"Es bien seguro que si Vulcano les dirigiera este discurso, ninguno de ellos negaría, ni respondería, que deseaba otra cosa, persuadido de que el dios acababa de expresar lo que en todos los momentos estaba en el fondo de su alma; esto es, el deseo de estar unido y confundido con el objeto amado, hasta no formar más que un solo ser con él. La causa de esto es que nuestra naturaleza primitiva era una, y que éramos un todo completo, y se da el nombre de amor al deseo y prosecución de este antiguo estado. Primitivamente, como he dicho, nosotros éramos uno; pero después en castigo de nuestra iniquidad nos separó Júpiter, como los arcadios lo fueron por los lacedemonios.[58] Debemos procurar no cometer ninguna falta contra los dioses, por temor de exponernos a una segunda división, y no ser como las figuras presentadas de perfil en los bajorrelieves, que no tienen más que medio semblante, o como los dados

[58] Los lacedemonios invadieron la Arcadia, destruyeron los muros de Mantinea y deportaron los habitantes a cuatro o cinco puntos.

cortados en dos.[59] Es preciso que todos nos exhortemos mutuamente a honrar a los dioses, para evitar un nuevo castigo, y volver a nuestra unidad primitiva bajo los auspicios y la dirección del amor. Que nadie se ponga en guerra con el amor, porque ponerse en guerra con él es atraerse el odio de los dioses. Tratemos, pues, de merecer la benevolencia y el favor de este dios, y nos proporcionará la otra mitad de nosotros mismos, felicidad que alcanzan muy pocos. Que Erixímaco no critique estas últimas palabras, como si hicieran alusión a Pausanias y a Agatón, porque quizá estos son de este pequeño número, y pertenecen ambos a la naturaleza masculina. Sea lo que quiera, estoy seguro de que todos seremos dichosos, hombres y mujeres, si, gracias al amor, encontramos cada uno nuestra mitad, y si volvemos a la unidad de nuestra naturaleza primitiva. Ahora bien, si este antiguo estado era el mejor, necesariamente tiene que ser también mejor el que más se le aproxime en este mundo, que es el de poseer a la persona que se ama según se desea. Si debemos alabar al dios que nos procura esta felicidad, alabemos al amor, que no sólo nos sirve mucho en esta vida, procurándonos lo que nos conviene, sino también porque nos da poderosos motivos para esperar, que si cumplimos fielmente con los deberes para con los dioses, nos restituirá él a nuestra primera naturaleza después de esta vida, curará nuestras debilidades y nos dará la felicidad en toda su pureza.

"He aquí, Erixímaco, mi discurso sobre el Amor. Difiere del tuyo, pero te conjuro a que no te burles, para

[59] Dados que los huéspedes guardaban, cada uno una parte en recuerdo de la hospitalidad.

que podamos oír los de los otros dos, porque aún no han hablado Agatón y Sócrates".

—Te obedeceré —dijo Erixímaco—, con tanto más gusto cuanto tu discurso me ha encantado hasta tal punto que si no conociera cuán elocuentes son en materia de amor Agatón y Sócrates, temería mucho que habrían de quedar muy por bajo, considerando agotada la materia con lo que se ha dicho hasta ahora. Sin embargo, me prometo aún mucho de ellos.

—Has llenado bien tu cometido —dijo Sócrates—; pero si estuvieras en mi lugar en este momento, Erixímaco, y sobre todo después que Agatón haya hablado, te pondrías tembloroso, y te sentirías tan embarazado como yo.

—Tu quieres hechizarme —dijo Agatón a Sócrates— y confundirme haciéndome creer que esperan mucho los presentes, como si yo fuera a decir cosas muy buenas.

—A fe que sería bien pobre mi memoria, Agatón —replicó Sócrates—, si habiéndote visto presentar en la escena, con tanta seguridad y calma, rodeado de comediantes, y recitar tus versos sin la menor emoción, mirando con desembarazo a tan numerosa concurrencia, creyera ahora que habías de turbarte delante de estos pocos oyentes.

—¡Ah! —respondió Agatón—, no creas, Sócrates, que me alucinan tanto los aplausos del teatro, que se me pueda ocultar que para un hombre sensato el juicio de unos pocos sabios es mas temible que el de una multitud de ignorantes.

—Sería bien injusto, Agatón, si tan mala opinión tuviera formada de ti; estoy persuadido de que si tropezaras con un pequeño número de personas, y te parecieran sabios, los preferirías a la multitud. Pero quizá no somos nosotros de estos sabios, porque al cabo estábamos en el teatro y formábamos parte de la muchedumbre. Pero suponiendo que te encontraras con otros, que fueran sabios, ¿no temerías hacer algo que pudieran desaprobar? ¿Qué piensas de esto?

—Dices verdad —respondió Agatón.

—¿Y no tendrías el mismo temor respecto de la multitud, si creyeras hacer una cosa vergonzosa?

Entonces Fedro tomó la palabra y dijo:

—Mi querido Agatón, si continúas respondiendo a Sócrates, no se cuidará de lo demás, porque él, teniendo con quien conversar, ya está contento, sobre todo si su interlocutor es hermoso. Sin duda yo tengo complacencia en oír a Sócrates, pero debo vigilar para que el amor reciba las alabanzas, que le hemos prometido, y que cada uno de nosotros pague este tributo. Cuando haya cumplido con el dios, pueden reanudar su conversación.

—Tienes razón, Fedro —dijo Agatón—, y no hay inconveniente en que yo hable, porque podré en otra ocasión entrar en conversación con Sócrates. Voy, pues, a indicar el plan de mi discurso, y luego entraré en materia.

"Me parece que todos los que hasta ahora han hablado, han alabado no tanto al amor, como a la felicidad que este dios nos proporciona. ¿Y cuál es el autor de tantos bienes? Nadie nos lo ha dado a conocer. Y sin embargo, la única manera debida de alabarle es explicar la naturaleza del asunto de que se trata, y desenvolver los efectos que ella produce. Por lo tanto, para alabar al amor, es preciso decir lo que es el amor, y hablar en seguida de sus beneficios. Digo, pues, que de todos los dioses, el amor, si puede decirse sin ofensa, es el más dichoso, porque es el más bello y el mejor. Es el más bello, Fedro, porque, en primer lugar, es el más joven de los dioses, y él mismo prueba esto, puesto que en su camino escapa siempre a la vejez, aunque ésta corre harto ligera, por lo menos más de lo que nosotros desearíamos. El amor la detesta naturalmente, y se aleja de ella todo lo posible, mientras que acompaña a la juventud y se complace con ella, siguiendo aquella máxima antigua muy verdadera: que lo semejante se une siempre a su semejante. Estando de acuerdo con Fedro sobre todos los demás puntos, no puedo convenir con él en cuanto a que el amor sea más anciano que Saturno y Japet. Sostengo, por el contrario, que es el más joven de los dioses, y que siempre es joven. Esas viejas querellas de los dioses, que nos refieren Hesíodo y Parménides, si es que son verdaderas, han tenido lugar bajo el imperio de la Necesidad, y no bajo el del Amor; porque no hubiera habido entre los dioses ni mutilaciones, ni cadenas, ni otras muchas violencias, si el amor hubiera estado con ellos, porque la paz y la amistad los hubieran unido, como sucede al presente y desde que el amor reina sobre ellos. Es cierto que es joven y además delicado; pero fue necesario un poeta, como Homero, para expresar la delicadeza de este dios. Homero dice que Ate es diosa y delicada. «Sus pies, dice, son delicados, porque no los posa nunca en tierra, sino que marcha sobre la cabeza de los hombres».[60]

"Creo que queda bastante probada la delicadeza de Ate, diciendo que no se apoya sobre lo que es duro, sino sobre lo que es suave. Me serviré de una prueba análoga para demostrar cuán delicado es el amor. No marcha sobre la tierra, ni tampoco sobre las cabezas, que por otra parte no presentan un punto de apoyo muy suave, sino que marcha y descansa sobre las cosas más tiernas,

[60] *Ilíada*, l. XIX, v. 92.

porque es en los corazones y en las almas de los dioses y de los hombres donde fija su morada. Pero no en todas las almas, porque se aleja de los corazones duros, y sólo descansa en los corazones delicados. Y como nunca toca con el pie ni con ninguna otra parte de su cuerpo sino en lo más delicado de los seres más delicados, necesariamente ha de ser él de una delicadeza extremada; y es, por consiguiente, el más joven y el más delicado de los dioses. Además es de una esencia sutil; porque no podría extenderse en todas direcciones, ni insinuarse, desapercibido, en todas las almas, ni salir de ellas, si fuera de una sustancia sólida; y lo que obliga a reconocer en él una esencia sutil es la gracia, que, según común opinión, distingue eminentemente al amor; porque el amor y la fealdad están siempre en guerra. Como vive entre las flores, no se puede dudar de la frescura de su tez. Y, en efecto, el amor jamás se detiene en lo que no tiene flores, o que las tiene ya marchitas, ya sea un cuerpo o un alma o cualquiera otra cosa; pero donde encuentra flores y perfumes, allí fija su morada. Podrían presentarse otras muchas pruebas de la belleza de este dios, pero las dichas bastan. Hablemos de su virtud. La mayor ventaja del amor es que no puede recibir ninguna ofensa de parte de los hombres o de los dioses, y que ni dioses ni hombres pueden ser ofendidos por él, porque si sufre o hace sufrir es sin coacción, siendo la violencia incompatible con el amor. Sólo de libre voluntad se somete uno al amor, y a todo acuerdo, concluido voluntariamente, las leyes, reinas del Estado, lo declaran justo. Pero el amor no sólo es justo, sino que es templado en alto grado, porque la templanza consiste en triunfar de los placeres y de las pasiones; ¿y hay un placer por cima del amor? Si todos los placeres y todas las pasiones están por bajo del amor, precisamente los domina; y si los domina, es necesario que esté dotado de una templanza incomparable. En cuanto a su fuerza, Marte mismo no puede igualarle, porque no es Marte el que posee el amor, sino el amor el que posee a Marte, el amor de Venus, como dicen los poetas; porque el que posee es más fuerte que el objeto poseído; y superar al que supera a los demás, ¿no es ser el más fuerte de todos?

"Después de haber hablado de la justicia, de la templanza y de la fuerza de este dios, resta probar su habilidad. Tratemos de llenar en cuanto sea posible este vacío. Para honrar mi arte, como Erixímaco ha querido honrar el suyo, diré que el amor es un poeta tan entendido, que convierte en poeta al que quiere; y esto sucede aun cuando sea uno extraño a las musas, y en el momento que uno se siente inspirado por el amor; lo cual prueba que el amor es notable en esto de llevar a cabo las obras que son de la competencia de las musas, porque no se enseña lo que se ignora, como no se da lo que no se tiene. ¿Podrá negarse que todos los seres vivos son obra del amor bajo la relación de su producción y de su nacimiento? ¿Y no vemos que en todas las artes el que ha recibido lecciones del amor se hace hábil y célebre, mientras que se queda en la oscuridad el que no ha sido inspirado por este dios? A la pasión y al amor debe Apolo la invención de la medicina, de la adivinación, del arte de asaetear; de modo que puede decirse que el amor es el maestro de Apolo; como de las musas, en cuanto a la música; de Vulcano, respecto del arte de fundir los metales; de Minerva, en el de tejer; de Júpiter, en el de gobernar a los dioses y a los hombres. Si se ha restablecido la concordia entre los dioses, hay que atribuirlo al amor, es decir, a la belleza, porque el amor no se une a la fealdad. Antes del amor, como dije al principio, pasaron entre los dioses muchas cosas deplorables bajo el reinado de la Necesidad. Pero en el momento en que este dios nació, del amor a lo bello emanaron todos los bienes sobre los dioses y sobre los hombres. He aquí, Fedro, por qué me parece que el amor es muy bello y muy bueno, y que además comunica a los otros estas mismas ventajas. Terminaré con un himno poético.

"El amor es el que da paz a los hombres, calma a los mares, silencio a los vientos, lecho y sueño a la inquietud. Él es el que aproxima a los hombres y les impide ser extraños los unos a los otros; principio y lazo de toda sociedad, de toda reunión amistosa, preside las fiestas, los coros y los sacrificios. Llena de dulzura y aleja la rudeza; excita la benevolencia e impide el odio. Propicio a los buenos, admirado por los sabios, agradable a los dioses, objeto de emulación para los que no lo conocen aún, tesoro precioso para los que le poseen, padre del lujo, de las delicias, del placer, de los dulces encantos, de los deseos tiernos, de las pasiones; vigila a los buenos y desprecia a los malos. En nuestras penas, en nuestros temores, en nuestros disgustos, en nuestras palabras es nuestro consejero, nuestro sostén, y nuestro salvador. En fin, es la gloria de los dioses y de los hombres, el mejor y más precioso maestro, y todo mortal debe seguirle y repetir en su honor los himnos de que él mismo se sirve, para derramar la dulzura entre los dioses y entre los hombres. A este dios, ¡oh Fedro!, consagro este discurso que ha sido ya festivo, ya serio, según me lo ha sugerido mi propio ingenio".

Cuando Agatón hubo concluido su discurso, todos los presentes aplaudieron y declararon que había hablado de una manera digna del dios y de él. Entonces Sócrates, dirigiéndose a Erixímaco, dijo:

—Y bien, hijo de Acumenes, ¿no tenía razón para temer, y no fui buen profeta, cuando les anuncié que Agatón haría un discurso admirable, y me pondría a mí en un conflicto?

—Has sido buen profeta —respondió Erixímaco— al anunciarnos que Agatón hablaría bien; pero creo que no lo has sido al predecir que te verías en un conflicto.

—¡Ah!, querido mío —repuso Sócrates—, ¿quién no se ve en un conflicto, teniendo que hablar después de oír un discurso tan bello, tan variado y tan admirable en todas sus partes, y principalmente en su final, cuyas expresiones son de una belleza tan acabada, que no se las puede oír sin conmoverse? Me siento tan incapaz de decir algo tan bello, que lleno de vergüenza habría abandonado el puesto si hubiera podido, porque la elocuencia de Agatón me ha recordado a Gorgias, hasta el punto de sucederme realmente lo que dice Homero: temía que Agatón, al concluir, lanzara en cierta manera sobre mi discurso la cabeza de Gorgias,[61] este orador terrible, petrificando mi lengua. Al mismo tiempo he conocido que ha sido una ridiculez el haberme comprometido con ustedes a celebrar a mi vez el amor, y el haberme alabado de ser sabio en esta materia, yo que no sé alabar cosa alguna. En efecto, hasta aquí he estado en la inocente creencia de que en un elogio sólo deben entrar cosas verdaderas; que esto era lo esencial, y que después sólo restaba escoger, entre estas cosas, las más bellas, y disponerlas de la manera más conveniente. Tenía por esto gran esperanza de hablar bien, creyendo

[61] Es una alusión a un pasaje de la *Odisea*, v. 632.

saber la verdadera manera de alabar. Pero ahora resulta que este método no vale nada; que es preciso atribuir las mayores perfecciones al objeto que se ha intentado alabar, pertenézcanle o no, no siendo de importancia su verdad o su falsedad; como si al parecer hubiéramos convenido en figurar que cada uno de nosotros hacía el elogio del amor, y en realidad no hacerlo. Por esta razón creo yo atribuyes al amor todas las perfecciones, y ensalzándole le haces causa de tan grandes cosas, para que aparezca muy bello y muy bueno, quiero decir, a los ignorantes, y no ciertamente a las personas ilustradas. Esta manera de alabar es bella e imponente, pero me era absolutamente desconocida, cuando les di mi palabra. Mi lengua y no mi corazón es la que ha contraído este compromiso.[62] Permitirme romperlo, porque no me considero en posición de poder hacer un elogio de este género. Pero si lo quieren, hablaré a mi manera, proponiéndome decir sólo cosas verdaderas, sin aspirar a la ridícula pretensión de rivalizar con ustedes en elocuencia. Mira, Fedro, si te conviene oír un elogio, que no traspasará los límites de la verdad, y en el cual no habrá refinamiento ni en las palabras ni en las formas.

Fedro y los demás de la reunión le manifestaron que podía hablar como quisiera.

—Permíteme aún, Fedro —replicó Sócrates—, hacer algunas preguntas a Agatón, a fin de que con su asentimiento pueda hablar con más seguridad.

—Con mucho gusto —respondió Fedro—, no tienes más que interrogar.

Dicho esto, Sócrates comenzó de esta manera.

---

[62] Alusión a un verso del *Hipólito* de Eurípides, v. 612.

—Te vi, mi querido Agatón, entrar perfectamente en materia, diciendo que era preciso mostrar primero cuál es la naturaleza del amor, y en seguida cuáles son sus efectos. Apruebo esta manera de comenzar. Veamos ahora, después de lo que has dicho, todo bello y magnífico, sobre la naturaleza del amor, algo más aún. Dime: ¿el amor es el amor de alguna cosa o de nada?[63] No te pregunto si es hijo de un padre o de una madre, porque sería una pregunta ridícula. Si, por ejemplo, con motivo de un padre, te preguntara si es o no padre de alguna cosa, tu respuesta, para ser exacta, debería ser que es padre de un hijo o de una hija; ¿no convienes en ello?

—Sí, sin duda —dijo Agatón.

—¿Y lo mismo sería de una madre?

Agatón convino en ello.

—Permite aún —dijo Sócrates— que haga algunas preguntas para poner más en claro mi pensamiento: un hermano, a causa de esta misma cualidad, ¿es hermano de alguno o no lo es?

—Lo es de alguno —respondió Agatón.

—De un hermano o de una hermana.

Convino en ello.

—Trata, pues —replicó Sócrates—, de demostrarnos si el amor es el amor de nada o si es de alguna cosa.

—De alguna cosa, seguramente.

—Conserva bien en la memoria lo que dices, y acuérdate de qué cosa el amor es amor; pero antes de pasar adelante, dime si el amor desea la cosa que él ama.

—Sí, ciertamente.

[63] Locución griega τινός o ‘Ερως significa igualmente el amor de alguna cosa, y el amor hijo de alguno.

—Pero —replicó Sócrates—, ¿es poseedor de la cosa que desea y que ama, o no la posee?

—Es probable —replicó Agatón— que no la posea.

—¿Probable?, mira si no es más bien necesario que el que desea le falte la cosa que desea, o bien que no la desee si no le falta. En cuanto a mí, Agatón, es admirable hasta qué punto es a mis ojos necesaria esta consecuencia. ¿Y tú qué dices?

—Lo mismo.

—Muy bien; así, pues, ¿el que es grande deseará ser grande, y el que es fuerte ser fuerte?

—Eso es imposible, teniendo en cuenta aquello en que ya hemos convenido.

—Porque no se puede carecer de lo que se posee.

—Tienes razón.

—Si el que es fuerte —repuso Sócrates— deseara ser fuerte, el que es ágil, ágil, el que es robusto, robusto... quizá alguno podría imaginarse en éste y otros casos semejantes que los que son fuertes, ágiles y robustos, y que poseen estas cualidades, desean aún lo que ellos poseen. Para que no vayamos a caer en semejante equivocación, es por lo que insisto en este punto. Si lo reflexionas, Agatón, verás que lo que estas personas poseen, lo poseen necesariamente, quieran o no quieran; ¿y cómo entonces podrían desearlo? Y si alguno me dijera: "rico y sano deseo la riqueza y la salud; y, por consiguiente, deseo lo que poseo", nosotros podríamos responderle: "posees la riqueza, la salud y la fuerza, y si tú deseas poseer estas cosas es para el porvenir, puesto que al presente las posees ya, lo quieras o no". Mira, pues, si cuando dices: "deseo una cosa que tengo al presente", no significa esto: "deseo poseer en el porvenir lo que tengo en este momento". ¿No convendrías en esto?

—Lo haría —respondió Agatón.

—Pues bien, prosiguió Sócrates, ¿no es esto amar lo que no se está seguro de poseer, aquello que no se posee aún, y desear conservar para el porvenir aquello que se posee al presente?

—Sin duda.

—Por lo tanto, lo mismo en este caso que en cualquiera otro, el que desea, desea lo que no está seguro de poseer, lo que no existe al presente, lo que no posee, lo que no tiene, lo que le falta. Esto es, pues, desear y amar.

—Seguramente.

—Resumamos —añadió Sócrates— lo que acabamos de decir. Primeramente, el amor es el amor de alguna cosa; en segundo lugar, de una cosa que le falta.

—Sí —dijo Agatón.

—Acuérdate ahora —replicó Sócrates— de qué cosa, según tú el amor es amor. Si quieres, yo te lo recordaré. Has dicho, me parece, que se restableció la concordia entre los dioses mediante el amor a lo bello, porque no hay amor de lo feo. ¿No es esto lo que has dicho?

—Lo he dicho, claro.

—Y con razón, mi querido amigo. Y si es así, ¿el amor es el amor de la belleza, y no de la fealdad?

Convino en ello.

—¿No hemos convenido en que se aman las cosas cuando se carece de ellas y no se poseen?

—Sí.

—Luego el amor carece de belleza y no la posee.

—Necesariamente.

—¡Pero qué! ¿Llamas bello a lo que carece de belleza, a lo que no posee en manera alguna la belleza?

—No, ciertamente.

—Si es así —repuso Sócrates—, ¿sostienes aún que el amor es bello?

—Temo mucho —respondió Agatón— no haber comprendido bien lo que yo mismo decía.

—Hablas con prudencia, Agatón; pero continúa por un momento respondiéndome: ¿te parece que las cosas buenas son bellas?

—Así me parece.

—Entonces el amor carece de belleza, y si lo bello es inseparable de lo bueno, el amor carece también de bondad.

—Es preciso, Sócrates, conformarse con lo que dices, porque no hay medio de resistirte.

—Es, mi querido Agatón, imposible resistir a la verdad; resistir a Sócrates es bien sencillo. Pero te dejo en paz, porque quiero referirte la conversación que cierto día tuve con una mujer de Mantinea, llamada Diotima. Era mujer muy entendida en cosas del amor, y lo mismo en muchas otras cosas. Ella fue la que prescribió a los atenienses los sacrificios, mediante los que se libraron durante diez años de una peste que los estaba amenazando. Todo lo que sé sobre el amor se lo debo a ella. Voy a referirles lo mejor que pueda, y conforme a los principios en que hemos convenido Agatón y yo, la conversación que con ella tuve; y para ser fiel a tu método, Agatón, explicaré primero lo que es el amor, y en seguida cuáles son sus efectos. Me parece más fácil referir fielmente la conversación que tuve con la extranjera. Había dicho a Diotima casi las mismas cosas que acaba de decirnos Agatón: que el amor era un gran dios, y amor de lo bello; y ella se servía de las mismas razones que acabo de emplear yo contra Agatón para probarme que el amor no es ni bello ni bueno. Yo la repliqué:

¿qué piensas tú, Diotima, entonces? ¡Qué!, ¿será posible que el amor sea feo y malo?

—Habla mejor —me respondió—: ¿crees que todo lo que no es bello es necesariamente feo?

—Mucho que lo creo.

—¿Y crees que no se puede carecer de la ciencia sin ser absolutamente ignorante? ¿No has observado que hay un término medio entre la ciencia y la ignorancia?

—¿Cuál es?

—Tener una opinión verdadera sin poder dar razón de ella; ¿no sabes que esto, ni es ser sabio, puesto que la ciencia debe fundarse en razones, ni es ser ignorante, puesto que lo que participa de la verdad no puede llamarse ignorancia? La verdadera opinión ocupa un lugar intermedio entre la ciencia y la ignorancia.

Confesé a Diotima que decía verdad.

—No afirmes, pues —replicó ella—, que todo lo que no es bello es necesariamente feo, y que todo lo que no es bueno es necesariamente malo. Y por haber reconocido que el amor no es ni bueno ni bello, no vayas a creer que necesariamente es feo y malo, sino que ocupa un término medio entre estas cosas contrarias.

—Sin embargo —repliqué yo—, todo el mundo está acorde en decir que el amor es un gran dios.

—¿Qué entiendes tú, Sócrates, por todo el mundo? ¿Son los sabios o los ignorantes?

—Entiendo todo el mundo sin excepción.

—¿Cómo —replicó ella sonriéndose— podría pasar por un gran dios para todos aquellos que ni aun por dios le reconocen?

—¿Cuáles —le dije— pueden ser esos?

—Tú y yo —respondió ella.

—¿Cómo puedes probármelo?

—No es difícil. Respóndeme. ¿No dices que todos los dioses son bellos y dichosos? ¿O te atreverías a sostener que hay uno que no sea ni dichoso ni bello?

—¡No, por Júpiter!

—¿No llamas dichosos a aquellos que poseen cosas bellas y buenas?

—Seguramente.

—Pero estás conforme en que el amor desea las cosas bellas y buenas, y que el deseo es una señal de privación.

—En efecto, estoy conforme en eso.

—¿Cómo entonces —repuso Diotima— es posible que el amor sea un dios, estando privado de lo que es bello y bueno?

—Eso, a lo que parece, no puede ser en manera alguna.

—¿No ves, por consiguiente, que también tú piensas que el amor no es un dios?

—¡Pero qué! —le respondí—, ¿es que el amor es mortal?

—De ninguna manera.

—Pero, en fin, Diotima, dime qué es.

—Es, como dije antes, una cosa intermedia entre lo mortal y lo inmortal.

—¿Pero qué es por último?

—Un gran demonio, Sócrates; porque todo demonio ocupa un lugar intermedio entre los dioses y los hombres.

—¿Cuál es —le dije— la función propia de un demonio?

—La de ser intérprete y medianero entre los dioses y los hombres; llevar al cielo las súplicas y los sacrificios de estos últimos, y comunicar a los hombres las órdenes de los dioses y la remuneración de los sacrificios que les han ofrecido. Los demonios llenan el intervalo que separa el cielo de la tierra; son el lazo que une al gran todo. De ellos procede toda la esencia adivinatoria y el arte de los sacerdotes en relación con los sacrificios, con los misterios, con los encantamientos, con las profecías y con la magia. La naturaleza divina, como no entra nunca en comunicación directa con el hombre, se vale de los demonios para relacionarse y conversar con los hombres, ya durante la vigilia, ya durante el sueño. El que es sabio en todas estas cosas es demoniaco; y el que es hábil en todo lo demás, en las artes y oficios, es un simple operario. Los demonios son muchos y de muchas clases, y el amor es uno de ellos.

—¿A qué padres debe su nacimiento? —pregunté a Diotima.

—Voy a decírtelo —respondió ella—, aunque la historia es larga.

"Cuando fue el nacimiento de Venus, hubo entre los dioses un gran festín, en el que se encontraba, entre otros, Poros,[64] hijo de Metis.[65] Después de la comida, Penia[66] se puso a la puerta para mendigar algunos desperdicios. En este momento, Poros, embriagado con el néctar (porque aún no se hacía uso del vino), salió de la sala y entró en el jardín de Júpiter, donde el sueño no tardó en cerrar sus cargados ojos. Entonces, Penia, estrechada por su estado de penuria, se propuso tener un hijo de Poros. Fue a acostarse con él, y se hizo madre del amor. Por esta razón el amor se hizo el compañero

[64] La Abundancia.

[65] La Prudencia.

[66] La Pobreza.

y servidor de Venus, porque fue concebido el mismo día en que ella nació; además de que el amor ama naturalmente la belleza y Venus es bella. Y ahora, como hijo de Poros y de Penia, he aquí cuál fue su herencia. Por una parte es siempre pobre, y lejos de ser bello y delicado, como se cree generalmente, es flaco, desaseado, sin calzado, sin hogar, sin más lecho que la tierra, sin tener con qué cubrirse, durmiendo a la luna, junto a las puertas o en las calles; en fin, lo mismo que su madre, está siempre peleando con la miseria. Pero, por otra parte, según el natural de su padre, siempre está a la pista de lo que es bello y bueno, es varonil, atrevido, perseverante, cazador hábil; ansioso de saber, siempre maquinando algún artificio, aprendiendo con facilidad, filosofando sin cesar; encantador, mágico, sofista. Por naturaleza no es ni mortal ni inmortal, pero en un mismo día aparece floreciente y lleno de vida, mientras está en la abundancia, y después se extingue para volver a revivir, a causa de la naturaleza paterna. Todo lo que adquiere lo disipa sin cesar, de suerte que nunca es rico ni pobre. Ocupa un término medio entre la sabiduría y la ignorancia, porque ningún dios filosofa, ni desea hacerse sabio, puesto que la sabiduría es aneja a la naturaleza divina, y en general el que es sabio no filosofa. Lo mismo sucede con los ignorantes; ninguno de ellos filosofa, ni desea hacerse sabio, porque la ignorancia produce precisamente el pésimo efecto de persuadir a los que no son bellos, ni buenos, ni sabios, de que poseen estas cualidades; porque ninguno desea las cosas de que se cree provisto.

—Pero, Diotima, ¿quiénes son los que filosofan, si no son ni los sabios, ni los ignorantes?

—Hasta los niños saben —dijo ella— que son los que ocupan un término medio entre los ignorantes y los sabios, y el amor es de este número. La sabiduría es una de las cosas más bellas del mundo, y como el amor ama lo que es bello, es preciso concluir que el amor es amante de la sabiduría, es decir, filósofo; y como tal se halla en un medio entre el sabio y el ignorante. A su nacimiento lo debe, porque es hijo de un padre sabio y rico, y de una madre que no es ni rica ni sabia. Tal es, mi querido Sócrates, la naturaleza de este demonio. En cuanto a la idea que tú te formabas, no es extraño que te haya ocurrido, porque creías, por lo que pude conjeturar en vista de tus palabras, que el amor es lo que es amado y no lo que ama. He aquí, a mi parecer, por qué el amor te parecía muy bello, porque lo amable es la belleza real, la gracia, la perfección y el soberano bien. Pero lo que ama es de otra naturaleza distinta como acabo de explicar.

—Y bien, sea así, extranjera; razonas muy bien, pero el amor, siendo como tú acabas de decir, ¿de qué utilidad es para los hombres?

—Precisamente eso es, Sócrates, lo que ahora quiero enseñarte. Conocemos la naturaleza y el origen del amor; es como tú dices el amor a lo bello. Pero si alguno nos preguntara: ¿qué es el amor a lo bello, Sócrates y Diotima, o hablando con mayor claridad, el que ama lo bello a qué aspira?

—A poseerlo —respondí.

—Esta respuesta reclama una nueva pregunta —dijo Diotima—; ¿qué le resultará de poseer lo bello?

Respondí que no me era posible contestar inmediatamente a esta pregunta.

—Pero —replicó ella—, si se cambiara el término, y poniendo lo bueno en lugar de lo bello te preguntara: Sócrates, el que ama lo bueno, ¿a qué aspira?

—A poseerlo.

—¿Y qué le resultaría de poseerlo?

—Encuentro ahora más fácil la respuesta; se hará dichoso.

—Porque creyendo las cosas buenas es como los seres dichosos son dichosos, y no hay necesidad de preguntar por qué el que quiere ser dichoso quiere serlo; tu respuesta me parece satisfacer a todo.

—Es cierto, Diotima.

—Pero piensas que este amor y esta voluntad sean comunes a todos los hombres, y que todos quieran siempre tener lo que es bueno; ¿o eres tú de otra opinión?

—No, creo que todos tienen este amor y esta voluntad.

—¿Por qué entonces, Sócrates, no decimos que todos los hombres aman, puesto que aman todos y siempre la misma cosa?, ¿por qué lo decimos de los unos y no de los otros?

—Es ésa una cosa que me sorprende también.

—Pues no te sorprendas; distinguimos una especie particular de amor, y le llamamos amor, usando del nombre que corresponde a todo el género; mientras que para las demás especies empleamos términos diferentes.

—Te pido que pongas un ejemplo.

—He aquí uno. Ya sabes que la palabra poesía[67] tiene numerosas acepciones, y expresa en general la causa que hace que una cosa, sea la que quiera, pase del no-ser al ser, de suerte que todas las obras de todas las artes son poesía, y que todos los artistas y todos los obreros son poetas.

—Es cierto.

—Y sin embargo, ves que no se llama a todos poetas, sino que se les dan otros nombres, y una sola especie de

[67] Significa la acción de hacer, en particular hacer verso y música.

poesía tomada aparte, la música y el arte de versificar, han recibido el nombre de todo el género. Ésta es la única especie que se llama poesía; y los que la cultivan, los únicos a quienes se llaman poetas.

—Eso es también cierto.

—Lo mismo sucede con el amor; en general es el deseo de lo que es bueno y nos hace dichosos, y éste es el grande y seductor amor que es innato en todos los corazones. Pero todos aquellos que en diversas direcciones tienden a este objeto, hombres de negocios, atletas, filósofos, no se dice que aman ni se les llama amantes; sino que sólo aquellos que se entregan a cierta especie de amor reciben el nombre de todo el género, y a ellos solos se les aplican las palabras, amar, amor, amantes.

—Me parece que tienes razón —le dije.

—Se ha dicho —replicó ella— que buscar la mitad de sí mismo es amar. Pero yo sostengo que amar no es buscar ni la mitad ni el todo de sí mismo, cuando ni esta mitad ni este todo son buenos; y la prueba, amigo mío, es que consentimos en dejarnos cortar el brazo o la pierna, aunque nos pertenecen, si creemos que estos miembros están atacados de un mal incurable. En efecto; no es lo nuestro lo que nosotros amamos, a menos que no miremos como nuestro y perteneciéndonos en propiedad lo que es bueno, y como extraño lo que es malo, porque los hombres sólo aman lo que es bueno. ¿No es ésta tu opinión?

—¡Por Júpiter!, pienso como tú.

—¿Basta decir que los hombres aman lo bueno?

—Sí.

—¡Pero qué! ¿No es preciso añadir que aspiran también a poseer lo bueno?

—Es preciso.

—¿Y no sólo a poseerlo, sino también a poseerlo siempre?

—Es cierto.

—En suma, el amor consiste en querer poseer siempre lo bueno.

—Nada más exacto —respondí.

—Si tal es el amor en general; ¿en qué caso particular la indagación y la prosecución activa de lo bueno toman el nombre de amor? ¿Cuál es? ¿Puedes decírmelo?

—No, Diotima, porque si pudiera decirlo, no admiraría tu sabiduría ni vendría cerca de ti para aprender estas verdades.

—Voy a decírtelo: es la producción de la belleza, ya mediante el cuerpo, ya mediante el alma.

—Vaya un enigma, que reclama un adivino para ser descifrado; yo no lo comprendo.

—Voy a hablar con más claridad. Todos los hombres, Sócrates, son capaces de engendrar mediante el cuerpo y mediante el alma, y cuando han llegado a cierta edad, su naturaleza exige el producir. En la fealdad no puede producir, y sí sólo en la belleza; la unión del hombre y de la mujer es una producción, y esta producción es una obra divina, fecundación y generación, a que el ser mortal debe su inmortalidad. Pero estos efectos no pueden realizarse en lo que es discordante. Porque la fealdad no puede concordar con nada de lo que es divino; esto sólo puede hacerlo la belleza. La belleza, con respecto a la generación, es semejante al Destino[68] y a Lucina.[69] Por esta razón, cuando el ser fecundante se aproxima a lo bello, lleno de amor y de alegría, se dilata, engendra,

---

[68] Dios de la Concepción.

[69] Diosa del Alumbramiento.

produce. Por el contrario, si se aproxima a lo feo, triste y remiso, se estrecha, se tuerce, se contrae, y no engendra, sino que comunica con dolor su germen fecundo. De aquí, en el ser fecundante y lleno de vigor para producir, esa ardiente prosecución de la belleza que debe libertarle de los dolores del alumbramiento. Porque la belleza, Sócrates, no es, como tú te imaginas, el objeto del amor.

—¿Pues cuál es el objeto del amor?

—Es la generación y la producción de la belleza.

—Sea así —respondí yo.

—No hay que dudar de ello —replicó.

—Pero, ¿por qué el objeto del amor es la generación?

—Porque es la generación la que perpetúa la familia de los seres animados, y le da la inmortalidad, que consiente la naturaleza mortal. Pues conforme a lo que ya hemos convenido, es necesario unir al deseo de lo bueno el deseo de la inmortalidad, puesto que el amor consiste en aspirar a que lo bueno nos pertenezca siempre. De aquí se sigue que la inmortalidad es igualmente el objeto del amor.

Tales fueron las lecciones que me dio Diotima en nuestras conversaciones sobre el amor. Me dijo un día: ¿cuál es, en tu opinión, Sócrates, la causa de este deseo y de este amor? ¿No has observado en qué estado excepcional se encuentran todos los animales volátiles y terrestres cuando sienten el deseo de engendrar? ¿No les ves como enfermizos, efecto de la agitación amorosa que les persigue durante el emparejamiento, y después, cuando se trata del sostén de la prole, no ves cómo los más débiles se preparan para combatir a los más fuertes, hasta perder la vida, y cómo se imponen el hambre y toda clase de privaciones para hacerla vivir? Con respecto a los hombres, puede creerse que es por razón el obrar así; pero a los animales, ¿de dónde les vienen estas disposiciones amorosas? ¿Podrías decirlo?

Le respondí que lo ignoraba.

—¿Y esperas —replicó ella— hacerte nunca sabio en amor si ignoras una cosa como esta?

—Pero repito, Diotima, que ésta es la causa de venir a buscarte; porque sé que tengo necesidad de tus lecciones. Explícame eso mismo sobre que me pides explicación, y todo lo demás que se refiere al amor.

—Pues bien —dijo—, si crees que el objeto natural del amor es aquel en que hemos convenido muchas veces, mi pregunta no debe turbarte; porque, ahora como entes, es la naturaleza mortal la que aspira a perpetuarse y a hacerse inmortal, en cuanto es posible; y su único medio es el nacimiento que sustituye un individuo viejo con un individuo joven. En efecto, bien que se diga de un individuo, desde su nacimiento hasta su muerte, que vive y que es siempre el mismo, sin embargo, en realidad no está nunca ni en el mismo estado ni en el mismo desenvolvimiento, sino que todo muere y renace sin cesar en él, sus cabellos, su carne, sus huesos, su sangre; en una palabra, todo su cuerpo; y no sólo su cuerpo, sino también su alma, sus hábitos, sus costumbres, sus opiniones, sus deseos, sus placeres, sus penas, sus temores; todas sus afecciones no subsisten siempre las mismas, sino que nacen y mueren continuamente. Pero lo más sorprendente es que no solamente nuestros conocimientos nacen y mueren en nosotros de la misma manera (porque en este concepto también mudamos sin cesar), sino que cada uno de ellos en particular pasa por las mismas vicisitudes. En efecto, lo que se llama reflexionar se refiere a un conocimiento que se borra, porque el olvido es la extinción de un conocimiento; porque la reflexión, formando un nuevo recuerdo en lugar del que se marcha, conserva en nosotros este conocimiento, si bien creemos que es el mismo. Así se conservan todos los seres mortales; no subsisten absolutamente y siempre los mismos, como sucede a lo que es divino, sino que el que marcha y el que envejece deja en su lugar a un individuo joven, semejante a lo que él mismo había sido. He aquí, Sócrates, cómo todo lo que es mortal participa de la inmortalidad, y lo mismo el cuerpo que todo lo demás. En cuanto al ser inmortal sucede lo mismo por una razón diferente. No te sorprendas si todos los seres animados estiman tanto sus renuevos, porque la solicitud y el amor que les anima no tiene otro origen que esta sed de inmortalidad.

Después que me habló de esta manera, le dije lleno de admiración:

—Muy bien, Diotima, pero ¿pasan las cosas así realmente?

Ella, con un tono de consumado sofista, me dijo:

—No lo dudes, Sócrates, y si quieres reflexionar ahora sobre la ambición de los hombres te parecerá su conducta poco conforme con estos principios, si no te fijas en que los hombres están poseídos del deseo de crearse un nombre y de adquirir una gloria inmortal en la posteridad; y que este deseo, más que el amor paterno, es el que les hace despreciar todos los peligros, comprometer su fortuna, resistir todas las fatigas y sacrificar su misma vida. ¿Piensas, en efecto, que Alceste hubiera sufrido la muerte en lugar de Admete, que Aquiles la hubiera buscado por vengar a Patroclo, y que Codro se hubiera sacrificado por asegurar el reinado de sus hijos, si todos ellos no hubieran esperado dejar tras sí este inmortal recuerdo de su virtud, que vive aún entre nosotros?

"De ninguna manera —prosiguió Diotima—. Pero por esta inmortalidad de la virtud, por esta noble gloria, no hay nadie que no se lance, yo creo, a conseguirla, con tanto más ardor cuanto más virtuoso sea el que la prosiga, porque todos tienen amor a lo que es inmortal. Los que son fecundos en relación con el cuerpo aman a las mujeres, y se inclinan con preferencia a ellas, creyendo asegurar, mediante la procreación de los hijos, la inmortalidad, la perpetuidad de su nombre y la felicidad que se imaginan en el curso de los tiempos. Pero los que son fecundos en relación con el espíritu..."

Aquí Diotima, interrumpiéndose, añadió:

—Porque los hay que son más fecundos de espíritu que de cuerpo para las cosas que al espíritu toca producir. ¿Y qué es lo que toca al espíritu producir? La sabiduría y las demás virtudes que han nacido de los poetas y de todos los artistas dotados del genio de invención. Pero la sabiduría más alta y más bella es la que preside al gobierno de los Estados y de las familias humanas, y que se llama prudencia y justicia. Cuando un mortal divino lleva en su alma desde la infancia el germen de estas virtudes, y llegado a la madurez de la edad desea producir y engendrar, va de un lado para otro buscando la belleza, en la que podrá engendrar, porque nunca podría conseguirlo en la fealdad. En su ardor de producir, se une a los cuerpos bellos con preferencia a los feos, y si en un cuerpo bello encuentra un alma bella, generosa y bien nacida, esta reunión le complace soberanamente. Cerca de un ser semejante pronuncia numerosos y elocuentes discursos sobre la virtud, sobre los deberes y las ocupaciones del hombre de bien, y instruirle, porque el contacto y el comercio de la belleza le hacen engendrar y producir aquello cuyo germen se encuentra ya en él. Ausente o presente, piensa siempre en el objeto que ama, y ambos alimentan en común los frutos de su unión. De esta manera el lazo y la afección que ligan el uno al otro son mucho más íntimos y mucho más fuertes que los de la familia, porque estos hijos de su inteligencia son más bellos y más inmortales, y no hay nadie que no prefiera tales hijos a cualquiera otra posteridad, si considera y admira las producciones que Homero, Hesíodo y los demás poetas han dejado; si tiene en cuenta la nombradía y la memoria imperecedera, que estos inmortales hijos han proporcionado a sus padres; o bien si recuerda los hijos que Licurgo ha dejado tras sí en Lacedemonia y que han sido la gloria de esta ciudad, y me atrevo a decir que de la Grecia entera. Solon, lo mismo, es honrado por ustedes como padre de las leyes, y otros muchos hombres grandes lo son también en diversos países, ya en Grecia, ya entre los bárbaros, porque han producido una infinidad de obras admirables y creado toda clase de virtudes. Estos hijos les han valido templos, mientras que los hijos de los hombres, que salen del seno de una mujer, jamás han hecho engrandecer a nadie.

"Quizá, Sócrates, he llegado a iniciarte hasta en los misterios del amor; pero en cuanto al último grado de la iniciación y a las revelaciones más secretas, para las que todo lo que acabo de decir no es más que una preparación, no sé si, ni aún bien dirigido, podría tu espíritu elevarse hasta ellas. Yo, sin embargo, continuaré sin que se entibie mi celo. Trata de seguirme lo mejor que puedas.

"El que quiere aspirar a este objeto por el verdadero camino, debe desde su juventud comenzar a buscar los cuerpos bellos. Debe además, si está bien dirigido, amar uno sólo, y en él engendrar y producir bellos discursos. En seguida debe llegar a comprender que la belleza, que se encuentra en un cuerpo cualquiera, es hermana de la belleza que se encuentra en todos los demás. En efecto, si es preciso buscar la belleza en general, sería una gran locura no creer que la belleza, que reside en todos los cuerpos, es una e idéntica. Una vez penetrado de este pensamiento, nuestro hombre debe mostrarse amante de todos los cuerpos bellos, y despojarse, como de una despreciable pequeñez, de toda pasión que se reconcentre sobre uno sólo. Después debe considerar la belleza del alma como más preciosa que la del cuerpo; de suerte que un alma bella, aunque esté en un cuerpo desprovisto de perfecciones, baste para atraer su amor y sus cuidados, y para ingerir en ella los discursos más propios para hacer mejor la juventud. Siguiendo así, se verá necesariamente conducido a contemplar la belleza que se encuentra en las acciones de los hombres y en las leyes, a ver que esta belleza por todas partes es idéntica a sí misma, y hacer por consiguiente poco caso de la belleza corporal. De las acciones de los hombres deberá pasar a las ciencias para contemplar en ellas la belleza; y entonces, teniendo una idea más amplia de lo bello, no se verá encadenado como un esclavo en el estrecho amor de la belleza de un joven, de un hombre o de una sola acción, sino que lanzado en el océano de la belleza, y extendiendo sus miradas sobre este espectáculo, producirá con inagotable fecundidad los discursos y pensamientos más grandes de la filosofía, hasta que, asegurado y engrandecido su espíritu por esta sublime contemplación, sólo perciba una ciencia, la de lo bello.

"Préstame ahora, Sócrates, toda la atención de que eres capaz. El que en los misterios del amor se haya elevado hasta el punto en que estamos, después de haber recorrido en orden conveniente todos los grados de lo bello y llegado, por último, al término de la iniciación, percibirá como un relámpago una belleza maravillosa, aquella ¡oh Sócrates!, que era objeto de todos sus trabajos anteriores; belleza eterna, increada e imperecedera, exenta de aumento y de disminución; belleza que no es bella en tal parte y fea en cual otra, bella sólo en tal tiempo y no en tal otro, bella bajo una relación y fea bajo otra, bella en tal lugar y fea en cual otro, bella para estos y fea para aquellos; belleza que no tiene nada de sensible como el semblante o las manos, ni nada de corporal; que tampoco es este discurso o esta ciencia; que no reside en ningún ser diferente de ella misma, en un animal, por ejemplo, o en la tierra, o en el cielo, o en otra cosa, sino que existe eterna y absolutamente por sí misma y en sí misma; de ella participan todas las demás bellezas, sin que el nacimiento ni la destrucción de éstas cansen ni la menor disminución ni el menor aumento en aquellas ni la modifiquen en nada. Cuando de las bellezas inferiores se ha elevado, mediante un amor bien entendido de los jóvenes, hasta la belleza perfecta, y se comienza a entreverla, se llega casi al término; porque el camino recto del amor, ya se guíe por sí mismo, ya sea guiado por otro, es comenzar por las bellezas inferiores y elevarse hasta la belleza suprema, pasando, por decirlo así, por todos los grados de la escala de un solo cuerpo bello a dos, de dos a todos los demás, de los bellos cuerpos a las bellas ocupaciones, de las bellas ocupaciones a las bellas ciencias, hasta que de ciencia en ciencia se llega a la ciencia por excelencia, que no es otra que la ciencia de lo bello mismo, y se concluye por conocerla tal como es en sí. ¡Oh, mi querido Sócrates! —prosiguió la extranjera de Mantinea—, si por algo tiene mérito esta vida es por la contemplación de la belleza absoluta, y si tú llegas algún día a conseguirlo, ¿qué te parecerán, cotejado con ella, el oro y los adornos, los niños hermosos y los jóvenes bellos, cuya vista al presente te turba y te encanta hasta el punto de que tú y muchos otros, por ver sin cesar a los que amas, por estar sin cesar con ellos, si esto fuese posible, te privarías con gusto de comer y de beber, y pasarías la vida tratándolos y contemplándolos de continuo? ¿Qué pensaremos de un mortal a quien fuese dado contemplar la belleza pura, simple, sin mezcla, no revestida de carne ni de colores humanos y de las demás vanidades perecederas, sino siendo la belleza divina misma? ¿Crees que sería una suerte desgraciada tener sus miradas fijas en ella y gozar de la contemplación y amistad de semejante objeto? ¿No crees, por el contrario, que este hombre, siendo el único que en este mundo percibe lo bello, mediante el órgano propio para percibirlo, podrá crear no imágenes de virtud, puesto que no se une a imágenes, sino virtudes verdaderas, pues que es la verdad a la que se consagra? Ahora bien, sólo al que produce y alimenta la verdadera virtud corresponde el ser amado por Dios; y si algún hombre debe ser inmortal, es seguramente éste".

—Tales fueron, mi querido Fedro, y ustedes que me escuchan, los razonamientos de Diotima. Ellos me han convencido, y a mi vez trato yo de convencer a los demás de que, para conseguir un bien tan grande, la naturaleza humana difícilmente encontraría un auxiliar más poderoso que el amor. Y así digo que todo hombre debe honrar al amor. En cuanto a mí, honro todo lo que a él se refiere, le hago objeto de un culto muy particular, lo recomiendo a los demás, y en este mismo momento acabo de celebrar, lo mejor que he podido, como constantemente lo estoy haciendo, el poder y la fuerza del amor. Y ahora, Fedro, mira si puede llamarse este discurso un elogio del amor; y si no, dale el nombre que te acomode.

Después de haber hablado Sócrates de esta manera se le prodigaron los aplausos; pero Aristófanes se disponía a hacer algunas observaciones, porque Sócrates en su discurso había hecho alusión a una cosa que él había dicho, cuando repentinamente se oyó un ruido en la puerta exterior, a la que llamaban con golpes repetidos; y parecía que las voces procedían de jóvenes ebrios y de una tocadora de flauta.

—Esclavos —gritó Agatón—, miren qué es eso; si es alguno de nuestros amigos, díganle que entre; y si no son, digan que hemos cesado de beber y que estamos descansando.

Un instante después oímos en el patio la voz de Alcibíades, medio ebrio, y diciendo a gritos:

—¿Donde está Agatón? ¡Llévenme cerca de Agatón!

Entonces algunos de sus compañeros y la tocadora de flauta le sujetaron por los brazos y le condujeron a la puerta de nuestra sala. Alcibíades se detuvo, y vimos que llevaba la cabeza adornada con una espesa corona de violetas y hiedra con numerosas guirnaldas.

—Amigos, les saludo —dijo—; ¿quieren admitir a su mesa a un hombre que ha bebido ya cumplidamente? ¿O nos marcharemos después de haber coronado a Agatón, que es el objeto de nuestra visita? Me fue imposible venir ayer, pero heme aquí ahora con mis guirnaldas sobre la cabeza, para ceñir con ellas la frente del más sabio y más bello de los hombres, si me es permitido hablar así. ¿O se ríen de mí porque estoy ebrio? Rían cuanto quieran; yo sé que digo la verdad. Pero, veamos, respondan: ¿entraré bajo esta condición o no entraré? ¿Beberán conmigo o no?

Entonces gritaron de todas partes:

—¡Que entre, que tome asiento!

Agatón mismo le llamó. Alcibíades se adelantó conducido por sus compañeros; y ocupado en quitar sus guirnaldas para coronar a Agatón, no vio a Sócrates, a pesar de que se hallaba frente de él, y fue a colocarse entre Sócrates y Agatón, pues Sócrates había hecho sitio para que se sentara. Luego que Alcibíades se sentó, abrazó a Agatón, y le coronó.

—Esclavos —dijo éste—, descalcen a Alcibíades; quedará en este escamo con nosotros y será el tercero.

—Con gusto —respondió Alcibíades—, ¿pero cuál es su tercer bebedor?

Al mismo tiempo se vuelve y ve a Sócrates. Entonces se levanta bruscamente y exclama:

—¡Por Hércules! ¿Qué es esto? ¡Qué! ¡Sócrates, te veo aquí a la espera para sorprenderme, según tu costumbre apareciéndote de repente cuando menos lo esperaba! ¿Qué has venido a hacer aquí hoy? ¿Por qué ocupas este sitio? ¿Cómo, en lugar de haberte puesto al lado de Aristófanes o de cualquier otro complaciente contigo o que se esfuerce en serlo, has sabido colocarte tan bien que te encuentro junto al más hermoso de la reunión?

—Imploro tu socorro, Agatón —dijo Sócrates—. El amor de este hombre no es para mí un pequeño embarazo. Desde la época en que comencé a amarle, yo no puedo mirar ni conversar con ningún joven, sin que, acicateado y celoso, se entregue a excesos increíbles, llenándome de injurias, y gracias que se abstiene de pasar a vías de hecho. Y así, ten cuidado, que en este momento no se deje llevar de un arrebato de este género; procura asegurar mi tranquilidad, o protégeme, si quiere permitirse alguna violencia; porque temo su amor y sus celos furiosos.

—No cabe paz entre nosotros —dijo Alcibíades—, pero yo me vengaré en ocasión más oportuna. Ahora, Agatón, alárgame una de tus guirnaldas para ceñir con ella la cabeza maravillosa de este hombre. No quiero que pueda echarme en cara que no lo he coronado como a ti, siendo un hombre que, tratándose de discursos, triunfa de todo el mundo, no sólo en una ocasión, como tú ayer, sino en todas.

Mientras se explicaba de esta manera, tomó algunas guirnaldas, coronó a Sócrates y se sentó en el escaño. Luego que se vio en su asiento, dijo:

—Y bien, amigos míos, ¿qué hacemos? Me parecen excesivamente comedidos y yo no puedo consentirlo; es preciso beber; éste es el trato que hemos hecho. Me proclamo rey del festín hasta que hayan bebido como es indispensable. Agatón, que me traigan alguna copa grande si la tienes; y si no, esclavo, dame ese vaso,[70] que está allí. Porque ese vaso ya lleva más de ocho cotilas.

Después de hacerle llenar Alcibíades, se lo bebió él primero, y luego hizo llenarle para Sócrates, diciendo:

—Que no se achaque a malicia lo que voy a hacer, porque Sócrates podrá beber cuanto quiera y jamás se le verá ebrio.

[70] Literalmente *psuchtere.* Vaso en que se hacía refrescar la bebida. Le cabía poco más de litro y medio de líquido.

Llenado el vaso por el esclavo, Sócrates bebió. Entonces Eriximaco tomó la palabra:

—¿Qué haremos Alcibíades? ¿Seguiremos bebiendo sin hablar ni cantar, y nos contentaremos con hacer lo mismo que hacen los que sólo matan la sed?

Alcibíades respondió:

—Yo te saludo, Erixímaco, digno hijo del mejor y más sabio de los padres.

—También te saludo yo —replicó Erixímaco—; ¿pero qué haremos?

—Lo que tú ordenes, porque es preciso obedecerte: Un médico vale él solo lo que muchos hombres.[71] Manda, pues, lo que quieras.

—Entonces escucha —dijo Erixímaco—; antes de tu llegada habíamos convenido en que cada uno de nosotros, siguiendo un turno riguroso, hiciera elogios del amor, lo mejor que pudiera, comenzando por la derecha. Todos hemos cumplido con nuestra tarea, y es justo que tú, que nada has dicho y que no por eso has bebido menos, cumplas a tu vez la tuya. Cuando hayas concluido, tú señalarás a Sócrates el tema que te parezca; éste a su vecino de la derecha, y así sucesivamente.

—Todo eso está muy bien, Erixímaco —dijo Alcibíades—; pero querer que un hombre ebrio dispute en elocuencia con gente comedida y de sangre fría sería un partido muy desigual. Además, querido mío, ¿crees lo que Sócrates ha dicho antes de mi carácter celoso, o crees que lo contrario es la verdad? Porque si en su presencia me propaso a alabar a otro que no sea él, ya sea un dios, ya un hombre, no podrá contenerse sin golpearme.

[71] *Ilíada*, l. XIV, v. 514.

—Habla mejor —exclamó Sócrates.

—¡Por Neptuno!, no digas eso, Sócrates, porque yo no alabaré a otro que a ti en tu presencia.

—Pues bien, así sea —dijo Erixímaco—; haznos, si te parece, el elogio de Sócrates.

—¡Cómo, Erixímaco!, ¡quieres que me eche sobre este hombre, y me vengue de él delante de ustedes!

—!Oh!, joven —interrumpió Sócrates—, ¿cuál es tu intención? ¿Quieres hacer de mí alabanzas irónicas? Explícate.

—Diré la verdad, si lo consientes.

—¿Si lo consiento? Lo exijo.

—Voy a obedecerte —respondió Alcibíades—. Pero tú has de hacer lo siguiente: si digo alguna cosa que no sea verdadera, si quieres me interrumpes, y no temas desmentirme, porque yo no diré a sabiendas ninguna mentira. Si a pesar de todo no refiero los hechos en orden muy exacto, no te sorprendas; porque en el estado en que me hallo, no será extraño que no dé una razón clara y ordenada de tus originalidades.

"Para hacer el elogio de Sócrates, amigos míos, me valdré de comparaciones. Sócrates creerá quizá que yo intento hacer reír, pero mis imágenes tendrán por objeto la verdad y no la burla. Por lo pronto digo que Sócrates se parece a esos silenos que se ven expuestos en los talleres de los estatuarios, y que los artistas representan con una flauta o caramillo en la mano. Si separan las dos piezas de que se componen estas estatuas, encontraran en el interior la imagen de alguna divinidad. Digo más, digo que Sócrates se parece más particularmente al sátiro Marsias. En cuanto al exterior, Sócrates, no puedes desconocer tu semejanza, y en lo demás escucha lo que voy a decir. ¿No eres un burlón descarado? Si lo niegas, presentaré testigos. ¿No eres también tocador de flauta, y más admirable que Marsias? Éste encantaba a los hombres por el poder de los sonidos, que su boca sacaba de sus instrumentos, y eso mismo hace hoy cualquiera que ejecuta las composiciones de este sátiro; y yo sostengo que las que tocaba Olimpos son composiciones de Marsias, su maestro. Gracias al carácter divino de tales composiciones, ya sea un artista hábil o una mala tocadora de flauta el que las ejecute, sólo ellas tienen la virtud de arrebatarnos también a nosotros y de darnos a conocer a los que tienen necesidad de iniciaciones y de dioses. La única diferencia que en este concepto puede haber entre Marsias y tú, Sócrates, es que sin el auxilio de ningún instrumento y sólo con discursos haces lo mismo. Que hable otro, aunque sea el orador más hábil, y no hace, por decirlo así, impresión sobre nosotros; pero que hables tú u otro que repita tus discursos, por poco versado que esté en el arte de la palabra, y todos los oyentes, hombres, mujeres, niños, todos se sienten convencidos y enajenados. Con respecto a mí, amigos míos, si no temiera parecerles completamente ebrio, les atestiguaría con juramento el efecto extraordinario, que sus discursos han producido y producen aún sobre mí. Cuando le oigo, el corazón me late con más violencia que a los coribantes; sus palabras me hacen derramar lágrimas; y veo también a muchos de los oyentes experimentar las mismas emociones. Oyendo a Pericles y a nuestros grandes oradores, he visto que son elocuentes, pero no me han hecho experimentar nada semejante. Mi alma no se turbaba ni se indignaba contra sí misma a causa de su esclavitud. Pero cuando escucho a este Marsias, la vida que paso me ha parecido muchas veces insoportable. No negarás, Sócrates, la verdad de lo que voy diciendo, y conozco que en este mismo momento, si prestara oídos a tus discursos, no lo resistiría, y producirías en mí la misma impresión. Este hombre me obliga a convenir en que, faltándome a mí mismo muchas cosas, desprecio mis propios negocios, para ocuparme de los de los atenienses. Así es que me veo obligado a huir de él tapándome los oídos, como quien escapa de las sirenas.[72] Si no fuera esto, permanecería hasta el fin de mis días sentado a su lado. Este hombre despierta en mí un sentimiento de que no se me creería muy capaz y es el del pudor. Sí, sólo Sócrates me hace ruborizar, porque tengo la conciencia de no poder oponer nada a sus consejos; y sin embargo, después que me separo de él, no me siento con fuerzas para renunciar al favor popular. Yo huyo de él, procuro evitarle; pero cuando vuelvo a verlo, me avergüenzo en su presencia de haber desmentido mis palabras con mi conducta; y muchas veces preferiría, así lo creo, que no existiera; y sin embargo, si esto sucediera, estoy convencido de que sería aún más desgraciado; de manera que no sé lo que me pasa con este hombre.

"Tal es la impresión que produce sobre mí y también sobre otros muchos la flauta de este sátiro. Pero quiero convencerlos más aún de la exactitud de mi comparación y del poder extraordinario que ejerce sobre los que lo escuchan; y deben tener entendido que ninguno de nosotros conoce a Sócrates. Puesto que he comenzado, se los diré todo. Ya ven el ardor que manifiesta Sócrates por los jóvenes hermosos; con qué empeño los busca, y hasta qué punto está enamorado de ellos; ven igualmente que todo lo ignora, que no sabe nada, o por lo

[72] *Odisea*, l. XII, v. 47.

menos, que hace el papel de no saberlo. Todo esto, ¿no es propio de un sileno?

"Enteramente. Él tiene todo el exterior que los estatuarios dan a Sileno. Pero, ábranle, compañeros de banquete; ¡qué de tesoros no encontrarán en él! Saben que la belleza de un hombre es para él el objeto más indiferente. No es posible imaginar hasta qué punto la desdeña, así como la riqueza y las demás ventajas envidiadas por el vulgo. Sócrates las mira todas como de ningún valor, y a nosotros mismos como si fuéramos nada; y pasa toda su vida burlándose y chanceándose con todo el mundo. Pero cuando habla seriamente y muestra su interior al fin, no sé si otros han visto las bellezas que encierra, pero yo las he visto, y las he encontrado tan divinas, tan preciosas, tan grandes y tan encantadoras, que me ha parecido imposible resistir a Sócrates. Creyendo al principio que se enamoraba de mi hermosura, me felicitaba de ello, y teniéndolo por una fortuna, creí que se me presentaba un medio maravilloso de ganarle, contando con que, complaciendo a sus deseos, obtendría seguramente de él que me comunicara toda su ciencia. Por otra parte, yo tenía un elevado concepto de mis cualidades exteriores. Con este objeto comencé por despachar a mi ayo, en cuya presencia veía ordinariamente a Sócrates, y me encontré solo con él. Es preciso que le diga toda la verdad; estén atentos, y tú, Sócrates, repréndeme si falto a la exactitud. Quedé solo, amigos, con Sócrates, y esperaba siempre que tocara uno de aquellos puntos que inspira a los amantes la pasión, cuando se encuentran sin testigos con el objeto amado, y en ello me lisonjeaba y tenía un placer. Pero se desvanecieron por entero todas mis esperanzas. Sócrates estuvo todo el día conversando conmigo en la forma que acostumbraba y después se retiró. Luego de esto, le desafié a hacer ejercicios gimnásticos, esperando por este medio ganar algún terreno. Nos ejercitamos y luchamos muchas veces juntos y sin testigos. ¿Qué podré decirles? Ni por esas adelanté nada. No pudiendo conseguirlo por este rumbo, me decidí a atacarle vivamente. Una vez que había comenzado, no quería dejarlo hasta no saber a qué atenerme. Le convidé a comer como hacen los amantes que tienden un lazo a los que aman; al pronto rehusó, pero al fin concluyó por ceder. Vino, pero en el momento que concluyó la comida, quiso retirarse. Una especie de pudor me impidió retenerle. Pero otra vez le tendí un nuevo lazo; después de comer, prolongué nuestra conversación hasta bien entrada la noche; y cuando quiso marcharse, le precisé a que se quedara con el pretexto de ser muy tarde. Se acostó en el mismo escaño en que había comido; este escaño estaba cerca del mío, y los dos estábamos solos en la habitación.

"Hasta aquí nada hay que no pueda referir delante de todo el mundo, pero con respecto a lo que tengo que decir, no lo oirán sin que les anuncie aquel proverbio de que los niños y los borrachos dicen la verdad; y que además ocultan rasgo admirable de Sócrates, en el acto de hacer su elogio, me parecería injusto. Por otra parte me considero en el caso de los que, habiendo sido mordidos por una víbora, no quieren, se dice, hablar de ello sino a los que han experimentado igual daño, como únicos capaces de concebir y de escuchar todo lo que han hecho y dicho durante su sufrimiento. Y yo que me siento mordido por una cosa, aún más dolorosa y en el punto más sensible, que se llama corazón, alma o como se quiera; yo, que estoy mordido y herido por los razonamientos de la filosofía, cuyos tiros son más acerados que el dardo de una víbora, cuando afectan a un alma joven y bien nacida, y que le hacen decir o hacer mil cosas extravagantes; y viendo por otra parte en torno mío a Fedro, Agatón, Erixímaco, Pausanias, Aristodemo, Aristófanes, dejando a un lado a Sócrates, y a los demás, atacados como yo de la manía y de la rabia de la filosofía, no dado en proseguir mi historia delante de todos ustedes, porque sabrán excusar mis acciones de entonces y mis palabras de ahora. Pero con respecto a los esclavos y a todo hombre profano y sin cultura pongan una triple puerta a sus oídos.

"Luego que, amigos míos, se mató la luz, y los esclavos se retiraron, creí que no debía andar en rodeos con Sócrates, y que debía decirle mi pensamiento francamente. Le toqué y le dije:

—Sócrates, ¿duermes?

—No —respondió él.

—Y bien, ¿sabes lo que yo pienso?

—¿Qué?

—Pienso —repliqué—, que tú eres el único amante digno de mí, y se me figura que no te atreves a descubrirme tus sentimientos. Yo creería ser poco racional, si no procurara complacerte en esta ocasión, como en cualquier otra, en que pudiera obligarte, sea en favor de mí mismo, sea en favor de mis amigos. Ningún pensamiento me hostiga tanto como el de perfeccionarme todo lo posible, y no veo ninguna persona cuyo auxilio pueda serme más útil que el tuyo. Rehusando algo a un hombre tal como tú, temería mucho más ser criticado por los sabios, que el serlo por el vulgo y por los ignorantes, concediéndotelo todo.

"A este discurso Sócrates me respondió con su ironía habitual:

—Mi querido Alcibíades, si lo que dices de mí es exacto; si, en efecto, tengo el poder de hacerte mejor, en verdad no me pareces inhábil, y has descubierto en mí una belleza maravillosa y muy superior a la tuya. En este concepto, queriendo unirte a mí y cambiar tu belleza por la mía, tienes trazas de comprender muy bien tus intereses; puesto que en lugar de la apariencia de lo bello quieres adquirir la realidad y darme cobre por oro.[73] Pero, buen joven, míralo más de cerca, no sea que te engañes sobre lo que yo valgo. Los ojos del espíritu no comienzan a hacerse previsores hasta que los del cuerpo se debilitan, y tú no has llegado aún a este caso.

—Tal es mi opinión, Sócrates —repuse—; nada he dicho que no lo haya pensado, y a ti te toca tomar la resolución que te parezca más conveniente para ti y para mí.

—Bien —respondió—, lo pensaremos, y haremos lo más conveniente para ambos, así sobre este punto como sobre todo lo demás.

—Después de este diálogo, creí que el tiro que yo le había dirigido había dado en el blanco. Sin darle tiempo para añadir una palabra, me levanté envuelto en esta capa que me ven, porque era en invierno, me guarecí debajo del gastado capote de este hombre, y abrazado a tan divino y maravilloso personaje pasé junto a él la noche entera. En todo lo que llevo dicho, Sócrates, creo que no me desmentirás. ¡Y bien!, después de tales tentativas permaneció insensible, y no ha tenido más que desdén y desprecio para mi hermosura, y no ha hecho más que insultarla; y eso que yo la suponía de algún mérito, amigos míos. Sí, sean jueces de la insolencia de

---

[73] Locución proverbial que hace alusión al cambio de armas entre Diomedes y Glauco en la *Ilíada*, l. VI, v. 236.

Sócrates; pongo por testigos a los dioses y a las diosas; salí de su lado tal como hubiera salido del lecho de mi padre o de mi hermano mayor.

"Desde entonces, ya deben suponer cuál ha debido ser el estado de mi espíritu. Por una parte me consideraba despreciado; por otra, admiraba su carácter, su templanza, su fuerza de alma, y me parecía imposible encontrar a un hombre que fuera igual a él en sabiduría y en dominarse a sí mismo, de manera que no podía ni enfadarme con él, ni pasarme sin verlo, sí bien veía que no tenía ningún medio de ganarle; porque sabía que era más invulnerable en cuanto al dinero que Ajax en cuanto al hierro, y el único atractivo a que le creía sensible nada había podido sobre él. Así, pues, sometido a este hombre, más que un esclavo puede estarlo a su dueño, andaba errante acá y allá, sin saber qué partido tomar. Tales fueron mis primeras relaciones con él. Después nos encontramos juntos en la expedición contra Potidea, y fuimos compañeros de rancho. Allí veía a Sócrates sobresalir, no sólo respecto de mí, sino respecto de todos los demás, por su paciencia para soportar las fatigas. Si llegaban a faltar los víveres, cosa muy común en campaña, Sócrates aguantaba el hambre y la sed con más valor que ninguno de nosotros. Si estábamos en la abundancia, sabía gozar de ello mejor que nadie. Sin tener gusto en la bebida, bebía más que los demás si se le estrechaba, y les sorprenderá si les digo que jamás le vio nadie ebrio; y de esto creo que tiene ahora mismo una prueba. En aquel país el invierno es muy riguroso, y la manera con que Sócrates resistía el frío es hasta prodigiosa. En tiempo de heladas fuertes, cuando nadie se atrevía a salir, o por lo menos, nadie salía sin ir bien abrigado y bien calzado, y con los pies envueltos en fieltro y pieles de cordero, él iba y venía con la misma capa que acostumbraba a llevar, y marchaba con los pies desnudos con más facilidad que todos nosotros que estábamos calzados, hasta el punto de que los soldados lo miraban con mal ojo, creyendo que se proponía despreciarlos. Así se conducía Sócrates en el ejército.

"Pero vean aún lo que hizo y soportó este hombre valiente[74] durante esta misma expedición; el rasgo es digno de contarse. Una mañana vimos que estaba de pie, meditando sobre alguna cosa. No encontrando lo que buscaba, no se movió del sitio, y continuó reflexionando en la misma actitud. Era ya medio día, y nuestros soldados lo observaban, y se decían los unos a los otros que Sócrates estaba extasiado desde la mañana. En fin, contra la tarde, los soldados jonios, después de haber comido, llevaron sus camas de campaña al paraje donde él se encontraba para dormir al fresco (porque entonces era el estío), y observar al mismo tiempo si pasaría la noche en la misma actitud. En efecto, continuó en pie hasta la salida del sol. Entonces dirigió a este astro su oración, y se retiró.

"¿Quieren saber cómo se porta en los combates? En esto hay que hacerle también justicia. En aquel hecho de armas, en que los generales me achacaron toda la gloria, él me salvó la vida. Viéndome herido, no quiso de ninguna manera abandonarme, y me libró a mí y libró a mis compañeros de caer en manos del enemigo. Entonces, Sócrates, me empeñé vivamente para con los generales, a fin de que se te adjudicara el premio del valor, y éste es un hecho que no podrás negarme ni su-

[74] *Odisea,* l. IV, v. 242.

ponerlo falso, pero los generales, por miramiento a mi rango, quisieron dármelo a mí, y tú mismo los hostigaste fuertemente, para que así lo decretaran en perjuicio tuyo. También, amigos míos, debo hacer mención de la conducta que Sócrates observó en la retirada de nuestro ejército, después de la derrota de Delio. Yo me encontraba a caballo, y él a pie y con armas pesadas. Nuestras tropas comenzaban a huir por todas partes, y Sócrates se retiraba con Laques. Los encontré y los exhorté a que tuvieran ánimo, que yo no les abandonaría. Aquí conocí a Sócrates mejor que en Potidea, porque encontrándome a caballo no tenía necesidad de ocuparme tanto de mi seguridad personal. Observé desde luego lo mucho que superaba a Laques en presencia de ánimo, y vi que allí, como si estuviera en Atenas, marchaba Sócrates altivo y con mirada desdeñosa,[75] valiéndome de tu expresión, Aristófanes. Consideraba tranquilamente ya a los nuestros, ya al enemigo, haciendo ver de lejos por su continente que no se le atacaría impunemente. De esta manera se retiraron sanos y salvos él y su compañero, porque en la guerra no se ataca ordinariamente al que muestra tales disposiciones, sino que se persigue más bien a los que huyen a todo correr.

"Podría citar en alabanza de Sócrates gran número de hechos no menos admirables; pero quizá se encontrarían otros semejantes de otros hombres. Mas lo que hace Sócrates es digno de una admiración particular, que no se encuentra otro que se le parezca, ni entre los antiguos, ni entre nuestros contemporáneos. Podrá, por

[75] Expresiones aplicadas a Sócrates en el coro de *Las nubes* de Aristófanes, v. 361.

ejemplo, compararse a Brasidas[76] o cualquiera otro con Aquiles, a Pericles con Néstor o Antenor; y hay otros personajes entre quienes sería fácil reconocer semejanzas. Pero no se encontrará ninguno, ni entre los antiguos, ni entre los modernos, que se aproxime ni remotamente a este hombre, ni a sus discursos, ni a sus originalidades, a menos que se comparen él y sus discursos, como ya lo hice, no a un hombre, sino a los silenos y a los sátiros; porque me he olvidado decir, cuando comencé, que sus discursos se parecen también perfectamente a los silenos cuando se abren. En efecto, a pesar del deseo que se tiene por oír a Sócrates, lo que dice parece a primera vista enteramente grotesco. Las expresiones con que viste su pensamiento son groseras, como la piel de un impudente sátiro. No les habla más que de asnos con enjalma, de herreros, zapateros, zurradores, y parece que dice siempre una misma cosa en los mismos términos; de suerte que no hay ignorante o necio que no sienta la tentación de reírse. Pero que se abran sus discursos, que se examinen en su interior, y se encontrará desde luego que sólo ellos están llenos de sentido, y en seguida que son verdaderamente divinos, y que encierran las imágenes más nobles de la virtud; en una palabra, todo cuanto debe tener a la vista el que quiera hacerse hombre de bien. He aquí, amigos míos, lo que yo alabo en Sócrates, y también de lo que le acuso, porque he unido a mis elogios la historia de los ultrajes que me ha hecho. Y no he sido yo sólo el que se ha visto tratado de esta manera; en el mismo caso están Carmides, hijo de Glaucon, Eutidemo, hijo de Diocles, y otros muchos, a

[76] General lacedemonio, muerto en Antípolis en la guerra del Peloponeso. *Tucídides*, v. 6.

quienes ha engañado también, figurando querer ser su amante, cuando ha desempeñado más bien para con ellos el papel de la persona más amada. Y así tú, Agatón, aprovéchate de estos ejemplos: no te dejes engañar por este hombre; que mi triste experiencia te ilumine, y no imites al insensato que, según el proverbio, no se hace sabio sino a su costa."

Habiendo cesado Alcibíades de hablar, la gente comenzó a reírse al ver su franqueza, y que todavía estaba enamorado de Sócrates.

Éste, tomando entonces la palabra, dijo:

—Considero que has estado hoy poco expansivo, Alcibíades; de otra manera no hubieras artificiosamente y con un largo rodeo de palabras ocultado el verdadero motivo de tu discurso, motivo de que sólo has hablado incidentalmente a lo último, como si no fuera tu único objeto malquistarnos a Agatón y a mí, porque tienes la pretensión de que yo debo amarte y no amar a ningún otro, y que Agatón sólo debe ser amado por ti solo. Pero tu artificio no se nos ha ocultado; hemos visto claramente a donde tendía la fábula de los sátiros y de los silenos; y así, mi querido Agatón, desconcertemos su proyecto, y haz de suerte que nadie pueda separarnos al uno del otro.

—En verdad —dijo Agatón—, creo que tienes razón, Sócrates; y estoy seguro de que el haber venido a colocarse entre tú y yo, sólo ha sido para separarnos. Pero nada ha adelantado, porque ahora mismo voy a ponerme al lado tuyo.

—Muy bien —replicó Sócrates—; ven aquí a mi derecha.

—¡Oh, Júpiter! —exclamó Alcibíades—, ¡cuánto me hace sufrir este hombre! Se imagina tener derecho a darme la ley en todo. Permite, por lo menos, maravilloso Sócrates, que Agatón se coloque entre nosotros dos.

—Imposible —dijo Sócrates—, porque tú acabas de hacer mi elogio, y ahora me toca a mí hacer el de mi vecino de la derecha. Si Agatón se pone a mi izquierda, no hará seguramente de nuevo mi elogio antes que haya hecho el suyo. Deja que venga este joven, mi querido Alcibíades, y no le envidies las alabanzas que con impaciencia deseo hacer de él.

—No hay modo de que permanezca aquí, Alcibíades —exclamó Agatón—; quiero resueltamente mudar de sitio, para ser alabado por Sócrates.

—Esto es lo que siempre sucede —dijo Alcibíades—. Donde quiera que se encuentre Sócrates, sólo él tiene asiento cerca de los jóvenes hermosos. Y ahora mismo, ven qué pretexto sencillo y plausible ha encontrado para que Agatón venga a colocarse cerca de él.

Agatón se levantaba para ir a sentarse al lado de Sócrates, cuando un tropel de jóvenes se presentó a la puerta, en el acto mismo de abrirla, uno de los invitados para salir; y penetrando en la sala tomaron puesto en la mesa. Hubo entonces gran bullicio, y en el desorden general los invitados se vieron comprometidos a beber con exceso.

Aristodemo añadió que Erixímaco, Fedro y algunos otros se habían retirado a sus casas; él mismo se quedó dormido, porque las noches eran muy largas, y no despertó hasta la aurora al canto del gallo después de un largo sueño. Cuando abrió los ojos vio que unos invitados dormían y otros se habían marchado. Sólo Agatón, Sócrates y Aristófanes estaban despiertos y apuraban a la vez una gran copa, que pasaban de mano en mano, de derecha a izquierda. Al mismo tiempo Sócrates discutía con ellos. Aristodemo no podía recordar esta conversación, porque como había estado durmiendo no había oído el principio de ella. Pero compendiosamente dijo que Sócrates había precisado a sus interlocutores a reconocer que el mismo hombre debe ser poeta trágico y poeta cómico, y que cuando se sabe tratar la tragedia según las reglàs del arte, se debe saber igualmente tratar la comedia. Obligados a convenir en ello, y estando como a media discusión comenzaron a adormecerse. Aristófanes se durmió primero, y después Agatón; cuando era ya muy entrado el día, Sócrates, viendo a ambos dormidos, se levantó y salió acompañado, como de costumbre, por Aristodemo; de allí se fue al Liceo, se bañó, y pasó el resto del día en sus ocupaciones habituales, no entrando en su casa hasta la tarde para descansar.

Sobre la virtud

MENÓN

Sócrates —Menón — Un esclavo de Menón — Anito[77]

MENÓN. ¿Podrías decirme, Sócrates, si la virtud se adquiere por instrucción o por el ejercicio, o si, no dependiendo de la instrucción ni del ejercicio, le es dada al hombre por la naturaleza, o de cualquiera otra manera?

SÓCRATES. Antes, Menón, los tesalios eran famosos y admirados entre los griegos por su habilidad en la equitación y por su riqueza; pero me parece que ahora lo son también por su saber, principalmente los conciudadanos de tu amigo Arístipo de Larisa.[78] Y esto se lo debes a Gorgias, que, habiendo ido a esa ciudad, cautivó con su ciencia a los principales de los Aleuadas, entre los cuales está tu amigo Arístipo, y de los otros

[77] Es el acusador de Sócrates.

[78] No debe confundirse con Arístipo de Cyrene.

tesalios. Les acostumbró a responder con seguridad a cualquier cuestión que se proponga, como es natural que respondan los sabios; él mismo se ofrece a cuantos griegos quieran interrogarle sobre cualquier tema, sin que jamás haya rehuido la respuesta.

Pero aquí, querido Menón, las cosas han tomado faz opuesta. No sé qué especie de aridez se ha apoderado de la ciencia, que me temo nos haya abandonado para refugiarse entre ustedes. Si se te ocurriera interrogar de este modo a alguno de los de aquí, se echaría a reír, dándote por respuesta: "Extranjero, sin duda me tienes por algún dichoso mortal, que crees que sé la virtud puede enseñarse, o si hay algún otro modo de adquirirla. Pero disto tanto de saber si es o no susceptible de ser enseñada, que no tengo siquiera la menor idea de lo que ella pueda ser". Pero estoy tan distante de saber el caso. Comparto en esta materia la indigencia de mis conciudadanos, y me reprocho a mí mismo el no saber nada acerca de la virtud. No sabiendo qué es, ¿cómo podría conocer en qué consiste? ¿Crees posible, sin saber quién es Menón, decir si es hermoso, rico, noble, o todo lo contrario? ¿Crees tú que esto sea posible?

MENÓN. No. Pero ¿es cierto, Sócrates, que ignoras en qué consiste la virtud? ¿Es esto lo que he de referir acerca de ti a mis compatriotas?

SÓCRATES. No sólo eso, amigo mío, sino también que creo no haber encontrado aún a nadie que lo sepa.

MENÓN. ¡Cómo! ¿No viste a Gorgias, cuando estuvo aquí?

SÓCRATES. Sí.

MENÓN. ¿Y crees que él no lo sabía?

SÓCRATES. No estoy tan seguro de mis recuerdos, Menón, como para decirte con exactitud en este momento qué juicio formé entonces de él. Tal vez supiera lo que es la virtud, y acaso sabes tú mismo lo que decía de ella. Recuerda, pues, sus palabras, o, si lo prefieres, habla a tu manera, ya que, sin duda, eres de su misma opinión.

MENÓN. Sí.

SÓCRATES. Dejemos en paz a Gorgias, puesto que está ausente. Y tú, ¡oh Menón!, en nombre de los dioses, dime por ti mismo en qué consiste la virtud. Habla, dame ese placer. Si resulta que tú y Gorgias saben lo que es la virtud, me sentiré feliz de haberme equivocado cuando he dicho que aún no he encontrado a nadie que lo supiera.

MENÓN. La cosa no es difícil de explicar, Sócrates. ¿Quieres que te diga en qué consiste la virtud del hombre?, es manifiesto que la virtud de un hombre consiste en ser capaz de administrar los asuntos de la ciudad, con lo cual poder beneficiar a los amigos y dañar a los enemigos, procurando, por su parte, evitar todo sufrimiento. Si se trata de la virtud de una mujer, no es difícil contestar que consiste en administrar bien su casa para mantenerla en buen estado, y en obedecer a su marido. Hay también una virtud que es propia de los niños y niñas; hay otra propia de los ancianos, así sean libres o esclavos. Hay todavía otros géneros de ella, de manera que las definiciones no faltan. Para cada clase de acción, para cada edad, para cada uno de nosotros y para cada obra, hay una virtud particular. Creo, Sócrates, que lo mismo sucede con respecto al vicio.

SÓCRATES. Soy en verdad afortunado, Menón. ¡Buscaba una sola virtud y me encuentro con todo un enjambre de virtudes! Mas, para continuar usando esta imagen, si habiéndote interrogado acerca de la naturaleza de la abeja me hubieras respondido que hay muchas abejas y de muchas especies, ¿qué dirías si yo te preguntara: ¿Cuando declaras que hay multitud de abejas de todas clases, y diferentes las unas de las otras, quieres decir que son diferentes, en tanto que abejas, o en razón de otros conceptos, por ejemplo, en lo que respecta al tamaño, belleza o de otras cualidades semejantes? Dime, ¿cuál hubiera sido tu respuesta a esta pregunta?

MENÓN. Diría que, en mi opinión, las abejas como abejas no difieren unas de otras.

SÓCRATES. Si yo te dijera luego: veamos, Menón, en qué puede consistir ese algo, idéntico en todas, por lo cual todas se parecen ¿dispondrías de una respuesta?

MENÓN. Sin duda.

SÓCRATES. Pues bien, la cuestión es la misma tratándose de las virtudes. Aunque sean muchas y diferentes tienen todas una esencia común que las hace ser virtudes. Y a esta esencia debe dirigir la mirada el que ha de responder, para explicar, a quien lo pregunte, en qué consiste la virtud. ¿No entiendes lo que quiero decir?

MENÓN. Me parece que sí. Sin embargo, no puedo penetrar tan claramente como quisiera el el sentido de la cuestión.

SÓCRATES. ¿Sólo a propósito de la virtud distingues, Menón, una que es propia del hombre, otra de la mujer, y así con las demás? ¿O crees lo mismo por lo que respecta a la salud, a la estatura, o a la fuerza? ¿Crees que la salud es en sí misma algo diferente en un hombre de lo que es en una mujer? ¿O acaso tiene la misma naturaleza dondequiera que exista, ya sea en un hombre, ya en cualquiera otra cosa?

MENÓN. Me parece que la salud es la misma para el hombre que para la mujer.

SÓCRATES. ¿No dices otro tanto del talle y de la fuerza? Si una mujer es fuerte lo será por la misma cualidad general que lo es el hombre, por la misma fuerza. Cuando digo la misma fuerza, entiendo que la fuerza, en tanto que fuerza, no difiere en nada de sí misma ya se halle en el hombre, ya en la mujer. ¿Adviertes alguna diferencia?

MENÓN. Ninguna.

SÓCRATES. Y la virtud, ¿será diferente de sí misma en tanto que virtud, por hallarse en un niño o en un anciano, en una mujer o en un hombre?

MENÓN. Este caso, Sócrates, no me parece enteramente semejante a los precedentes.

SÓCRATES. ¡Cómo! ¿No has dicho que la virtud de un hombre consiste en administrar bien los asuntos de su ciudad, y la de una mujer en gobernar bien su casa?

MENÓN. Sí.

SÓCRATES. ¿Es posible administrar bien una ciudad, una casa, o cualquier otra cosa, si no se administra de una manera prudente y justa?

MENÓN. No, ciertamente.

SÓCRATES. Pero administrar de una manera justa y sabia, ¿no es hacerlo con justicia y sabiduría?

MENÓN. Es evidente.

SÓCRATES. Por lo tanto la mujer y el hombre tienen necesidad de lo mismo para ser virtuosos, o sea, de la justicia y de la sabiduría.

MENÓN. Es evidente.

SÓCRATES. ¡Pues qué! El niño y el anciano, si son desordenados e injustos, ¿podrán ser virtuosos?

MENÓN. De ninguna manera.

SÓCRATES. ¿Y si son prudentes y justos?

MENÓN. Sí.

SÓCRATES. Así, todos los hombres son virtuosos de la misma manera, puesto que lo son mediante la posesión de las mismas cualidades.

MENÓN. Así es.

SÓCRATES. Y no serían virtuosos de la misma manera si no tuvieran la misma virtud.

MENÓN. No, sin duda.

SÓCRATES. Puesto que la virtud, en definitiva, es la misma para todos, trata de decirme y de recordar lo que es esta virtud según Gorgias y según tú mismo, que estás de acuerdo con él.

MENÓN. Si buscas una definición general, que valga para todos los casos ¿qué otra cosa puede ser la virtud sino la capacidad de mandar a los hombres?

SÓCRATES. Es eso precisamente lo que busco. Pero ¿crees tú, Menón, que sea también la virtud del niño y del esclavo el ser capaz de mandar a su dueño? ¿Acaso el que manda sigue siendo un esclavo?

MENÓN. No me parece, Sócrates.

SÓCRATES. Sería poco razonable, en efecto. Fíjate, ahora, en esto. Hacías consistir la virtud en la capacidad de mandar; ¿añadiremos justamente y no de otro modo?

MENÓN. Soy del mismo parecer; porque la justicia, Sócrates, no es distinta de la virtud.

SÓCRATES. ¿La virtud, Menón, o alguna especie de virtud?

MENÓN. ¿Qué quieres decir?

SÓCRATES. Lo que diría de cualquier otra cosa. Por ejemplo, diría que la redondez es una figura, y no simplemente la figura, por la razón de que hay otras figuras.

MENÓN. Habrías dicho exactamente. Por mi parte, reconozco que la justicia no es la única virtud, y que hay otras.

SÓCRATES. ¿Cuáles son? Nómbralas, como yo te nombraré las otras figuras, si me lo exiges; señálame otras virtudes.

MENÓN. En mi opinión, el valor es una virtud, y también lo son la templanza, la prudencia, la generosidad y otras muchas.

SÓCRATES. Henos aquí de nuevo metidos en la misma dificultad que hace poco, Menon. Buscando una virtud hemos encontrado varias, bien que de otra manera que en el caso precedente. En cuanto a esta virtud única que enlaza entre sí a las demás, no llegamos a descubrirla.

MENÓN. Esa virtud que buscas, esa virtud única e idéntica en todo, te confieso que no alcanzo a aprehenderla como en tus otros ejemplos.

SÓCRATES. No me sorprende. Pero voy a hacer lo posible para que nos pongamos en camino de hacer este descubrimiento, si soy capaz de ello. Te has hecho cargo, sin duda, de que el método es siempre el mismo. Supongamos, pues, que se te dirigiera la pregunta a que me refería hace un instante: "Menón, ¿qué es la figura?", y me respondieras: "es la redondez". Si entonces se te preguntara, como antes lo hice, si la redondez es la figura o una especie de figura, es claro que responderías que es una especie de figura.

MENÓN. Sí.

SÓCRATES. ¿Sin duda, porque hay otras figuras?

MENÓN. Sí.

SÓCRATES. Y si se te preguntara además cuáles son estas figuras, ¿las nombrarías?

MENÓN. Seguramente.

SÓCRATES. En igual forma, si te preguntasen lo que es el color, y habiendo tú respondido que es lo blanco, agrega tu interlocutor: "Lo blanco, ¿es el color, o un color?", ¿contestarás que es un color, porque hay otros colores?

MENÓN. Sin duda.

SÓCRATES. Y si te pidiera que nombraras otros colores, ¿podrías nombrarle otros que son tan colores como el blanco?

MENÓN. Sí.

SÓCRATES. Supongamos que aquél, como yo hice, prosigue su discurso, y añade: "Llegamos siempre a una pluralidad y no es esto lo que pido. Puesto que designas con un solo nombre estas cosas diversas, y pretendes que no hay entre ellas ninguna que no sea figura, aunque a veces son contrarias las unas a las otras, ¿cuál es esa cosa que comprende así lo recto como lo curvo, a la cual llamas figura, afirmando que lo curvo no es menos figura que lo recto?" ¿No es esto lo que dices?

MENÓN. Sí.

SÓCRATES. Pero cuando hablas de esta manera, ¿no es como si dijeras que lo redondo es a la vez redondo y recto, y lo recto, a la vez recto y redondo?

MENÓN. De ninguna manera, Sócrates.

SÓCRATES. Sin embargo, sostienes que lo redondo es tan figura como lo recto, y recíprocamente.

MENÓN. Es cierto.

SÓCRATES. Entonces ¿qué es lo que se llama figura? Trata de explicármelo. Si al que te interrogara de esta manera acerca de la figura o del color, contestaras: "No entiendo tus preguntas, ni sé lo que quieres decir", nuestro interlocutor se sorprendería y replicaría: "¿No comprendes que lo que busco es lo que tienen de común todas estas cosas?" ¡Cómo, Menón! ¿No sabrías responder, si te preguntara qué es lo que lo redondo, lo recto y las demás cosas que llamas figuras tienen de común? ¡Inténtalo! Te servirá de ejercicio para responderme luego sobre la virtud.

MENÓN. No; pero dilo tú mismo, Sócrates.

SÓCRATES. ¿Tienes mucho empeño en que lo haga?

MENÓN. Mucho.

SÓCRATES. ¿Te prestarás, luego, en cambio, a hablar tú mismo de la virtud?

MENÓN. Sí.

SÓCRATES. Pues, ¡ánimo! La cosa vale la pena.

MENÓN. Seguramente.

SÓCRATES. Vamos; ensayemos una explicación de lo que es la figura. Mira si te parece aceptable esta definición: llamo figura a la cosa que acompaña siempre al color. ¿Estás satisfecho, o quieres buscar otra definición? En cuanto a mí, si me respondieras así acerca de la virtud, me daría por satisfecho.

MENÓN. Pero esta definición es impertinente, Sócrates.

SÓCRATES. ¿Por qué?

MENÓN. Según tu opinión, figura es lo que va siempre con el color. Pues bien; si tu interlocutor declarara ignorar qué es el color, y tener con respecto a él la misma dificultad que con respecto a la figura, ¿qué pensarías de tu respuesta?

SÓCRATES. Que es verdadera. Y si tropezara con uno de esos hombres hábiles que no buscan sino disputas y contiendas, le diría: "He dado mi respuesta. Si es errónea, a ti te toca tomar la palabra y refutarme". Pero tratándose de dos amigos, como nosotros, que quieren conversar, se debe replicar más suavemente y de una manera más conforme con las leyes de la dialéctica, según las cuales conviene no sólo responder la verdad, sino también fundar la respuesta únicamente en lo que el interlocutor reconoce saber. Y de esta manera es como voy a intentar explicarme. Dime: ¿hay algo que llamas "fin"? Entiendo por ello el término, el límite, la extremidad: todas estas palabras expresan lo mismo. Pródico tal vez discreparía; pero tú dices indiferentemente de una cosa que está terminada o acabada. Esto es lo que quiero decir y nada tiene de misterioso.

MENÓN. Ciertamente, empleo todas esas palabras, y creo comprenderte.

SÓCRATES. ¿Llamas a alguna cosa superficie y a otra sólido, como se hace, por ejemplo, en geometría?

MENÓN. Sin duda.

SÓCRATES. Entonces, podrás comprender lo que entiendo por figura. Digo, pues, que una figura es el límite donde termina un sólido; y esto vale para las figuras en general; de manera que resumiendo definiré la figura como "el límite del sólido".

MENÓN. ¿Y qué es lo que llamas color, Sócrates?

SÓCRATES. ¡Menón, te burlas de mí! Abrumas con tus embarazosas preguntas a un viejo como yo, y no quieres, en cambio, avivar tus recuerdos para decirme en qué consiste la virtud, según Gorgias.

MENÓN. Te lo diré, Sócrates, después que hayas respondido a mi pregunta.

SÓCRATES. Aun con los ojos vendados, Menón, se reconocería en tu lenguaje que eres hermoso y amado.

MENÓN. ¿Por qué?

SÓCRATES. Porque tus discursos son órdenes. Así hablan los voluptuosos, los cuales ejercen una especie de tiranía mientras están en la flor de la edad. Tal vez has advertido, además, mi debilidad por la belleza. Pero, quiero complacerte y te responderé.

MENÓN. Sí, hazme ese favor.

SÓCRATES. ¿Quieres que te responda como respondería Gorgias, de manera que puedas seguirme más fácilmente?

MENÓN. Consiento en ello. ¿Por qué no?

SÓCRATES. ¿No dices, según el sistema de Empédocles, que los cuerpos despiden emanaciones?

MENÓN. Sin duda.

SÓCRATES. ¿Y que hay en los cuerpos poros que reciben y dejan pasar esas emanaciones?

MENÓN. Seguramente.

SÓCRATES. ¿Y que algunas de esas emanaciones son proporcionadas a ciertos poros, mientras que otras son o más delgadas o más gruesas?

MENÓN. Es verdad.

SÓCRATES. Por otra parte, ¿hay una cosa que se llama la vista?

MENÓN. Sí.

SÓCRATES. Siendo así, comprende mis palabras, como dice Píndaro. El color es un flujo de figuras, proporcionado a la vista y sensible.

MENÓN. Tu respuesta, Sócrates, me parece admirable.

SÓCRATES. Probablemente, porque no es extraña a nuestro modo de discurrir; además, proporciona un recurso como para explicar qué sea la voz, el olfato y muchas otras cosas semejantes.

MENÓN. Sin duda.

SÓCRATES. No sé qué tiene del lenguaje de la tragedia mi respuesta, Menón, para que la prefieras a la de la figura.

MENÓN. Lo confieso.

SÓCRATES. Sin embargo, ¡oh, hijo de Alexidemo!, en mi opinión no es ésa la mejor, sino la otra. Y creo que llegarías a pensar lo mismo, si no te vieras obligado a partir antes de los misterios, como anunciabas ayer, y pudieras permanecer y hacerte iniciar en ellos.

MENÓN. De buena gana me quedaría, Sócrates, si quisieras dedicarme muchas conversaciones como ésta.

SÓCRATES. Si de mi buena voluntad dependiera, no dejaría de seguir hablándote así, para beneficio de ambos; pero me temo que no voy a ser capaz de decirte cosas semejantes. Como quiera que sea, trata ahora de cumplir la promesa que me hiciste de definir la virtud en general, y cesa de hacer varias cosas de una sola, como se dice, bromeando, de los que rompen algo. Deja, pues, íntegra e intacta la virtud y dime en qué consiste, según los ejemplos que te he dado.

MENÓN. Pues bien, Sócrates; me parece que la virtud consiste, como dice el poeta, en amar las cosas bellas y ser poderoso. Así, llamo virtud al deseo de las cosas bellas con más el poder de procurárselas.

SÓCRATES. ¿Piensas que desear las cosas bellas implica desear las buenas?

MENÓN. Sin duda.

SÓCRATES. ¿Hay hombres, por ventura, que desean las cosas malas, mientras que otros desean las buenas? ¿No te parece que todos desean lo que es bueno?

MENÓN. De ninguna manera.

SÓCRATES. ¿Es que algunos apetecerían lo que es malo?

MENÓN. Sí.

SÓCRATES. ¿Es que lo creen bueno, o lo desearían aun sabiéndolo malo?

MENÓN. Juzgo posible los dos casos.

SÓCRATES. Pero, Menón, ¿crees que se puede desear una cosa sabiendo que es mala?

MENÓN. Así lo creo.

SÓCRATES. ¿Qué entiendes por desear una cosa? ¿Es desear la adquisición de ella?

MENÓN. Seguramente; adquirirla.

SÓCRATES. Pero el hombre que desea lo malo, ¿se imagina que el mal le sea ventajoso; o sabe acaso que es nocivo para quien lo acepta?

MENÓN. Unos piensan que el mal puede ser ventajoso, otros saben que es dañino.

SÓCRATES. ¿Crees que estimar lo malo como útil sea conocerlo como malo?

MENÓN. En ese concepto no lo creo.

SÓCRATES. ¿No es, pues, evidente que no desean el mal aquellos que lo ignoran como tal, y que el objeto de su deseo es algo que, aunque sea malo, creen bueno? Deseando el mal que desconocen y estiman por bueno ¿no es el bien lo que desean en realidad? ¿No es así?

MENÓN. Así parece, en efecto, para los tales.

SÓCRATES. Pues ¡qué! Los que desean el mal, sabiendo, según dices, que les será nocivo, ¿saben, sin duda, que les será nocivo?

MENÓN. Necesariamente.

SÓCRATES. Pero, estos, ¿no creen acaso que lo nocivo hace sufrir en la medida en que es nocivo?

MENÓN. También es cierto.

SÓCRATES. ¿Y que en tanto que sufren son desgraciados?

MENÓN. Así lo pienso.

SÓCRATES. ¿Hay algún hombre que quiera sufrir y ser desdichado?

MENÓN. No lo creo, Sócrates.

SÓCRATES. Si no hay quien lo quiera, Menón, nadie, tampoco, querrá el mal. ¿Qué es sufrir, en efecto, sino querer el mal y procurárselo?

MENÓN. Parece que tienes razón, Sócrates, y que nadie quiere el mal.

SÓCRATES. ¿No decías, hace un instante, que la virtud consiste en querer el bien y poder procurárselo?

MENÓN. Sí, lo he dicho.

SÓCRATES. De estos dos términos, el querer es común a todos, y en este respecto ningún hombre es mejor que otro.

MENÓN. Convengo en ello.

SÓCRATES. Es evidente que si unos valen más que los otros será en cuanto al poder.

MENÓN. Sin duda.

SÓCRATES. De modo que, según tu definición, la virtud es el poder procurarse el bien.

MENÓN. Me parece, Sócrates, que es tal como tú lo concibes.

SÓCRATES. Veamos si es así, porque acaso tengas razón. ¿Dices que la virtud consiste en el poder de adquirir el bien?

MENÓN. Sí.

SÓCRATES. ¿Y llamas bien, por ejemplo, a la salud y a la riqueza?

MENÓN. Entiendo por bien asimismo la adquisición de oro y plata, y de los cargos y honores en la ciudad.

SÓCRATES. ¿No piensas en ninguna otra cosa cuando hablas del bien?

MENÓN. No pensaba sino en todas ésas.

SÓCRATES. Enhorabuena. Así que, según Menón, huésped, por su padre, del Gran Rey, la virtud consiste en procurarse oro y plata. A esta idea de adquisición, ¿añades las palabras justamente y santamente, o juzgas que ello sea indiferente? ¿Te parece que una adquisición injusta puede ser tenida por virtud?

MENÓN. Nada de eso, Sócrates.

SÓCRATES. ¿Sería maldad?

MENÓN. Sin género de duda.

SÓCRATES. Luego, la adquisición debe ir acompañada de justicia, templanza, santidad o cualquier otra parte de la virtud, sin lo cual, aunque procure el bien, no será una virtud.

MENÓN. ¿Cómo ha de ser virtud sin esas condiciones?

SÓCRATES. Renunciar al oro y la plata para sí mismo y los demás, cuando su adquisición fuese injusta, ¿no sería igualmente virtud?

MENÓN. Me parece que sí.

SÓCRATES. De esta manera, procurarse esta clase de bienes no es más virtud que no procurárselos, y llamaremos virtud a todo cuanto vaya acompañado de justicia; y a lo que no, lo llamaremos maldad.

MENÓN. Forzosamente ha de ser como dices.

SÓCRATES. Pero, ¿no dijimos antes que cada una de estas cualidades, la justicia, la templanza, y otras semejantes, son partes de la virtud?

MENON. Sí.

SÓCRATES. ¿Es que te estás burlando de mí, Menón?

MENÓN. ¿Por qué, Sócrates?

SÓCRATES. Porque habiéndote suplicado que no fragmentaras la virtud, y aunque te propuse modelos de la manera en que debes responder, no lo has tenido en cuenta, y dices, por un lado, que la virtud consiste en poder procurarse el bien con justicia, y por otro, que la justicia es una parte de la virtud.

MENÓN. Lo confieso.

SÓCRATES. Resulta de tus dichos que la virtud consiste en poner en las acciones una parte de la virtud; puesto que la justicia, como las otras cosas que hemos dicho, son en tu opinión partes de la virtud. ¿Que adónde voy a parar? A que te he pedido una definición general de la virtud, y tú, lejos de satisfacerme, declaras que toda acción es virtud cuando va acompañada de una parte de la virtud, como si ya me hubieras dicho lo que es la virtud en general, y yo pudiera reconocerla en los menudos trozos en que la has dividido. Es, pues, necesario, querido Menón, que repita de nuevo mi pregunta acerca de la naturaleza de la virtud, si es cierto que toda acción es virtud cuando va acompañada de una parte de la virtud; puesto que no otra cosa se dice cuando se afirma que es virtuosa toda acción acompañada de justicia. ¿Qué te parece? ¿No juzgas conveniente mi insistencia sobre esta cuestión, o crees posible saber en qué consiste una parte de la virtud sin conocer la virtud misma?

MENÓN. No lo pienso así.

SÓCRATES. Porque, si te acuerdas, cuando yo te respondía a propósito de la figura, rechazamos una definición por apoyarse en lo que era problema todavía y sobre lo que no estábamos aún de acuerdo.

MENÓN. Hemos tenido razón para rechazarla, Sócrates.

SÓCRATES. Por lo tanto, mientras busquemos aún lo que es la virtud en general, no pienses que ha de ser posible explicar a nadie su naturaleza haciendo entrar en la respuesta las partes de la virtud, ni definir cualquier otra cosa utilizando semejante método. Es preciso plantear de nuevo la misma cuestión: ¿Qué es esa virtud de que hablas? ¿Juzgas que lo que digo no es serio?

MENÓN. Por el contrario, me parece muy sensato.

SÓCRATES. Empezando de nuevo, dime, pues, en qué hacen consistir, tú y tu amigo, la virtud.

MENÓN. Había oído decir, Sócrates, antes de conversar contigo, que tú no sabías más que dudar y sumir a los demás en la duda. Ahora, en efecto, no sé con qué drogas y sortilegios me has hechizado, que estoy lleno de dudas. Y diré, si me permites una broma, que te asemejas perfectamente, por el aspecto y lo demás, a ese corpulento pez que se llama torpedo, el cual produce una especie de entorpecimiento a cuantos le tocan. Creo que me has hecho sufrir un efecto parecido, porque me siento verdaderamente embotado en alma y cuerpo, y soy incapaz de responderte. Sin embargo, he discurrido cien veces sobre la virtud ante muchas personas, y con acierto, a mi parecer. Pero en este momento ni siquiera puedo decir en qué consiste. Tienes razón, pienso, en resistirte a navegar y visitar otros países. Porque si hicieras en otra ciudad estas cosas, no tardarías en ser arrestado como brujo.

SÓCRATES. Eres astuto, Menón, y has querido sorprenderme.

MENÓN. ¿Qué quieres decir, Sócrates?

SÓCRATES. Que adivino por qué me has comparado así.

MENÓN. Te suplico me digas por qué.

SÓCRATES. Para que, a mi vez, te compare. Sé cuánto gustan los que son hermosos de tales comparaciones, que les son ventajosas, puesto que las imágenes de las cosas bellas son bellas, a mi entender. Pero no te devolveré imagen por imagen. En lo que me concierne, si el torpedo, antes de embotar a los demás, se siente a sí mismo en estado de embotamiento, le soy, sin duda, semejante; de otro modo, no. Pues si despierto dudas en los demás no es porque sepa más que ellos, sino todo lo contrario; pues yo dudo más que nadie, y así es como hago dudar a los demás. En nuestro caso presente, ignoro absolutamente lo que es la virtud. Acaso tú lo supieras antes de acercarte a mí, aunque ahora parezcas ignorarlo. De cualquier modo que sea, quiero examinar e investigar contigo en qué pueda consistir.

MENÓN. ¿Cómo te la compondrás, Sócrates, para buscar lo que ignoras absolutamente? ¿A qué punto, entre tantos desconocidos, dirigirás tu investigación? Y si por azar dieras en el bien, ¿cómo lo reconocerías, no habiéndolo nunca conocido?

SÓCRATES. Comprendo, Menón, lo que quieres decir. ¡Qué magnífico argumento para una discusión entre sofistas! Es la tesis según la cual no se puede averiguar ni lo que se conoce ni lo que no se conoce: lo que se conoce, porque, sabiéndolo, no hace falta buscarlo; lo que no se conoce, porque, en este caso, ni aun se sabe qué es lo que se ha de buscar.

MENÓN. ¿No te parece bueno este razonamiento, Sócrates?

SÓCRATES. De ninguna manera.

MENÓN. ¿Me dirás la razón?

SÓCRATES. Sí. He escuchado a hombres y mujeres expertos en las cosas divinas...

MENÓN. ¿Qué decían?

SÓCRATES. Cosas bellas y verdaderas, a mi parecer.

MENÓN. Pero ¿qué dicen y quiénes son esas personas?

SÓCRATES. Son sacerdotes y sacerdotisas que se han aplicado a dar razón de lo que concierne a su ministerio. Es Píndaro y otros muchos poetas, me refiero sólo a los que son divinos. Y es esto lo que dicen; examina si te parece justo.

"Dicen que el alma humana es inmortal, y que tan pronto desaparece, lo que llaman morir, muy luego a la vida vuelve sin que nunca se destruya; y, por esto, conviene vivir lo más piadosamente que se pueda, porque las almas de aquellos que han pagado a Perséfone la deuda de sus antiguas faltas son devueltas a la luz del sol, al cabo de nueve años. De estas almas se forman los reyes ilustres, los hombres poderosos por su fuerza o grandes por su saber, honrados luego como héroes intachables entre los mortales.[79]

"Así, para el alma, siendo inmortal y renaciendo muchas veces, habiendo contemplado todas las cosas, sobre la tierra y en la morada de Hades, nada hay que no haya aprendido. Por tanto, no es extraño que, con respecto a la virtud y a todo lo demás, tenga recuerdos de lo que aprendió anteriormente.

"Siendo homogénea la naturaleza entera y habiéndolo aprendido todo, ningún inconveniente hay para que un solo recuerdo (que es lo que los hombres denominan saber) le permita hallar todos los otros, siempre que se sea valeroso y tenaz en la búsqueda. Porque la investigación y el saber, en el fondo no son sino reminiscencia.

"Ninguna fe debe darse al tema, pues, a ese razonamiento sofístico de que hablamos; nos volvería perezosos, y no gustan de él sino los cobardes. Mi doctrina, por el contrario, incita al trabajo y a la investigación. Porque la tengo por verdadera, deseo inquirir contigo en qué consiste la virtud."

MENÓN. Consiento en ello, Sócrates. Pero ¿te limitarás a decir simplemente que no aprendemos nada, y

[79] Esta tomado de alguna oda de Píndaro que no se conoce.

que lo que llamamos aprender es reminiscencia? ¿Podrías demostrarme que es, en efecto, así?

SÓCRATES. Ya te dije, Menón, que eres muy astuto. En el acto mismo en que sostengo que no se aprende nada y que no se hace más que acordarse, me preguntas si puedo enseñarte una cosa; para hacer que inmediatamente me ponga así en contradicción conmigo mismo.

MENÓN. En verdad, Sócrates, no lo he dicho con esa intención sino por puro hábito. Sin embargo, si tienes algún modo de mostrarme lo que dices, no dejes de hacerlo.

SÓCRATES. No es nada fácil, pero me esforzaré, en homenaje a nuestra amistad. Llama a alguno de los muchos servidores que te acompañan, el que quieras, y te haré ver lo que deseas.

MENÓN. De buena gana. Acércate.

SÓCRATES. ¿Es griego y sabe el griego?

MENÓN. Lo conoce perfectamente; ha nacido en mi casa.

SÓCRATES. Fíjate si parece ir recordando o aprendiendo de mí.

MENÓN. Prestaré atención.

SÓCRATES. Dime, joven, ¿sabes que esto es un cuadrado?

ESCLAVO. Sí.

SÓCRATES. El espacio cuadrado, ¿no es el que tiene iguales estas cuatro líneas?

ESCLAVO. Seguramente.

SÓCRATES. Y estas otras líneas que lo atraviesan por el centro, ¿son también iguales?

ESCLAVO. Sí.

SÓCRATES. ¿No puede haber un espacio semejante que sea más grande o más pequeño?

ESCLAVO. Sin duda.

SÓCRATES. Si ese lado fuera de dos pies, y este otro también de dos pies, ¿cuántos pies tendría el todo? Considera así la cuestión: Si este lado fuera de dos pies, y éste de un pie tan sólo, ¿no es cierto que el espacio sería de una vez dos pies?

ESCLAVO. Sí, Sócrates.

SÓCRATES. Pero, puesto que el segundo lado tiene igualmente dos pies, ¿no resulta dos veces dos?

ESCLAVO. Sí.

SÓCRATES. ¿Ese espacio es, pues, ahora de dos veces dos pies?

ESCLAVO. Sí.

SÓCRATES. ¿Cuánto hacen dos veces dos pies? Haz la cuenta, y dímelo.

ESCLAVO. Cuatro, Sócrates.

SÓCRATES. ¿No se podría hacer un espacio doble de éste, pero semejante, teniendo como él todas sus líneas iguales?

ESCLAVO. Sí.

SÓCRATES. ¿Cuántos pies tendría?

ESCLAVO. Ocho.

SÓCRATES. Pues bien; procura decirme cuál es la longitud de cada línea del nuevo cuadrado. Las de éste son de dos pies. Las del cuadrado doble ¿de cuántos serán?

ESCLAVO. Es evidente, Sócrates, que tendrán el doble.

SÓCRATES. ¿Ves, ahora, Menón, que no le enseño nada, y me limito a interrogar? Él imagina ahora saber cuál es la longitud del lado de un cuadrado de ocho pies. ¿No te parece?

MENÓN. Sí.

SÓCRATES. Pero, ¿lo sabe?

MENÓN. No, seguramente.

SÓCRATES. ¿No cree que este lado sería doble del precedente?

MENÓN. Sí.

SÓCRATES. Obsérvalo a medida que él va recordando. Y tú, respóndeme. ¿Dices que el espacio doble se forma de la línea doble? Entiéndelo bien: no quiero decir un espacio largo por este lado y estrecho por aquél; busco una superficie como ésta, igual en todos los sentidos, pero que tenga una extensión doble, o sea de ocho pies. Mira si crees aún que haya de formarse con la duplicación de la línea.

ESCLAVO. Así lo creo.

SÓCRATES. Si añadimos a esta línea otra tan larga como ella, ¿no será la nueva línea el doble de la primera?

ESCLAVO. Sin duda.

SÓCRATES. Luego, sobre esta nueva línea, ¿se construirá el espacio de ocho pies, si trazamos cuatro líneas semejantes?

ESCLAVO. Sí.

SÓCRATES. Tracemos, pues, cuatro líneas semejantes a ésta. ¿Llamas a esto un espacio de ocho pies?

ESCLAVO. Seguramente.

SÓCRATES. Pero ¿este nuevo espacio no comprende otros cuatro, cada uno de los cuales es igual al primero, que mide cuatro pies?

ESCLAVO. Sí.

SÓCRATES. ¿Cuál es la magnitud de aquél? ¿No es cuatro veces más grande?

ESCLAVO. Sin duda.

SÓCRATES. ¿Una cosa cuatro veces más grande que otra es entonces el doble de ella?

ESCLAVO. ¡No, por Júpiter!

SÓCRATES. Pues ¿qué es?

ESCLAVO. El cuádruplo.

SÓCRATES. Entonces, joven, con la línea doble no se forma un espacio doble, sino cuádruple.

ESCLAVO. Es verdad.

SÓCRATES. Cuatro veces cuatro, ¿no hacen dieciséis?

ESCLAVO. Sí.

SÓCRATES. ¿Qué línea nos dará, pues, un espacio de ocho pies? ¿No nos da ésta un espacio cuádruple del primero?

ESCLAVO. Sí.

SÓCRATES. Y esta línea que es la mitad de la otra ¿no nos da cuatro pies de superficie?

ESCLAVO. Sí.

SÓCRATES. Bien. El espacio de ocho pies ¿no es el doble de este otro, que es de cuatro, y la mitad de aquel que es de dieciséis?

ESCLAVO. Sin duda.

SÓCRATES. ¿No se formará entonces de una línea más grande que ésta y más pequeña que aquélla? ¿Qué te parece?

ESCLAVO. Así lo creo.

SÓCRATES. Perfectamente. Responde siempre según tu opinión. Pero, dime: ¿esta línea primera no tenía dos pies, y aquella otra, cuatro?

ESCLAVO. Sí.

SÓCRATES. Es necesario, por consiguiente, que la línea del espacio de ocho pies sea más larga que la de dos pies, y más corta que la de cuatro.

ESCLAVO. Sí que es necesario.

SÓCRATES. Veamos si puedes decir cuál ha de ser su longitud.

ESCLAVO. Tres pies.

SÓCRATES. Para que la línea inicial sea de tres pies, hemos de añadirle la mitad de su longitud: esto es, un pie a los dos pies. Por este otro lado, de la misma manera, dos pies más uno. He ahí formado el cuadrado a que te has referido.

ESCLAVO. Sí.

SÓCRATES. Pero si el espacio es de tres pies de largo y tres de ancho ¿no será la superficie de tres veces tres pies?

ESCLAVO. Evidentemente.

SÓCRATES. ¿Cuántos son tres veces tres pies?

ESCLAVO. Nueve.

SÓCRATES. Mas, para que la superficie fuera doble de la primera, ¿cuántos pies debía tener?

ESCLAVO. Ocho.

SÓCRATES. Luego, el espacio de ocho pies no se forma tampoco de la línea de tres pies.

ESCLAVO. No, ciertamente.

SÓCRATES. Pues ¿de qué línea se hace? Procura decírnoslo exactamente. Y si no quieres hacer cálculos, muéstranosla.

ESCLAVO. ¡Por Júpiter! No sé, Sócrates.

SÓCRATES. ¿Ves, Menón, qué trecho ha recorrido por el camino de la reminiscencia? Al comienzo, sin saber cuál es el lado del cuadrado de ocho pies, lo que no sabe todavía, creía saberlo, y respondía con seguridad, como un conocedor, no teniendo conciencia de su ignorancia. Ahora, advierte la dificultad, y si no sabe, al menos no cree saber.

MENÓN. Dices verdad.

SÓCRATES. ¿No está ahora en mejor disposición con respecto de la cosa que ignoraba?

MENÓN. Convengo en ello.

SÓCRATES. Enseñándole a dudar, y embotándole como hace el torpedo, ¿le hemos causado algún daño?

MENÓN. No lo creo.

SÓCRATES. Más bien le hemos ayudado a descubrir cuál es su situación con respecto a la verdad. Porque ahora, como no sabe, tendrá placer en buscar; mientras que antes no habría vacilado en decir y repetir ante una multitud, con entera confianza, que el doble de un cuadrado se forma sobre el doble del lado.

MENÓN. Es probable.

SÓCRATES. ¿Y piensas que pudo disponerse a buscar y aprender lo que creía saber, aunque no lo sabía, sin antes caer en confusión al saberse ignorante, y de haber sentido el deseo de saber?

MENÓN. Pienso que no, Sócrates.

SÓCRATES. ¿El entorpecimiento le ha sido, pues, ventajoso?

MENÓN. Parece que sí.

SÓCRATES. Observa ahora lo que, partiendo de la duda, descubrirá conmigo, sin que le enseñe nada, pues no haré sino interrogarle. Observa y procura sorprenderme si le enseño o explico algo, en vez de atenerme a solicitar su opinión. Y tú, dime: ¿No tenemos aquí un espacio de cuatro pies?

ESCLAVO. Sí.

SÓCRATES. ¿No podremos añadirle este otro espacio que es igual?

ESCLAVO. Sí.

SÓCRATES. ¿Y un tercero, igual a los dos anteriores?

ESCLAVO. Sí.

SÓCRATES. ¿Podemos llenar este ángulo que queda vacío?

ESCLAVO. Perfectamente.

SÓCRATES. ¿No tenemos ahora cuatro espacios iguales?

ESCLAVO. Sí.

SÓCRATES. Y todos juntos, ¿cuántas veces son más grandes que éste solo?

ESCLAVO. Cuatro veces.

SÓCRATES. Pero recuerda que buscábamos un espacio que fuera doble.

ESCLAVO. En efecto.

SÓCRATES. Estas líneas que van de un ángulo a otro de cada cuadrado, ¿no parten en dos cada uno de ellos?

ESCLAVO. Sí.

SÓCRATES. ¿No obtenemos cuatro líneas iguales que limitan un nuevo espacio?

ESCLAVO. Así es.

SÓCRATES. Fíjate bien. ¿Cuál será la magnitud de este cuadrado?

ESCLAVO. Yo no lo veo.

SÓCRATES. ¿Sus líneas no separan, hacia dentro, sendas mitades de los otros cuatro espacios? ¿No es así?

ESCLAVO. Sí.

SÓCRATES. ¿Cuántas de dichas mitades componen el espacio del medio?

ESCLAVO. Cuatro.

SÓCRATES. ¿Y en este otro?

ESCLAVO. Dos.

SÓCRATES. ¿Qué es cuatro, en relación con dos?

ESCLAVO. El doble.

SÓCRATES. Entonces, ¿cuántos pies mide este espacio?

ESCLAVO. Ocho pies.

SÓCRATES. ¿Y sobre qué línea está construido?

ESCLAVO. Sobre ésta.

SÓCRATES. ¿Sobre la línea que va de un ángulo a otro en el espacio de cuatro pies?

ESCLAVO. Sí.

SÓCRATES. Esta línea es la que llaman diámetro los sofistas. Si tal es su nombre, el espacio doble, esclavo de Menón, se formará, como dices, sobre el diámetro.

ESCLAVO. Así es, Sócrates.

SÓCRATES. ¿Qué te parece, Menón? ¿Ha dado alguna respuesta que no sea suya?

MENÓN. Ninguna; ha hablado siempre por su cuenta.

SÓCRATES. Sin embargo, no sabía, como dijimos antes.

MENÓN. Es cierto.

SÓCRATES. Estas opiniones, ¿estaban ya en él, o no?

MENÓN. Estaban en él.

SÓCRATES. ¿De modo que el que no sabe puede estar en posesión de opiniones verdaderas sobre las mismas cosas que ignora?

MENÓN. Al parecer.

SÓCRATES. Las opiniones verdaderas acaban de aparecérsele, como en un sueño. Si se le interroga a menudo y de diversas maneras sobre los mismos objetos, puedes estar seguro de que llegará a tener conocimiento tan exacto como el que más.

MENÓN. Es probable.

SÓCRATES. Luego, sabrá sin haber aprendido de nadie, por medio de simples interrogaciones, y sacando así la ciencia de su propio fondo.

MENÓN. Sí.

SÓCRATES. Pero, encontrar en sí mismo la ciencia, ¿no es acordarse?

MENÓN. Sin duda.

SÓCRATES. ¿No es cierto que la ciencia que posee, es menester, o bien que alguna vez la haya recibido, o que la haya tenido siempre?

MENÓN. Sí.

SÓCRATES. Pero si la hubiera tenido siempre, habría sido siempre sabio; y si la ha adquirido, no fue en esta vida, seguramente. ¿Acaso ha tenido un maestro de geometría? Porque hallará, de la misma manera, las otras partes de la geometría y de todas las demás ciencias. ¿Le ha enseñado alguien todo esto? Debes saberlo, puesto que ha nacido y se ha criado en tu casa.

MENÓN. Estoy seguro de que nadie se lo ha enseñado.

SÓCRATES. ¿Tiene o no estas opiniones?

MENÓN. Es incontestable que las tiene, Sócrates.

SÓCRATES. Luego, si no las ha adquirido en la presente vida, ¿es necesario que lo haya sido anteriormente, y que por anticipado haya aprendido lo que sabe?

MENÓN. Así parece.

SÓCRATES. ¿Ese tiempo no será aquel en que aún no era hombre?

MENÓN. Sí.

SÓCRATES. Por consiguiente, si mientras es hombre, y desde antes de serlo, lleva en sí opiniones verdaderas que se convierten en ciencia cuando se las despierta con preguntas, ¿no es verdad que su alma las habrá poseído en todo tiempo? Porque está claro que en toda la extensión del tiempo es o no es hombre.

MENÓN. Es evidente.

SÓCRATES. Luego, si la verdad de las cosas está siempre en nuestra alma, ésta ha de ser inmortal. Es, pues, preciso que tratemos valerosamente de investigar y recordar lo que, por el momento, no sabes, es decir, aquello de que te has olvidado, y nos esforcemos por despertar su recuerdo.

MENÓN. Yo no sé cómo, pero me parece que tienes razón, Sócrates.

SÓCRATES. A mí también me lo parece, Menón. A decir verdad, no podría garantizar todo cuanto he dicho. Pero estoy dispuesto a sostener con palabras y obras, en tanto sea capaz, que la persuasión de que debemos indagar lo que ignoramos nos hará mejores, más resueltos y menos perezosos que la opinión de que es imposible descubrir lo que ignoramos e inútil buscarlo.

MENÓN. Soy de tu parecer en esto, Sócrates.

SÓCRATES. Entonces, puesto que estamos de acuerdo en reconocer que se debe indagar lo que se ignora, ¿quieres que investiguemos juntos en qué consiste la virtud?

MENÓN. De buena gana. Sin embargo, Sócrates, tendría el mayor placer en que volviéramos sobre la cuestión que te propuse al principio, a saber: si la virtud debe ser considerada como una cosa que se puede enseñar, o si es un don de la naturaleza, o de qué manera, en fin, pueden adquirirla los hombres.

SÓCRATES. Si tuviera alguna autoridad sobre ti, Menón, no examinaríamos si la virtud es o no susceptible de enseñanza sino después de haber indagado lo que es en sí. Pero, ya que, sin duda con el fin de ser libre, no haces esfuerzo alguno por dominarte a ti mismo, y que, por otra parte, pretendes gobernarme, como en efecto lo haces, tomo el partido de ceder. ¿Qué vamos a hacer? Ensayaremos descubrir qué sea una cosa cuya naturaleza ignoramos. Mas, aunque no quieres obedecerme en nada, cede al menos en algo del imperio que sobre mí ejerces, y permíteme que busque por modo hipotético si la virtud puede o no enseñarse. Cuando digo por modo hipotético, entiendo el método de investigación usado por los geómetras. Si se les interroga sobre una superficie dada, inquiriendo, por ejemplo, si es posible inscribir tal triángulo en determinado círculo, responden: "Todavía no sé si puede ser, pero conviene, para poder decidirlo, razonar por hipótesis: si se reúnen determinadas condiciones, se obtendrá tal resultado; y si las condiciones son otras, tal otro será el resultado. Es así por hipótesis como puedo decirte si es o no posible la inscripción del triángulo en el círculo". Otro tanto ocurre con la virtud. Ignorando, como lo ignoramos todavía, su esencia y cualidades, sólo podemos discurrir hipotéticamente sobre si se puede enseñar o no. Y nos preguntaremos: ¿Cuál ha de ser, entre las diferentes especies de cosas que se relacionan con el alma, la de la virtud, para que se la pueda o no enseñar? En primer lugar, si es de otra naturaleza que la ciencia, ¿es susceptible o no de enseñanza, o, como decíamos hace un instante, de reminiscencia? No importa precisar de cuál de estos nombres nos serviremos. En ese caso, ¿puede enseñarse la virtud? O, más bien, ¿no es evidente que la ciencia es la única cosa que el hombre aprende?

MENÓN. Así me parece.

SÓCRATES. Luego, si la virtud es una ciencia, es evidente que se la puede enseñar.

MENÓN. De acuerdo.

SÓCRATES. Bien pronto hemos solucionado esta cuestión: si la virtud es así, se la puede enseñar; no siendo tal, no se la puede enseñar.

MENÓN. Ciertamente.

SÓCRATES. Pero ahora se ofrece otra cuestión a nuestro examen: la de saber si la virtud es una ciencia u otra cosa.

MENÓN. Me parece que, en efecto, esta cuestión viene después de la otra.

SÓCRATES. ¿No decimos que la virtud es un bien, y no nos mantendremos firmes en esa hipótesis?

MENÓN. Sin duda.

SÓCRATES. Por tanto, si hay alguna especie de bien que sea distinto de la ciencia, es verosímil que la virtud no sea ciencia; pero si no hay ningún género de bien que la ciencia no abrace, tendremos razón para conjeturar que la virtud es una especie de ciencia.

MENÓN. Es verdad.

SÓCRATES. ¿Somos buenos gracias a la virtud?

MENÓN. Sí.

SÓCRATES. Y útiles, también; porque todo lo que es bueno es útil. ¿No es eso?

MENÓN. Sí.

SÓCRATES. Luego, la virtud es útil.

MENÓN. Tal resulta de lo que hemos admitido.

SÓCRATES. Examinemos, pues, las cosas que nos son útiles, recorriéndolas una a una. La salud, la fuerza, la belleza, la riqueza; he aquí lo que miramos como útil. ¿No es verdad?

MENÓN. Sí.

SÓCRATES. También decimos que esas mismas cosas son, a veces, dañinas. ¿Eres de otro parecer?

MENÓN. No, pienso lo mismo.

SÓCRATES. Mira ahora de qué manera cada una de estas cosas nos es útil o dañina. ¿No son útiles cuando hacemos buen uso de ellas y dañinas cuando hacemos mal uso?

MENÓN. Desde luego.

SÓCRATES. Pasemos a considerar las cualidades del alma. ¿No hay cualidades que llamas templanza, justicia, valor, capacidad para aprender, memoria, elevación de sentimientos y otras semejantes?

MENÓN. Sí.

SÓCRATES. Mira cuáles de estas cualidades te parece que no son ciencia, y sí otra cosa. ¿No son tan pronto dañinas como provechosas? Así por ejemplo el coraje, cuando no está asistido de prudencia, y es simplemente audacia. ¿No es verdad que cuando somos imprudentemente audaces ello redunda en perjuicio nuestro, y, por el contrario, en provecho cuando la prudencia acompaña al valor?

MENÓN. Sí.

SÓCRATES. ¿No ocurre lo mismo con la templanza y con la capacidad para aprender, que son útiles cuando las ejercitamos y ponemos en obra con prudencia, y perjudiciales cuando usamos de ellas imprudentemente?

MENÓN. Cierto que sí.

SÓCRATES. ¿No es verdad, en general, respecto de todo lo que el alma hace o soporta, que si está dirigida por la sabiduría todo conduce a su felicidad, y a su desdicha si no se rige por ella?

MENÓN. Así parece.

SÓCRATES. Luego si la virtud es una cualidad del alma y si es indispensable que sea útil, preciso es que consista en la sabiduría. Porque, ya que todas las demás cualidades del alma no son, por sí mismas, útiles ni perjudiciales, sino que se convierten en lo uno o lo otro según que la prudencia o imprudencia las asistan, se sigue que la virtud, puesto que es útil, debe ser una especie de sabiduría.

MENÓN. Tal pienso.

SÓCRATES. Y con respecto a las demás cosas, como la riqueza y otras semejantes, que dijimos ser unas veces útiles y otras perjudiciales, ¿no convienes conmigo en que, así como la sabiduría, cuando va al frente de las demás cualidades del alma, las hace útiles, y la imprudencia perjudiciales, así el alma hace esas otras cosas útiles, cuando usa de ellas y las gobierna bien, y perjudiciales cuando se sirve mal de ellas?

MENÓN. Sin duda.

SÓCRATES. El alma sabia gobierna bien, y la imprudente gobierna mal.

MENÓN. Verdad es.

SÓCRATES. Así, de un modo general, en el hombre todo depende del alma, y el alma misma depende de la razón, sin la cual no puede ser buena. De acuerdo con esto, lo útil es lo razonable, y hemos convenido en que la virtud es útil.

MENÓN. Sin duda.

SÓCRATES. La virtud es, pues, la razón, o una parte de ella.

MENÓN. Todo eso me parece bien, Sócrates.

SÓCRATES. Pero entonces los hombres no son buenos por naturaleza.

MENÓN. Al parecer, no.

SÓCRATES. En ese caso, he aquí lo que sucedería. Si la virtud fuera un don natural, habría entre nosotros quienes se dedicaran a discernir los jóvenes naturalmente buenos; y después que nos los hubieran hecho conocer, los recibiríamos de sus manos y los depositaríamos en la Acrópolis, bajo un sello, como se hace con el oro, para que nadie los corrompiera, y una vez hombres, fueran útiles a su patria.

MENÓN. Conforme, Sócrates.

SÓCRATES. Pero si la virtud no es un don natural ¿será resultado del estudio?

MENÓN. Necesario es que sea así; por otra parte, Sócrates, es evidente, según nuestra hipótesis, que si la virtud es una ciencia, se podrá enseñarla.

SÓCRATES. Acaso, ¡por Júpiter! Pero me temo que hayamos hecho mal en convenir en eso.

MENÓN. Sin embargo, hace un instante nos parecía que habíamos hecho bien en reconocerlo.

SÓCRATES. No basta con que nos haya parecido así hace poco, sino que para que tenga verdadero valor debe seguir pareciéndonoslo ahora y siempre.

MENÓN. Pues ¿por qué razón repudias ese parecer, y no crees que sea ciencia la virtud?

SÓCRATES. Voy a decírtelo. No tengo por erróneo que la virtud pueda enseñarse si es una ciencia; pero mira si tengo razón en dudar que lo sea. Dime, Menón: si una cosa cualquiera, para no referirnos únicamente a la virtud, es de naturaleza tal que pueda ser enseñada, ¿no ha de haber por fuerza maestros y discípulos de ella?

MENÓN. Creo que sí.

SÓCRATES. Por el contrario, cuando una cosa no consiente maestros ni discípulos, ¿no podemos conjeturar fundadamente que no puede enseñarse?

MENÓN. Verdad es. Pero, ¿crees que no hay maestros de virtud?

SÓCRATES. Por lo menos, he buscado reiteradamente si los había, y después de todas las pesquisas posibles no he podido encontrarlos, no obstante haber realizado esa búsqueda en unión de otros muchos, singularmente de aquellos a quienes juzgo más versados en el particular.

"Y, justamente, Menón, aquí tenemos a Anito, que llega oportunísimamente a sentarse a nuestro lado. Informémosle de nuestra cuestión; nadie con más títulos para tomar parte en ella; porque, en primer lugar,

Anito ha nacido de un padre rico y discreto, Antemión, que no debe su fortuna al azar ni a la liberalidad ajena como Ismenias el tebano, que ha heredado, hace poco, los bienes todos de Polícrates, sino que la ha adquirido merced a su inteligencia e industria. Antemión, por otra parte, no tiene nada de arrogante, ni de desdeñoso, sino que es un ciudadano ordenado y de buenas maneras. Además, ha educado y formado muy bien a su hijo, a juicio de la mayor parte de los atenienses, como lo demuestra el que le hayan designado para las más altas magistraturas. Con hombres así conviene que indaguemos si hay o no maestros de virtud, y cuáles son. Ayúdanos, pues, Anito, a mí y a Menón, tu huésped, a resolver un problema concerniente a la virtud: el de saber cuáles maestros la enseñan. Considera el caso de esta manera: Si queremos hacer de Menón un buen médico, ¿con qué maestros le pondremos? ¿No será con los médicos?

ANITO. Sin duda.

SÓCRATES. ¡Pero qué! Si quisiéramos hacer de él un buen zapatero, ¿no le mandaríamos con los zapateros?

ANITO. Sí.

SÓCRATES. ¿Y lo mismo en todo lo demás?

ANITO. Sin duda.

SÓCRATES. Respóndeme también a las preguntas que todavía he de hacerte sobre el mismo asunto. Dijimos que tendríamos razón en mandarle con los médicos si quisiéramos hacerle médico. Cuando hablamos de esta manera ¿no venimos a decir que sería prudente, por nuestra parte, enviarle con los que se tienen por muy hábiles en ese arte, que perciben un salario por ese concepto, ofreciéndose como maestros en tales condiciones a quien quiera ir a tomar lecciones de ellos, mejor que enviarle a casa de cualquier otro que no ejerce tal profesión?

ANITO. Sí.

SÓCRATES. ¿No sucede lo mismo en relación con el arte de tañer la flauta y a las demás artes? Si queremos hacer de alguno un tañedor de flauta, será gran locura que no le mandemos con aquellos que hacen profesión de enseñar esa arte y exigen dinero por ese concepto, y que importunemos a otros, queriendo aprender de ellos lo que no presumen de poder enseñar, y que no tienen ningún discípulo en la ciencia que pretendemos que enseñen. ¿No te parece que sería un gran absurdo?

ANITO. Sí, seguramente, y además daríamos una prueba de ignorancia.

SÓCRATES. Ya veo que puedes deliberar conmigo sobre el caso de Menón, tu huésped. Hace ya mucho, Anito, que descubro en él un gran deseo de adquirir ese saber y virtud, mediante los cuales gobiernan bien los hombres su familia y su patria, prestan a sus padres los debidos cuidados, y saben recibir y despedir a los ciudadanos y extranjeros, como conviene a un hombre de bien. Mira a quién es conveniente enviarle para que aprenda ese saber. ¿No es evidente, por lo que hace un instante decíamos, que debe ser a aquellos que hacen profesión de enseñar la virtud, y se ofrecen públicamente como maestros a todos los griegos que quieren aprenderla, fijando a cambio un salario que exigen a sus discípulos?

ANITO. ¿Y qué gentes son ésas, Sócrates?

SÓCRATES. Sin duda sabes, como yo, que son los que se llaman sofistas.

ANITO. ¡Por Hércules! ¡Habla mejor, Sócrates! Que nadie de mis parientes, aliados, amigos, conciudadanos o extranjeros sea nunca tan insensato que vaya a echarse a perder con tales personas; porque son, en verdad, la peste y el azote de cuantos los frecuentan.

SÓCRATES. ¡Cómo, Anito! De todos los que hacen profesión de ser útiles a los hombres, ¿solamente los sofistas se diferenciarían de todos los demás en que no ya no mejoran aquello que se les confía, como los demás hacen, sino que lo empeoran? ¿Y se atreven a exigir descaradamente dinero por eso? En verdad que no sé cómo dar fe a tus palabras. Lo que sé es que Protágoras ha reunido más dinero con el oficio de sofista que Fidias, autor de tantas obras maestras, y otros diez estatuarios juntos. Sin embargo, lo que dices es muy extraño: los que remiendan zapatos y trajes viejos no podrían dejarlos en peor estado de como los recibieron sin que la gente se percatara de ello al cabo de treinta días, a más tardar, con lo que los remendones no tardarían en morir de hambre; mientras que Protágoras ha corrompido a aquellos que le frecuentaban, despachándoles en peor estado de como habían llegado a él, sin que toda Grecia haya tenido la menor sospecha de ello; y esto durante más de cuarenta años, puesto que creo que ha muerto cuando tendría unos setenta, después de haber pasado cuarenta en el ejercicio de su profesión, sin que en todo ese tiempo, hasta el día de su muerte, haya dejado de gozar de gran reputación. Y no sólo Protágoras, sino otros muchos más, de los cuales unos han vivido antes que él y otros viven todavía. Suponiendo que sea cierto lo que dices, ¿qué habremos de pensar de ellos? ¿Que engañan y corrompen conscientemente a la juventud, o que no tienen conocimiento alguno del daño que le infieren? ¿Tendremos por insensatos hasta ese extremo a hombres que pasan, en la opinión de algunos, por ser los más sabios?

ANITO. No son insensatos, Sócrates, ni mucho menos. Los jóvenes que les dan dinero lo son mucho más, y más todavía los padres de esos jóvenes, que se los confían, y sobre todo, las ciudades que les permiten entrar en ellas, y que no expulsan a todo extranjero, y aun a todo ciudadano, que se consagre a semejante profesión.

SÓCRATES. ¿Te ha perjudicado alguno de esos sofistas, Anito? ¿O por qué otra causa muestras tanto mal humor contra ellos?

ANITO. Por Júpiter, que nunca mantuve trato con ninguno de ellos, ni permitiría que ninguno de los míos se les aproximara.

SÓCRATES. ¿Así es que no tienes ninguna experiencia de esos hombres?

ANITO. ¡Y ojalá no haga nunca tal experiencia!

SÓCRATES. Pues, ¿cómo, querido, sin tener experiencia de una cosa, podrás saber si es buena o mala?

ANITO. Muy bien. Haya hecho o no experiencia de ellos, conozco lo que son.

SÓCRATES. ¿Acaso eres adivino, Anito? Porque, en vista de lo que dices, me sorprendería que de otro modo los conocieras. Sea de ello lo que quiera, no buscamos hombres con quienes Menón no pueda ir sin volver peor. Tengan en buena hora, si quieres, ese carácter los sofistas. Aconséjanos, por lo menos, y haz a un amigo de tu familia el servicio de enseñarle a quién debe dirigirse en una ciudad tan grande como Atenas, para adiestrarse en el género de virtud que te acabo de mencionar.

ANITO. ¿Por qué no se lo indicas tú mismo?

SÓCRATES. Ya le he indicado aquellos que tenía por maestros en lo que a la virtud se refiere. Pero, si he de creerte, no he dicho nada de provecho; y sin duda estás en lo cierto. Nombra, pues, a tu vez, algún ateniense, el primero que se te ocurra, a quien pueda dirigirse.

Anito. ¿Qué falta hace que le indique uno en particular? No tiene más que dirigirse a cualquier ateniense virtuoso: no hay ni uno solo que no le haga mejor que le harían los sofistas, con sólo escuchar sus consejos.

Sócrates. Pero ¿es que esos hombres virtuosos han llegado a serlo por sí mismos, sin haber recibido lecciones de nadie, y, por el hecho de ser virtuosos, se hallan en estado de enseñar a los demás lo que ellos mismos no aprendieron?

Anito. Creo que han sido instruidos por los que les precedieron, que también eran virtuosos. ¿O crees que esta ciudad no ha producido gran número de ciudadanos estimables por su virtud?

Sócrates. Creo, Anito, que hay grandes estadistas en esta ciudad, y que los ha habido antaño, no menos que ahora. Pero ¿han sido buenos maestros de su propia virtud?; porque no inquirimos si hay o no aquí hombres virtuosos, o si los hubo en otro tiempo, sino si la virtud se puede enseñar. Esto es lo que hace rato estamos examinando. Ese examen nos ha traído a indagar si los hombres virtuosos del presente y del pasado han tenido el talento de comunicar a otros la virtud que estaba en ellos, o si esa virtud no puede transmitirse a nadie, ni pasar de un hombre a otro por vía de enseñanza. Tal es la cuestión que nos ocupa desde hace rato a Menón y a mí. Mira tú mismo la cuestión bajo este punto de vista, según tu propio modo de ver. ¿No convendrás en que Temístocles era un hombre de bien?

Anito. Sí, y más que otro alguno.

Sócrates. Y, consiguientemente, si hubo alguien capaz de enseñar bien su propia virtud, ¿sería Temístocles?

ANITO. Creo que sí, si hubiera querido.

SÓCRATES. Pero, ¿crees que no haya querido hacer virtuosos a otros ciudadanos, y principalmente a su propio hijo? ¿O piensas que le tuviera envidia y que de intento no le haya transmitido la virtud en que sobresalía? ¿No has oído decir que Temístocles había enseñado a su hijo Cleofanto a ser un buen jinete? Es cosa averiguada que ese Cleofanto se sostenía de pie en un caballo, lanzando en esa actitud una jabalina, y hacía otros mil alardes de maravillosa destreza que su padre le había enseñado, habiéndole hecho igualmente hábil en todas las demás cosas que enseñan los mejores maestros. ¿No es eso lo que has oído a los viejos?

ANITO. Es cierto.

SÓCRATES. Evidentemente, no puede decirse que su hijo no tuviera disposiciones naturales.

ANITO. No.

SÓCRATES. Pero ¿has oído nunca decir a ningún ciudadano, joven o viejo, que Cleofanto, hijo de Temístocles, haya mostrado las virtudes y talentos en que descollara su padre?

ANITO. En eso, no.

SÓCRATES. Pues si la virtud pudiera ser enseñada, ¿habríamos de creer que Temístocles quisiera que su hijo aprendiera todo lo demás, y que, en cambio, no le hubiera hecho mejor que sus conciudadanos en la ciencia que él mismo poseía?

ANITO. No lo creo.

SÓCRATES. Ya ves qué maestro de virtud ha sido ese hombre que, según tú mismo confiesas, ocupa un puesto distinguido entre los más famosos del siglo anterior. Fijémonos en otro de ellos: Arístides, hijo de Lisímaco. ¿Confesarás que éste fue un hombre virtuoso?

ANITO. Virtuosísimo.

SÓCRATES. También Arístides dio a su hijo Lisímaco una educación tan hermosa como ningún otro ateniense haya recibido, en cuanto depende de los maestros. Pero ¿te parece que le haya hecho más virtuoso que otro cualquiera? Tú que le trataste sabes cómo es. Paremos mientes, si quieres, en Pericles, hombre de tan extraordinario mérito. Ya sabes que ha educado a dos hijos: Paralo y Jantipo.

ANITO. Sí.

SÓCRATES. Tampoco ignoras que los hizo tan buenos jinetes como los mejores de Atenas; que los instruyó en la música, en la gimnasia y en todo lo perteneciente a un arte determinado, hasta el punto de que nadie les aventaja. ¿No quiso también hacerlos hombres virtuosos? Sin duda que sí; pero, al parecer, eso no puede enseñarse. Y, porque no creas que ello ha sido imposible tan sólo para un pequeño número de atenienses, y de los más oscuros, piensa en que también Tucídides ha educado a dos hijos, Melesias y Estéfano; que los ha instruido muy bien en todo lo demás, y que, singularmente, luchaban con más destreza que ningún ateniense. Había confiado uno de ellos a Jantias y el otro a Eudoro, que pasaban por ser los mejores luchadores de entonces. ¿No te acuerdas?

ANITO. Sí, por haberlo oído.

SÓCRATES. Pues, si la virtud pudiera enseñarse, ¿no es evidente que Tucídides, que había hecho que sus hijos aprendieran cosas que le comprometían a grandes gastos, no hubiera dejado en modo alguno de enseñarles a ser hombres virtuosos, costara lo que costara? Quizá me digas que Tucídides era un ciudadano de humilde condición, que no tenía muchos amigos entre los atenienses y sus aliados. Por el contrario, era de una gran familia, y gozaba de considerable crédito en su ciudad y entre los demás griegos. De manera que si la virtud hubiera podido enseñarse, fácilmente hubiera hallado Tucídides, ya entre sus conciudadanos, ya entre los extranjeros, quien hubiera hecho virtuosos a sus hijos, caso de que los cuidados públicos no le dejasen el ocio necesario para ello. Pero mucho me temo, mi querido Anito, que la virtud no pueda enseñarse.

ANITO. Por lo que veo, Sócrates, hablas mal de los hombres con sobrada libertad. Si quisieras hacerme caso, te aconsejaría que fueras más reservado, porque si es fácil, en otra ciudad cualquiera, hacer más mal que bien a quien uno quiera, en ésta es mucho más fácil. Creo que sabes algo de esto.

SÓCRATES. Menón, Anito se encoleriza; y no me extraña, porque, en primer lugar, se figura que hablo mal de esos grandes hombres, y, además, porque se cree uno de ellos. Pero si alguna vez llega a conocer lo que es denigrar, se calmará; al presente lo ignora. Dime, tú, pues, ¿no hay también entre vosotros hombres virtuosos?

MENON. Seguramente.

SÓCRATES. ¿Y no se avienen esos tales en instruir a sus hijos, reconociendo que son maestros de virtud y que la virtud puede enseñarse?

MENÓN. No es así, Sócrates, ¡por Júpiter!; porque unas veces les oirás que la virtud puede enseñarse, y otras que no.

SÓCRATES. ¿Tendremos, pues, por maestros de virtud a los que no están aún conformes en que la virtud pueda tener maestros?

MENÓN. Creo que no, Sócrates.

SÓCRATES. Pero los mismos sofistas que son los únicos que se tienen por maestros de la virtud, ¿lo son a juicio tuyo?

MENÓN. Lo que más me agrada de Gorgias, Sócrates, es que nunca se le oye prometer nada por ese estilo. Al contrario; lo que hace es burlarse de quienes se alaban de poder enseñar la virtud. Por lo que a él se refiere, lo único que se ha de perseguir es adiestrar a la gente en el arte de la palabra.

SÓCRATES. Luego, ¿no crees que los sofistas son maestros de virtud?

MENÓN. No sé qué decirte, Sócrates. Sobre ese particular me hallo en el mismo caso que otros muchos: unas veces me parece que sí, y otras que no.

SÓCRATES. ¿Sabes que no son los únicos, tú y los demás políticos, cuando piensan unas veces que la virtud puede enseñarse, y otras que no, y que el poeta Teognis dice lo mismo?

MENÓN. ¿En qué versos?

SÓCRATES. En sus elegías, donde dice: "Bebe y come con aquellos cuyo poder es grande; manténte a su lado y trata de agradarles; porque aprenderás buenas cosas con el trato de los buenos. Pero si frecuentas a los malos, perderás incluso la razón". ¿Notas cómo en estos versos habla como si la virtud pudiera enseñarse?

MENÓN. Me parece que sí.

SÓCRATES. Pero aquí tienes otros versos un poco diferentes: "Si se pudiera infundir inteligencia al hombre...", y añade, hablando de los que fueran capaces de darla, "obtendrían por ello, y en todas partes, grandes cantidades de dinero. Jamás llegaría a malearse el hijo de un padre virtuoso, con tal que escuchara sus sabios consejos. Pero no harás honrado a un malo a fuerza de lecciones". ¿Observas cómo se contradice sobre el mismo asunto?

MENÓN. Tal me parece.

SÓCRATES. ¿Podrás decirme si hay alguna otra cosa como ésta, acerca de la cual los que hacen profesión de enseñarla, lejos de ser considerados en ese punto como maestros de los demás, pasen, por el contrario, por no saberla ellos mismos, y por ser pésimos en la propia cosa que se precian de enseñar, mientras que aquellos a quienes unánimemente se tiene por hombres de bien, dicen unas veces que puede ser enseñada, y otras que no? ¿Reconocerás como maestros, en cualquier materia, a hombres tan en desacuerdo consigo mismos?

MENÓN. No.

SÓCRATES. Por tanto, si ni los sofistas ni los mismos hombres de bien son maestros de virtud, es evidente que tampoco han de serlo los demás.

MENÓN. Es evidente.

SÓCRATES. Pero si no hay maestros, tampoco habrá discípulos.

MENÓN. Me parece que es tal como dices.

SÓCRATES. Ahora bien; ya hemos convenido que una cosa de que no hay maestros ni discípulos no puede ser enseñada.

MENÓN. Así lo hemos reconocido.

SÓCRATES. Y no vemos en ninguna parte maestro de virtud.

MENÓN. Es cierto.

SÓCRATES. Y por lo tanto, ningún discípulo.

MENÓN. Lo confieso.

SÓCRATES. Luego la virtud no puede enseñarse.

MENÓN. Así ha de ser, si hemos discurrido acertadamente. Y es el caso que me pregunto, Sócrates, incluso si hay hombres honrados, y si los hay de qué manera han llegado a serlo.

SÓCRATES. Realmente me temo, Menón, que seamos muy poco hábiles en el discurrir, y que no hayamos adelantado gran cosa, ni tú con Gorgias, ni yo con Pródico. Preciso es, por consiguiente, que cuidemos ante todo de nosotros mismos, y que busquemos alguno que nos haga mejores por cualquier medio. Al hablar así, tengo presente la discusión que acabamos de abordar, y me parece ridículo que no nos hayamos percatado de que la ciencia no es el único medio que capacita a los hombres para resolver bien sus negocios. Por esa razón, sin duda, no llegamos a saber de qué manera se forman los hombres virtuosos.

MENÓN. No te entiendo, Sócrates, ¿qué quieres decir?

SÓCRATES. Lo siguiente. Con razón hemos reconocido que los hombres virtuosos por fuerza han de ser útiles y no podría ser de otra manera, ¿no es eso?

MENÓN. Sí.

SÓCRATES. También hemos hecho bien en reconocer que no serán útiles sino en tanto que resuelvan acertadamente nuestros asuntos.

MENÓN. Sí.

SÓCRATES. Pero me parece que hemos incurrido en un error al convenir en que no es posible regir bien los asuntos sin auxilio de la ciencia.

MENÓN. ¿Por qué?

SÓCRATES. Voy a decírtelo. Si alguien que supiera el camino que conduce a Larisa o a cualquier otro lugar tomara ese mismo camino y sirviera de guía a otros, ¿no es cierto que les guiaría perfectamente?

MENÓN. Sin duda.

SÓCRATES. Pero ¿no reconoceríamos como buen guía a otro que, sin conocer el camino y sin haberlo nunca recorrido, lo encuentra por una certera conjetura?

MENÓN. Seguramente.

SÓCRATES. Mientras que el uno tendrá una certera conjetura sobre lo mismo que el otro tiene pleno conocimiento, no por eso será menos buen guía con su opinión verdadera, en vez de la ciencia del otro.

MENÓN. Será igualmente buen guía.

SÓCRATES. Luego, la opinión verdadera no dirige menos acertadamente que la ciencia, con respecto a la rectitud de una acción. Y esto es lo que hemos omitido en nuestra indagación sobre las propiedades de la virtud, al decir que sólo la ciencia enseña a obrar bien, siendo así que la opinión verdadera produce los mismos efectos.

MENÓN. Así parece.

SÓCRATES. La opinión verdadera, pues, no es menos útil que la ciencia.

MENÓN. Es, con todo, Sócrates, menos útil, puesto que quien posee la ciencia consigue siempre su objeto, mientras que quien sólo tiene opinión verdadera unas veces llega a su término y otras veces se extravía.

SÓCRATES. ¿Qué dices? ¿No se llega siempre al fin cuando se tiene la opinión verdadera, mientras se obre bajo su dirección?

MENÓN. Me parece innegable. Pero siendo así, Sócrates, estoy sorprendido de que se haga más caso de la ciencia que de la recta opinión y de que sean dos cosas diferentes.

SÓCRATES. ¿Sabes de qué procede tu asombro, o he de decírtelo?

MENÓN. Adelante, dímelo.

SÓCRATES. Es que no has puesto atención en las estatuas de Dédalo; aunque acaso no las tengan entre ustedes.

MENÓN. ¿Por qué dices eso?

SÓCRATES. Porque estas estatuas, si no se las detiene por medio de un resorte, se escapan, mientras que si se las fija, permanecen en su lugar.

MENÓN. ¿Y eso, a qué viene?

SÓCRATES. No es gran cosa tener una de estas estatuas que se escapan, como un esclavo que se va, puesto que ni una ni otro permanecen en su puesto. Mas, una vez que se las sujeta, tienen un gran valor, y realmente son obras hermosas. ¿Que por qué traigo esto a cuento? A propósito de las opiniones verdaderas. Éstas, en efecto, en tanto que permanecen en el alma, son una buena cosa y producen toda clase de beneficios. Pero no son capaces de constancia y se escapan del alma humana; de suerte que no son de gran valor hasta que no se las encadena por un razonamiento de causalidad. Eso es, mi querido Menón, lo que hace un instante hemos llamado reminiscencia. Las opiniones así encadenadas se convierten en la ciencia, y, por tanto, en cosa permanente. Por eso la ciencia reviste más valor que la opinión verdadera, de la cual difiere en ser un encadenamiento.

MENÓN. ¡Por Júpiter! Parece, Sócrates, realmente importante lo que dices.

SÓCRATES. No hablo como quien sabe algo a ciencia cierta, sino por conjeturas. Con todo, cuando digo que la opinión verdadera es distinta de la ciencia, hago algo más que aventurar una simple conjetura. Sé muy pocas cosas, pero si de saber algunas puedo alabarme, puedo asegurar que ésta es una de ellas.

MENÓN. Tienes razón, Sócrates.

Sócrates. ¡Y qué! ¿No tengo razón para sostener que la opinión verdadera dirige una acción, obtiene al realizarla un resultado no inferior al que se alcanzaría mediante la ciencia?

Menón. También en esto creo que tienes razón.

Sócrates. Según eso, la opinión verdadera no es inferior a la ciencia ni menos útil que ella en lo que a las acciones se refiere; y en este orden, el que tiene la opinión verdadera no cede en nada al que posee la ciencia.

Menón. Convengo en ello.

Sócrates. Pero hemos convenido en que el hombre virtuoso es útil.

Menón. Sí.

Sócrates. Por consiguiente, ya que los hombres virtuosos y útiles al Estado, si los hay, son tales, no sólo por la ciencia, sino también por la opinión verdadera, y ni ésta ni aquélla son un don natural... ¿O crees, acaso, que una y otra sean otorgadas por la naturaleza?

Menón. No lo pienso así.

Sócrates. Puesto que no son dones naturales, los hombres virtuosos no lo serán por naturaleza.

Menón. No.

Sócrates. Como quiera que la virtud no es natural al hombre, hemos examinado si podía enseñarse.

Menón. Sí.

Sócrates. ¿No hemos creído que podía ser enseñada, caso que fuera una especie de ciencia?

Menón. Seguramente.

Sócrates. ¿Y que es lo mismo que la ciencia, si puede enseñarse?

Menón. Sin duda.

Sócrates. ¿Y que, si hubiera maestros de virtud, podría enseñarse, y no, si no los hubiera?

MENÓN. En efecto.

SÓCRATES. Ahora bien; hemos convenido en que no hay maestros de virtud.

MENÓN. Es cierto.

SÓCRATES. Por consiguiente, hemos reconocido que ni puede enseñarse ni es ciencia.

MENÓN. Sin duda.

SÓCRATES. Con todo, la hemos reputado un bien.

MENÓN. Sí.

SÓCRATES. Y que bueno y útil es lo que nos dirige rectamente.

MENÓN. Así es.

SÓCRATES. Y que sólo hay dos cosas que dirigen bien: la opinión verdadera y la ciencia, con cuyo auxilio el hombre se conduce adecuadamente. Porque lo que hace el azar no es efecto de una dirección humana, y sólo estas dos cosas, opinión verdadera y ciencia, dirigen al hombre hacia lo recto.

MENÓN. Yo pienso lo mismo.

SÓCRATES. ¿No deja la virtud de ser ciencia, puesto que no se la puede enseñar?

MENÓN. Es evidente.

SÓCRATES. De esas dos cosas buenas y útiles, tenemos, pues, que una, la ciencia, queda aparte, y no puede servir de guía para las acciones.

MENÓN. Así lo creo.

SÓCRATES. Por consiguiente, ni Temístocles, ni los otros de que Anito hablaba hace un momento, han gobernado los Estados a causa de cierta sabiduría, ni por ser sabios ellos mismos. Por idéntica razón no han podido convertir a los demás en lo que ellos mismos eran, porque no eran tales por la ciencia.

MENÓN. Parece que así ha debido ser.

SÓCRATES. Por tanto, si no es la ciencia, sólo puede ser la opinión verdadera la que dirige a los políticos en la buena administración de los Estados. Y respecto de la ciencia, en nada se diferencia de los profetas y adivinos. Éstos, en efecto, anuncian muchas cosas verdaderas, pero sin conocer nada de las cosas de que hablan.

MENÓN. Es probable que así suceda.

SÓCRATES. Pero ¿no merecen, Menón, ser llamados divinos aquellos que, desprovistos de inteligencia, triunfan repetidas veces en la acción y por medio de la palabra?

MENÓN. Sin duda.

SÓCRATES. Con razón, pues, llamaremos divinos a los profetas y augures de que acabamos de hablar y a todos aquellos a quienes domina el delirio poético; y con el mismo fundamento, cuando menos, podemos otorgar esos títulos a los hombres de Estado, que debemos mirar como inspirados y animados por la divinidad que los posee cuando triunfan al hablar de numerosos negocios importantes sin tener ninguna ciencia acerca de lo que dicen.

MENÓN. Seguramente.

SÓCRATES. También las mujeres, Menón, llaman divinos a los hombres virtuosos, y los lacedemonios, cuando quieren elogiar a un hombre de bien, dicen de él que es un hombre divino.

MENÓN. Tienen razón, Sócrates. Aunque tal vez a Anito, aquí presente, no le agrade tu discurso.

SÓCRATES. No me importa ya, conversaré con él en otra ocasión, Menón. Por lo que a nosotros se refiere, si en nuestro discurso hemos examinado la cuestión, y hablado como debíamos, se sigue que la virtud no es natural al hombre y que no puede aprenderse, sino que llega por influencia divina a aquellos en quienes se encuentra, sin necesidad de inteligencia por su parte, a menos que nos presenten a algún político que se halle en estado de transmitirla a otro. Si hay alguno, diremos de él que es, entre los vivos, lo que Tiresias entre los muertos, según cuenta Homero, que dice de este adivino que es el único sabio en el Hades, y que los demás no son más que sombras errantes. Así, ese hombre sería respecto de los demás, en lo que a la virtud atañe, como un ser real entre fantasmas.

MENÓN. Me parece perfectamente dicho, Sócrates.

SÓCRATES. Resulta por consiguiente, de este razonamiento, Menón, que la virtud se presenta como un don divino en aquellos que la poseen. ¿Qué hay de cierto en esto? Pero nosotros no sabremos la verdad sobre esta materia, antes de averiguar de dónde le viene al hombre la virtud, no nos decidamos a inquirir lo que la virtud es en sí misma. Pero es tiempo de que me vaya a otra parte. Tú trata de transmitir tu convicción a Anito, tu huésped. Si lo consigues, harás un servicio a los atenienses.

Índice

Otros títulos de esta colección

- Ecce Homo.
- El libro negro.
- Ramayana.
- El jinete sin cabeza y otros cuentos.
- Las mejores poesías de Amado Nervo.
- Poesías de amor.
- Mi lucha.
- Elogio de la locura.
- La cabaña del tío Tom.
- El libro de las tierras vírgenes.
- El arte de amar.
- La muerte de Iván Illich.
- Utopía
- Cómo el hombre llegó a ser gigante.

Esta obra se terminó de imprimir en los talleres de
Impresora Publi-mex, S.A. de C.V.
Calz. San Lorenzo No. 279- 32 Col. Estrella Iztapalapa
C.P. 09850, México, D.F.
Se imprimieron 1,000 ejemplares más sobrantes